工程法律实务丛书

建设工程质量纠纷实务精讲

石 鹏 俞 斌 编著

中国建筑工业出版社

图书在版编目（CIP）数据

建设工程质量纠纷实务精讲 / 石鹏，俞斌编著 . —
北京：中国建筑工业出版社，2024.4
（工程法律实务丛书）
ISBN 978-7-112-29867-9

Ⅰ.①建⋯ Ⅱ.①石⋯ ②俞⋯ Ⅲ.①建筑工程—工
程质量—经济纠纷—中国 Ⅳ.①D922.297.5

中国国家版本馆 CIP 数据核字（2024）第 101431 号

责任编辑：朱晓瑜 张智芊
文字编辑：李闻智
责任校对：芦欣甜

工程法律实务丛书
建设工程质量纠纷实务精讲
石 鹏 俞 斌 编著

*

中国建筑工业出版社出版、发行（北京海淀三里河路 9 号）
各地新华书店、建筑书店经销
华之逸品书装设计制版
北京圣夫亚美印刷有限公司印刷

*

开本：787 毫米×1092 毫米 1/16 印张：21 字数：385 千字
2024 年 8 月第一版 2024 年 8 月第一次印刷
定价：**75.00** 元
ISBN 978-7-112-29867-9
（42859）

自序

　　建设工程质量纠纷案件是建设工程合同纠纷案件的主要类型之一。由于工程质量一旦出现问题就可能直接影响正常的生产生活，甚至危及生命财产安全，因此如何处理这类纠纷往往成为社会关注的热点。而由于工程行业和法律行业本身的专业性，在查明事实、厘清责任、化解矛盾的过程当中又常常出现各类难题，特别是跨专业难题亟待解决。鉴于此，我们编著了本书，希望能够为处理此类纠纷的专业人士建言献策，为行业的发展尽献绵薄之力。

　　本书具体分为地基与基础、钢筋混凝土结构、钢结构、砌体结构和防水工程共5章，每章都针对实践中较常出现、较为典型的工程质量问题，引用国家（行业）规范、聚焦法律实务难点、提供相应审判案例、逐案进行点评小结。之所以采用这种体例，在于我们编著本书的基本思路：以规范作为判断标准、以案例作为研究对象、以聚焦实务作为写作思路。

　　以规范作为判断标准。如果问：你是怎么判断建设工程是否出现了质量问题的？不同的人可能会有不同的回答。但在建设工程质量纠纷成诉之后，就需要有判断标准，且必须客观、权威、可行，满足前述条件的标准就是国家（行业）的各类规范。因此，我们在列出质量问题后都会引用相应的规范条文，目的就在于指出判断工程是否出现质量问题的主要前提。

　　以案例作为研究对象。根据国家（行业）规范能够解决是否出现了工程质量问题、出现了哪些工程质量问题等工程专业问题，但是处理建设工程质量纠纷案件显然并不能止步于此，还需要解决各方是否需要就此承担责任、承担多少责任等诸多法律适用问题。基于现实情况的复杂多样，通过具体案例进行研究可以成为比较好的办法。本书选取了60个较为典型的建设工程质量纠纷案例，具体范围涵盖了各级人民法院，相信阅读之后即可对如何处理类似纠纷形成较为直观的印象。

以聚焦实务作为写作思路。我们选取案例后，对基本事实、裁判观点等作了点评，还在每一个案例最后附了本案小结。无论是点评还是小结，都是从聚焦实务出发，以期能够解答在实践操作中出现的问题，比如：为什么要查明这一事实情况？这一事实情况对于判断责任划分会有什么影响？作出这一判决的法律依据是什么？从这一案例中能够得到什么经验和教训？等等。这些实务问题，我们都在对每一个案例作点评和小结时逐一进行了解读分析。

我们在此希望，本书能够成为工程和法律行业专业人士的案头参考书籍之一，如果在解决建设工程质量纠纷的过程中能够从本书当中得到一些思路，那将是对我们最大的肯定和鼓励。

是为序。

目录

第2章　钢筋混凝土结构　　116

第1章　地基与基础

1.1　地基不均匀沉降

【名词解释】

地基在建筑物重量的作用下，不同部位沉降不一致的现象。

【规范条文】

《建筑与市政地基基础通用规范》GB 55003—2021

2.1.1　地基基础应满足下列功能要求：……3 地基基础沉降变形不得影响上部结构功能和正常使用……

问题1：地基不均匀沉降的责任如何划分？

【判决出处】

法院：新疆维吾尔自治区博尔塔拉蒙古自治州中级人民法院

案号：（2022）新27民终422号

名称：甲公司、乙勘察院等建设工程合同纠纷

【案情概况】

甲公司、乙勘察院、丙公司、丁城市规划公司、戊公司分别为案涉工程的建设单位、勘察单位、施工单位、设计单位、监理单位。

律师点评　在一般印象当中，建设工程质量纠纷主要发生于建设单位和施工单位之间，而作为五方单位中的其他三方（勘察单位、设计单位、监理单位），相较于前两者较少出现于诉讼当事人名单中。但在本案中，建设单位将勘察单位、设计单位、施工单位、监理单位以及监理单位的分公司一并诉至法院，要求承担责任。工程建设五方单位都作为诉讼当事人的本案，如何划分各参建主体之间的责任等问题值得我们加以研究。

2013年10月29日，甲公司、乙勘察院、丙公司、丁城市规划公司、戊公司某分公司共同在《基槽验收意见书》中加盖公章，内容为："工程A街区一期，建筑面积2934.4m²，层数为地上（4+1）层，地下1层/框架。勘察单位意见为满足设计要求；设计单位意见为同意验收；施工单位意见为该基槽工程严格按照设计图纸和施工技术标准规范及施工组织设计进行施工，经企业质量评定，符合设计及施工验收规范要求，并达到合格标准；监理单位意见为同意验收，业主意见为同意。"

律师点评　工程行业内，在基槽开挖结束后，需要对开挖的实际情况与此前的勘察情况进行比较，并对基槽开挖的质量进行检验。对于基槽开挖的具体情况是否符合要求，五方单位需要共同参与验收。本案当中，五方单位均同意验收，这成为后续划分各方责任的重要事实之一。

2014年5月15日，甲公司、丙公司、乙勘察院、丁城市规划公司、戊公司某分公司共同在《基槽验收意见书》中加盖公章，内容为："工程A街区一期，勘察单位及设计单位意见为符合设计要求；施工单位意见为该地基与基础工程严格按照设计图纸和施工技术标准规范及施工组织设计进行施工，经企业质量评定，符合设计及施工验收规范要求，并达到合格标准；监理单位和业主意见为同意验收。"

律师点评　本段2014年5月15日的验收，初看之下与前段2013年10月29日的验收似乎相同，但如果加以分辨，2013年10月29日的验收对象是基槽工程，2014年5月15日的验收对象是地基与基础工程。因此，本案当中五方单位对基槽、地基与基础都同意了验收，法院也将相关事实情况记载于判决书中。

2020年4月20日、2021年5月14日、2021年5月17日，甲公司、丙公司、乙勘察院、丁城市规划公司、戊公司某分公司对涉案工程墙体裂缝、地基下沉、业主诉求等问题召开现场会议。2020年5月12日，工程质量管理部门向甲公司下发《新疆房屋建筑工程质量投诉处理督办通知单》，对该市A街区一期3号楼项目2单元202室房屋存在的墙面开裂、卫生间墙砖开裂问题的整改进行督办，责成甲公司及时取回检测报告，依据检测报告编制处理方案，承诺整改时限，并督促施工企业整改落实。

律师点评

第一，在出现工程质量问题后，相关各方常常会召开会议。会议虽然有可能难以对各方责任进行界定，但一般都会对工程质量是否存在问题这一事实进行明确。因此，相关的会议纪要等文字资料在后续的诉讼中也会成为主张诉讼请求和进行抗辩的证据材料。

第二，根据《建设工程质量管理条例》第四十八条规定："县级以上人民政府建设行政主管部门和其他有关部门履行监督检查职责时，有权采取下列措施：……（三）发现有影响工程质量的问题时，责令改正。"案涉工程质量管理部门即向建设单位发出了督办通知单，并要求督促施工单位整改落实，这也可以作为认定事实情况的证据材料。

后因案涉工程质量纠纷，甲公司将乙勘察院、丙公司、丁城市规划公司、戊公司、戊公司某分公司诉至法院，诉讼请求包括：①判令施工单位丙公司承担因违反合同建设造成房屋修复、加固、搬迁安置、检测施工、前期委托鉴定、住户装修损失等费用（待法院委托鉴定部门对房屋恢复原状所需全部费用鉴定后，以鉴定部门最终鉴定恢复原状所需全部费用作为本案主张依据）；②判令勘察单位乙勘察院、设计单位丁城市规划公司、监理单位戊公司及其某分公司承担法院委托鉴定结果相对应的责任，若鉴定结果无法划分具体责任份额，由上述公司与施工单位丙公司承担连带责任；③本案产生的诉讼费、邮寄费、公告费、委托鉴定费等相关费用由被告承担。

律师点评

　　在一般的思维定势当中，出现工程质量问题后往往会认为是施工环节的因素所导致的。本案当中，建设单位的诉请本身也是这种思维定势的体现，第一项诉请即要求施工单位承担责任，第二项诉请才是要求勘察单位、设计单位、监理单位承担相应责任，在无法划分责任份额的情况下与施工单位承担连带责任。但实际上，本案最终的判决结果却是勘察单位、设计单位、施工单位各承担了40%、30%、10%的责任。本案当中五方单位责任的划分及其理由可供行业内人士参考。

【鉴定情况】

　　一审法院依法委托某研究院房屋不均匀沉降责任主体作出专家意见，2022年5月30日，某研究院向一审法院作出《关于（2021）新2701委评6号委托书的回函》，意见包括：本次事故的技术原因为地基基础处理方案不当；现有过程资料和技术资料缺失较多，无法就责任主体作出进一步判断；建议法院通过法庭调查，进一步查明各责任主体履行职责情况。基于上述意见，现有材料无法支撑对委托事项的鉴定，特此回复。

律师点评

　　第一，《民事诉讼法》第七十九条规定："当事人可以就查明事实的专门性问题向人民法院申请鉴定。"建设工程质量问题涉及专门的行业知识和技术指标，在出现争议纠纷后，往往需要启动鉴定程序，由专业机构向法庭提供有针对性的意见。本案中采用了"专家意见"的形式对案涉专业技术问题进行分析。

　　第二，就本案而言，某研究院根据法院要求提出了专家意见，该意见首先明确了导致地基不均匀沉降的技术原因在于地基基础处理方案不当，而不是因为自然灾害或其他非人为因素，由此判断，需要有相关单位承担责任；其次又表示了因过程资料和技术资料缺失较多，无法就责任主体作出进一步判断，实际上，即使相关资料齐全，专家意见也有可能只能判断某单位是否应承担责任，如果需要承担责任，是承担主要责任还是次要责任，对于需要承担责任的比例和金额难以给出具体的数字，最终还是需要法庭通过调查并综合考量后进行认定。

【一审阶段法院观点】

第一，关于丙公司的责任认定问题。丙公司作为施工方，在基槽开挖后，采用独立柱基础加条形基础的方式进行施工，且更换了部分杂填土层，但换土垫层以下仍有厚度3.1～6.6m杂填土，导致其无法作为地基持力层。丙公司认为其是按图施工，不应承担赔偿责任。一审法院认为丙公司在更换垫土层过程中，未对垫土层下方仍存在杂填土提出异议，对降低工程质量的要求未予以拒绝，地基验槽时对地基未达到持力层相关要求亦未提出异议，存在履职不到位的情况。一审法院认为本案中丙公司作为施工单位应当承担10%的赔偿责任。

律师点评　《建设工程质量管理条例》第二十八条第一款规定："施工单位必须按照工程设计图纸和施工技术标准施工，不得擅自修改工程设计，不得偷工减料。"丙公司作为施工单位，在本案中也以其是按图施工作为主要抗辩理由之一，认为不应由其承担责任。但是，《建设工程质量管理条例》第二十八条第二款又规定："施工单位在施工过程中发现设计文件和图纸有差错的，应当及时提出意见和建议。"结合本案实际情况，在基槽开挖后出现了换土垫层以下仍然存在杂填土的情况，丙公司作为施工单位本应及时提出意见和建议，而不是同意基槽验收。因此，丙公司即使是按图施工也不能被免除责任。

第二，关于乙勘察院的责任认定问题。本案中，甲公司与乙勘察院签订的《建设工程勘察合同（一）》约定，因勘察质量造成重大经济损失或工程事故时，勘察人除应负法律责任和免收直接受损失部分的勘察费外，并根据损失程度向发包人支付赔偿金，赔偿金由发包人、勘察人商定。乙勘察院在基槽中开挖后，对不良地质现象有提出意见的义务。虽然乙勘察院辩称其向甲公司通过说明的方式告知清除全部杂填土，但其未提供其他证据证实已向甲公司送达该说明，且其未对地基未达到持力层相关要求提出异议，地基验槽、竣工验收存在弄虚作假的问题，应当承担主要责任，承担40%的赔偿责任较为适宜。

《建设工程勘察设计管理条例》第二条第二款规定："本条例所称建设工程勘察，是指根据建设工程的要求，查明、分析、评价建设场地的地质地理环境特征和岩土工程条件，编制建设工程勘察文件的活动。"因此，工程现场的地质地理环境应由勘察单位查明。本案当中，基槽开挖后的实际情况与勘察报告并不一致，乙勘察院作为勘察单位却没有提出意见，被认定为在地基验槽、竣工验收工作中存在弄虚作假的情况，应承担最主要的责任。

另外，乙勘察院以曾向建设单位告知需要清除全部杂填土作为抗辩理由，但却不能提供告知已经送达的证据材料，承担了举证不能的不利后果。该情况与"现有过程资料和技术资料缺失较多，无法就责任主体作出进一步判断"的专家意见相互印证。

第三，关于丁城市规划公司责任认定的问题。本案中，甲公司与丁城市规划公司签订的《建设工程设计合同（一）》约定，设计人应按照国家技术规范、标准、规程及发包人提出的设计要求，进行工程设计，按合同规定的进度要求提交质量合格的设计资料，并对其负责。案涉工程地基开挖后，丁城市规划公司亦参与了验槽工作，其对案涉工程采用更换部分杂填土、独立柱基础加条形基础的方式进行施工应当明知，其对该地基处理方案应当明知，其在地基验槽时未对地基未达到持力层相关要求提出异议，存在履职不到位，地基验槽、竣工验收弄虚作假的问题，应当承担30%的赔偿责任。

《建设工程质量管理条例》第二十一条第一款规定："设计单位应当根据勘察成果文件进行建设工程设计。"在基槽开挖后发现实际情况与勘察成果文件不一致的情况下，丁城市规划公司本应提出意见，后续按流程对设计文件进行修改，而不是同意验收，因此承担了仅次于勘察单位的责任。

第四，关于戊公司与戊公司某分公司的责任认定的问题。本案中，甲公司与戊公司某分公司签订的《建设工程委托监理合同》约定，监理人在发现工程不符合国家颁布的建设工程质量标准或设计合同约定的质量标准时，应当书面报告委托人并要求设计人更正，对不符合规范和质量标准的工序等有权通知承包人停工整改。案涉工程施工过程中，戊公司某分公司作为监理人，未提供证据证实其对案涉工程采取换土垫层方案提出过异议，导致换掉部分杂填土层后基础底部持力层仍含有较厚的杂填土，建筑物出现基础不均匀沉降问题，其对基础未达到持力层相关要求存在监管缺失、履职不到位的情况，应当承担赔偿责任。戊公司某分公司作为分公司，其从事的业务活动的后果应当由戊公司承担。甲公司与戊公司某分公司签订的《建设工程委托监理合同》约定，如果因监理人过失而造成了委托人的经济损失，应当向委托人赔偿。累计赔偿总额不应超过监理报酬总额（除去税金），应当尊重当事人在订立合同时的真实意思表示。故戊公司应当在监理报酬121000元范围内承担责任，其余部分视为甲公司自行放弃，由甲公司自行负担。

律师点评

《建筑法》第三十二条规定："建筑工程监理应当依照法律、行政法规及有关的技术标准、设计文件和建筑工程承包合同，对承包单位在施工质量、建设工期和建设资金使用等方面，代表建设单位实施监督。工程监理人员认为工程施工不符合工程设计要求、施工技术标准和合同约定的，有权要求建筑施工企业改正。工程监理人员发现工程设计不符合建筑工程质量标准或者合同约定的质量要求的，应当报告建设单位要求设计单位改正。"因此，本案当中戊公司作为监理单位也应承担责任，法院同时考虑到建设单位和监理单位之间赔偿金额总额的约定，确定了戊公司的赔偿金额以监理报酬金额为限。

第五，关于甲公司的责任问题。甲公司作为建设单位，其与各公司履行合同过程中处于主导且强势地位，其在现场验槽过程中对杂填土情况明知，同意案涉工程以更换部分杂填土、独立柱基础加条形基础的方式进行施工，导致更换杂填土下方还存在较厚的含有砖块、木板、塑料袋等垃圾的杂填土，地基未坐落在持力层，其对勘察、设计、施工等单位监管不力、履职不到位，地基验槽、竣工验收存在弄虚作假的问题，应当自行承担10%责任。

律师点评

与一般的思维定势不同，在出现工程质量问题后，建设单位可能也需要承担相应的责任，本书其他案例中也多有类似的情况出现。就本案而言，建设单位明知现场仍有杂填土没有清除却同意验收，被认定为也需要承担责任。

【二审阶段法院观点】

一审判决后，甲公司、乙勘察院、丁城市规划公司提起上诉。二审法院认为，甲公司、乙勘察院、丁城市规划公司的上诉请求不能成立，一审判决认定事实清楚，适用法律正确，应予维持；判决驳回上诉，维持原判。

律师点评

本案当中，建设单位在诉讼请求中要求在无法划分责任份额的情况下，勘察单位、设计单位、监理单位应与施工单位承担连带责任。在当前的司法实践当中，认定当事人承担连带责任一般应有法定理由或约定理由，以《建筑法》为例，规定须负连带责任的条款包括第二十七条、第二十九条、第三十五条、第五十五条、第六十六条、第六十七条、第六十九条等，相应情形包括联合承包、总包单位和分包单位、工程监理单位与承包单位串通、转包、违法分包等，本案当中建设单位要求其他四方单位承担连带责任并无相应的法定理由，也没有合同约定理由，法院判决五方单位各自承担相应责任。

【本案小结】

本案的处理涉及在出现地基不均匀沉降等建设工程质量问题后如何在建设单位、勘察单位、设计单位、施工单位、监理单位五方单位之间划分责任。

对于建设单位（实践当中根据情况也可被称为"发包人""业主"），《建设工程质量管理条例》第五十六条即规定如其明示或暗示设计单位或者施工单位违反工程建设强制性标准，降低工程质量的，应承担责任。本案当中，甲公司即被法院认定为在现场验槽过程中对杂填土情况明知，同意以更换部分杂填土、独立柱基础加条形基础的方式进行施工，导致更换杂填土的下方还存在杂填土，地基未坐落在持力层。另外，《建设工程质量管理条例》第五十四条、第五十五条、第五十七条、第五十八条、第五十九条、第六十九条等条款还规定了建设单位须承担责任的各种情形。

对于勘察单位、设计单位，根据《民法典》第八百条的规定，勘察、设计的质量不符合要求，造成发包人损失的，勘察单位、设计单位应当继续完善勘察、设计，减收或者免收勘察、设计费并赔偿损失。根据《建设工程质量管理条例》第六十三条等条款，勘察单位未按照工程建设强制性标准进行勘察的、设计单位未按照工程建设强制性标准进行设计的，如造成损失的须依法承担赔偿责任。

对于施工单位，根据《民法典》第八百零二条，因施工单位的原因致使建设工程在合理使用期限内造成财产损失的，施工单位应当承担赔偿责任。《建设工程质量管理条例》第二十八条第二款规定："施工单位在施工过程中发现设计文件和图纸有差错的，应当及时提出意见和建议。"因此，作为有经验的施工单位，如按图施工而未对设计文件和图纸的差错及时提出意见，仍有可能承担相应责任。

对于监理单位，根据《民法典》第七百九十六条，监理合同应属于委托合同的一种，并且是有偿的委托合同。《民法典》第九百二十九条规定："有偿的委托合同，因受托人的过错造成委托人损失的，委托人可以请求赔偿损失"，因此如果是因为监理单位的过错造成了建设单位的损失，建设单位可以依法依约要求监理单位承担责任、赔偿损失。

当然，正如本案当中五方单位对于地基不均匀沉降等质量问题都存在过错，如果有多个单位（个人）均须承担责任，则需根据问题原因、各方过错程度、合同约定等多个角度来考虑责任的具体划分。

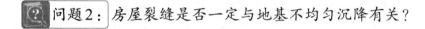

问题2： 房屋裂缝是否一定与地基不均匀沉降有关？

【判决出处】

法院：湖南省邵阳市中级人民法院

案号：（2022）湘05民终2586号

名称：戴某丰、戴某华等财产损害赔偿纠纷

【案情概况】

黄某与刘某系相邻关系。2020年7月27日，刘某请戴某丰、戴某华为自家打水井，除抽水泵系刘某提供，其余打井设备均由施工方自带，自当天上午9时至下午3时许共施工6h。水井挖完后，施工方安装好抽水泵进行抽水（此时水体浑浊无法使用），刘某支付工资后，施工方便携带其设备离场。次日，黄某、刘某及另一个邻居刘某某发现家中房屋部分墙体出现裂缝，便通知施工方，戴某华于上午10时许赶到时水泵仍在抽水（共计抽水18h）。

律师点评

本案引发纠纷的原因在于打井抽水引起地下水水位下降，进而造成地基不均匀沉降产生裂缝。本案的基本事实并不复杂，但是在审理过程中对地基不均匀沉降是否造成了建筑裂缝等事实查明、认定的过程较为典型。在工程行业，降水作业属于较为常见的工作，有可能引起相邻建筑的地基不均匀沉降，从而造成讼争。因此本案虽然案由是财产损害赔偿纠纷，但对于建设单位、施工单位而言也具有现实的参考意义。

【鉴定情况】

2020年9月7日，黄某、刘某及邻居刘某某均委托广东某检测鉴定有限公司对房屋安全进行鉴定，鉴定费共计24000元，其中黄某支付8000元。因戴某丰、戴某华对该意见不服，向一审法院申请鉴定。

律师点评

黄某、刘某、刘某某单方委托相关机构针对房屋安全性所作出的意见并非民事诉讼证据种类当中的鉴定意见，在司法实践当中一般以书证或者当事人陈述的质证规则进行处理。《最高人民法院关于民事诉讼证据的若干规定》第四十一条规定："对于一方当事人就专门性问题自行委托有关机构或者人员出具的意见，另一方当事人有证据或者理由足以反驳并申请鉴定的，人民法院应予准许。"

2020年12月19日，一审法院委托湖南某检测认证有限公司对房屋安全进行鉴定，鉴定意见为：综合判断评定黄某房屋主体结构危险性等级为C级，即部分承重结构不能满足安全使用要求，房屋局部处于危险状态，构成局部危房。受损原因分析为：由于未进行施工前鉴定，无法定量比对，以下分析及结论主要采用定性对比排除法。①由武冈市人民法院申请鉴定资料得知，打井完成后进行了约18h的抽水作业。该房屋未设置圈梁、构造柱，1m以上整体布置为空斗墙，抵抗不均匀沉降能力较弱，当抽取地下深层液体时，会使地层内的气压、液压降低，土粒间有效应力增加，土层固结压密，形成区域性碟形洼地，地下水过量开采、地下水位下降，使得孔隙水压力变小，含水层骨架被破坏，沉积物自重造成地面沉降，这种因抽取地下水而形成的地面沉降，是地面沉降现象中发育最普遍、危害性最严重的一类。故初步判断机井大量抽取地下水是导致该房屋地基不均匀沉降的主要原因之一。②该房屋"一类裂缝"主要出现在窗间墙上下对角，水平裂缝，边缘宽，向内渐窄；墙体贯穿斜向裂缝，下部多、上部少，两端多、中部少，故判断此类裂缝是由基础的不均匀沉降而导致。③该房屋"二类裂缝"主要分布于门窗洞口等受力薄弱处，裂缝呈斜向或水平状，这些部位属于应力集中、结构受力薄弱位置，易受材料干缩、温度应力影响而出现损坏现象。④该房屋"三类裂缝"主要出现在墙体中部，裂缝呈水平通缝状或沿灰缝和砌块呈阶梯形状，受材料干缩影响容易出现此类裂缝。

律师点评

本案司法鉴定工作有以下三点可予以关注：

第一，关于房屋主体结构危险性等级。《危险房屋鉴定标准》JGJ 125—2016第6.1.4条规定："房屋危险性鉴定，应根据房屋的危险程度按下列等级划分：1 A级：无危险构件，房屋结构能满足安全使用要求；2 B级：个别结构构件评定为危险构件，但不影响主体结构安全，基本能满足安全使用要求；3 C级：部分承重结构不能满足安全使用要求，房屋局部处于危险状态，构成局部危房；4 D级：承重结构已不能满足安全使用要求，房屋整体处于危险状态，构成整幢危房。"该标准是建设工程质量相关争议纠纷进行鉴定时较为常用的标准，可予以关注。本案当中，案涉房屋被鉴定为C级即局部危房，是法庭进行裁判的重要事实依据之一。

第二，关于鉴定方法。因本案事实情况，对于案涉房屋在抽取地下水前的实际状态并不掌握，在进行鉴定时无法通过对比抽水前后房屋的状态进行定量分析，而是选择了定性分析的方法对比排除。这也是在实践当中处理专门性问题的常见方式，即使有的情况下难以还原事实原貌，专业机构也可以根据经验进行判断，为查明事实、厘清责任提供依据。

第三，关于裂缝的分类和引起的原因。裂缝是建设工程质量问题的常见表现形式，裂缝产生的原因也是相关建设工程质量纠纷案件需要查明的基本事实情况之一。就本案而言，案涉房屋已经过使用，虽然有裂缝，但是裂缝是什么时候产生，是在抽水前还是抽水后产生，是否与抽水引起的地基不均匀沉降有关，都需要通过鉴定工作向法庭提供判断依据。本案鉴定单位将裂缝分为三类：第一类由于地基不均匀沉降所引起；第二类位于应力集中等位置，房屋使用后易受温度等因素影响而出现损坏现象；第三类主要受材料干缩影响而出现。并且，不同裂缝的疏密、长度、走向、形状都有相应的规律，在鉴定意见中也进行了表述和分析。

【一审阶段法院观点】

湖南某检测认证有限公司出具的鉴定意见认为，机井大量抽取地下水是导致该房屋地基不均匀沉降的主要原因之一，该房屋"一类裂缝"是由基础的不均匀沉降而导致，"二类裂缝"是受材料干缩、温度应力影响而出现，"三类裂缝"则是受材料干缩影响，在鉴定意见中还有"该房屋未设置圈梁、构造柱，1m以上整体布置为空斗墙，抵抗不均匀沉降能力较弱"等表述。由此可知，黄某房屋的设计构造及材料干缩也是本案房屋损害的原因之一，故案涉房屋损失黄某自身也应承担一定的责任……结合本案案情，酌定案涉房屋损失由黄某、刘某，以及戴某丰、戴某华按照20%、20%、60%的比例承担，即由刘某赔偿黄某损失24620元（123100元×20%），戴某丰、戴某华赔偿黄某损失73860元（123100元×60%），其余损失由黄某自行承担。对黄某诉请的鉴定费19000元（房屋损失鉴定费8000元＋财产损失价值评估费11000元），由黄某、刘某，以及戴某丰、戴某华按照20%、20%、60%的比例分别承担3800元、3800元、11400元。

律师点评 　一审法院引用了鉴定意见中关于裂缝分类和产生原因的分析，并且指出了案涉房屋本身结构设计也是引起房屋损害的原因之一，因此酌定各方承担责任的比例为案涉房屋房主20%、相邻关系的房主20%、提供打井服务的两人承担60%。

【二审阶段法院观点】

根据本案现有证据及当事人陈述，可以认定戴某丰、戴某华与刘某之间形成承揽合同关系，刘某系定作人，戴某丰、戴某华系承揽人。戴某丰、戴某华从事打井工作多年，其按刘某的要求打好井并交付刘某时，因戴某丰、戴某华未提交充分证据证明其在完成打井工作后，已就该水井的抽水注意等事项明确告知刘某，致使案涉房屋因大量抽取地下水导致地基不均匀沉降，造成房屋受损，应承担主要赔偿责任。刘某作为定作人，在接收打好的井后连续抽水，发现抽取的井水达不到饮用要求时，亦未及时与戴某丰、戴某华联系予以解决，致使抽水时间长达18h，应承担相应的责任。按照湖南某检测认证有限公司鉴定报告，机井大量抽取地下水是导致案涉房屋地基不均匀沉降的主要原因之一，但案涉房屋的设计构造及材料干缩也是房屋损害的原因，故黄某对其房屋损失亦应承担一定的责任。至于黄某在本案起诉前产生的鉴定费，系为确定房屋受损情况所作鉴定而产生，与本案有关联，理应计入黄某的损失范围。而戴某丰、戴某华申请重新鉴定所产生的鉴定费，亦应一并计入黄某的损失由各方当事人按责分担。根据本案实际情况，黄某的房屋损失152100元，酌情由戴某丰、戴某华承担50%即76050元，扣除已支付的鉴定费10000元，戴某丰、戴某华还应赔偿66050元；刘某承担30%即45630元，其余损失由黄某自负。戴某丰、戴某华提出原审责任划分不当、鉴定费用分担不合理的上诉理由部分成立，予以部分采纳，判决如下：撤销一审民事判决；由刘某赔偿黄某房屋损失及鉴定费共45630元，由戴某丰、戴某华赔偿黄某房屋损失及鉴定费共66050元（扣除已支付鉴定费10000元），驳回黄某其他诉讼请求。

律师点评　　一审法院酌定各方承担责任的比例为案涉房屋房主20%、相邻关系的房主20%、提供打井服务的两人承担60%。对此，二审法院指出，相邻关系的房主作为定作人长时间抽水导致水位下降需要承担相应责任，因此改判相邻关系的房主、提供打井服务的两人承担的责任比例为30%、50%。

【本案小结】

本案虽然标的额较小，也并非建设工程合同纠纷，但是鉴定工作在无法得知事前原貌的情况下如何展开、鉴定意见对于裂缝的分类和产生原因的分析等鉴定事项较为典型，因此仍在本书中引用并点评，以供行业内人士在处理建设工程质量纠纷案件时进行参考。

引发屋面裂缝产生的原因很多，常见的包括：①因勘察、设计或施工不合理，导致地基基础沉降而产生裂缝；②因擅自变更承重结构而引发的结构性裂缝；③因使用的混凝土等建筑材料不符合标准而导致开裂；④材料的热胀冷缩而导致的裂缝；⑤建筑物自然老化而导致的裂缝；⑥遭遇自然灾害等不可抗力因素而导致的开裂等。

在本案中，鉴定单位通过现场勘察等方式，判断所涉裂缝系由于基础不均匀沉降等因素所导致。当房屋地基基础出现明显不均匀沉降时，易导致承重构件发生损伤、裂缝或变形。鉴于案涉房屋存在机井大量抽取地下水的事实，且其是引发地基不均匀沉降的原因，部分房屋裂缝也是在过量抽取地下水后显现出来的，据此，鉴定单位判断部分房屋裂缝系地基不均匀沉降导致，而过度抽取地下水是导致地基基础不均匀沉降的原因。结合上述结论，法院认定抽取地下水导致地基基础沉降的打井服务人，须对案涉房屋"一类裂缝"承担主要责任。

根据《民法典》第七百八十条的规定，打井服务人作为承揽人在完成打井工作后，除了向定作人交付成果外，还需要提交必要的技术资料和相关质量证明。本案中，承揽人未把抽水时长等重要注意事项作为技术资料及时告知定作人；定作人也未尽到合理的注意义务以及通知义务。混合过错之下，发生地下水抽取过量的事实，进而引发地基不均匀沉降，导致案涉房屋裂缝发生。据此，打井服务人和定作人均需依法承担相应责任。

通过鉴定勘验及法庭调查发现，案涉房屋本身存在设计问题，加之材料老化干缩，加剧了房屋开裂。因此，房屋所有权人也应依法对房屋裂缝承担责任。

1.2 地基空洞

【名词解释】

部分地基岩土体在自然或人为因素作用下陷落，并在地面形成塌陷坑或在地基中形成孔洞的现象。

【规范条文】

《既有建筑地基可靠性鉴定标准》JGJ/T 404—2018

5.6.1 既有建筑地基存在下列情况时，应进行地基塌陷与土体流失的稳定性评定：……2 可能受到土洞或带有可造成土体流失裂隙的溶洞、岩洞的影响……

问题 3： 单方面就地基空洞所作检测报告能否被采纳？

【判决出处】

　　法院：江苏省徐州市中级人民法院

　　案号：（2020）苏03民终4675号

　　名称：甲公司、乙公司等建设工程施工合同纠纷

【案情概况】

　　2016年11月8日，甲公司与乙公司签订建设工程施工合同一份，约定由乙公司承建甲公司液压油管项目生产车间土建工程。合同签订后，乙公司对车间地坪进行了施工。2017年11月20日，甲公司与乙公司签订补充协议一份，其中该协议载明案涉工程于2017年10月31日经建设单位组织竣工验收并合格；另外，该协议第三条约定"厂房内地坪出现不平、裂缝等问题，施工单位一次性补偿给建设单位贰万元整，建设单位不得再因地面问题与施工单位产生纠纷"。

　　甲公司在乙公司施工后，又另请其他公司对案涉地坪进行了固化处理施工。后甲公司发现地坪地面起伏，上浮下沉，已不能正常使用，遂诉至法院。

律师点评

　　对于地坪地面起伏不平不能正常使用等明显质量问题，建设单位应及时通知施工单位进行现场查看，确定原因，划分责任，制定维修方案并保留相关书面记录。书面记录可以包括：质量问题通知单及签收（妥投）记录、质量问题发生时现场影像资料、各方对质量问题现场的书面确认、各方对质量问题原因及责任承担的表述记录、维修方案的书面确认等。

　　建设单位如需委托第三方替代有资质的原施工单位进场维修，应注意以下事项：第一，此前是否已按约定通知原施工单位进行维修；第二，原施工单位接到通知后是否明确表示或以行为表示不同意履行维修工作；第三，第三方进场前，是否对质量问题现场进行了事实固定；第四，第三方进场维修完毕的费用是否明确、合理。

【鉴定情况】

诉讼中，甲公司申请对地坪工程质量进行司法鉴定。甲公司、乙公司共同选择的鉴定机构以无法鉴定为由，将鉴定材料退回法院。

> **律师点评**　根据《司法鉴定程序通则》（以司法部令第132号文件发布）第十七条规定："司法鉴定机构决定不予受理鉴定委托的，应当向委托人说明理由，退还鉴定材料"，申请人有权要求司法鉴定单位说明退卷的理由及依据。

甲公司为了避免损失扩大，拟重新建设地坪，对乙公司施工的地坪进行取样，由徐州市公证处全程录像。2018年6月4日，甲公司委托具有资质的检测公司对该地坪进行全面的质量检测，检测公司出具鉴定检测报告一份，该报告认定案涉地坪的施工质量均不符合设计或相关施工质量要求。

> **律师点评**　通过现场公证对质量问题的事实进行固定，通过有资质的检测单位对产生质量问题的原因及危害程度进行认定；虽然上述两项都是建设单位单方委托，但是通过有效的救济途径对客观事实进行固定，一定程度上有利于人民法院对案件事实的查明和案件当事人对自身权益的维护。

庭审中，乙公司认为甲公司单方委托，不能作为定性依据。另查，甲公司为主张其经济损失，向法庭提供了证人到庭作证，拟证实其地坪不能按时使用的租赁损失及重新施工的损失。乙公司对其证言不予认可。

> **律师点评**　证人证言属于证据范畴，在本案中，证人证言与现场公证、质量检测报告等证明材料共同形成了证据链，对法院认定案涉工程存在质量问题起到了一定的作用。

【一审阶段法院观点】

乙公司对车间地坪施工后，甲公司发现不符合质量标准要求，存在空洞、下沉、地面起伏等现象。甲公司、乙公司曾进行协商，乙公司愿意承担违约金20000元。此后，甲公司又发现地坪有严重质量问题，已不能正常使用，造成的损失远远超过20000元，继而诉请法院，拟通过司法鉴定确认工程质量及经济损失大小。法院根据双方选定的鉴定机构，委托鉴定，该机构以不能鉴定为由退回法院。甲公司为避免损失扩大，急需重新制作地坪，甲公司通过公证处现场公证取样，并委托有资质的鉴定机构鉴定。鉴定结论：地坪基土、碎石垫层、水泥混凝土面层、硬化耐磨面层均不合格。合议庭认为，乙公司对鉴定结论虽不予认可，但未提供其他充分证据进行反驳。对此，其鉴定结论有重要的参考价值，并结合甲公司提供的重新制作地坪的证人到庭作证的证言，可以认定乙公司施工的地坪基础存在一定的质量问题。

另外，地坪的主要质量问题是地基基础工程有下沉、空洞等现象，造成甲公司不能正常使用该车间。由于甲公司的设备不能进场，为避免损失扩大，重新制作了地坪。

律师点评　　《民法典》第五百九十一条规定："当事人一方违约后，对方应当采取适当措施防止损失的扩大；没有采取适当措施致使损失扩大的，不得就扩大的损失请求赔偿。当事人因防止损失扩大而支出的合理费用，由违约方负担。"一审法院认为甲公司依法有权利采取措施避免自身损失扩大，肯定了建设单位重新制作地坪的行为。

庭审中，甲公司提供了租赁协议、发票等证据，其主张由于质量问题造成甲公司经济损失758380元及其他损失。该经济损失与乙公司的地坪工程质量问题存在一定的因果关系，但考虑甲公司租用他人房屋及重建地坪并未告知乙公司，其损失全部由乙公司承担，显属过高。

> 质量问题所造成的损失一般是指实际已发生的损失。对于损失大小的认定，法院一般会结合施工合同中关于质量标准、建设工期、工程价款支付时间、当事人生产经营情况等内容来确定，此外也会结合双方过错程度、过错与损失之间的因果关系等因素作出裁判。

法院结合庭审中双方调解的意见及甲公司租赁、修补、重新制作的客观事实，酌定乙公司赔偿甲公司的经济损失为200000元较适宜。

【二审阶段法院观点】

关于乙公司应否向甲公司赔付经济损失及具体数额如何确定，本院认为：2017年11月20日，甲公司与乙公司签订的补充协议载明案涉工程于2017年10月31日经建设单位组织竣工验收并合格；另外，该协议第三条约定"厂房内地坪出现不平、裂缝等问题，施工单位一次性补偿给建设单位贰万元整，建设单位不得再因地面问题与施工单位产生纠纷"。双方签订的该协议系当事人真实意思表示，且不存在违反法律、行政法规等强制性规定的情形，合法有效。根据双方的约定，案涉工程于2017年10月31日经建设单位组织竣工验收并合格，由于厂房内地坪出现不平、裂缝等问题，乙公司向甲公司一次性补偿2万元整，且乙公司已经向甲公司支付了该2万元，按照上述协议约定，双方不再因地面问题产生纠纷，双方均应当按照该协议履行权利义务，现甲公司起诉主张案涉工程存在质量问题并要求乙公司赔偿案涉工程经济损失与上述协议相悖，本不应予以支持。

但是，鉴于乙公司在二审庭审中自认，甲公司将工程保修金给予其结算完毕后，乙公司最多再支付甲公司10万元，关于保修金问题，双方可以另行解决。根据乙公司的二审自认，将一审法院判决的经济损失数额调整为10万元。

> 本案二审阶段以下三点可予以关注：
>
> 第一，关于质量问题的承担，法院会尊重当事人的意思自治，在当事人关于质量责任承担的约定合法有效的情况下，除非当事人又另作约定或某方进行自认，法院一般会根据当事人合法有效的约定来划分责任、进行裁判。
>
> 第二，本案中，双方在补充协议约定"建设单位不得再因地面问题与施工

单位产生纠纷"，结合案情可分析此处的"地面问题"可能包括了厂房内地坪出现地基松动、空洞、不平、裂缝等问题，即案涉工程地坪质量问题。但双方签订补充协议时未对质量问题进行综合评估，或对质量问题的严重性存在误判的，则可依据《民法典》第一百四十七条："基于重大误解实施的民事法律行为，行为人有权请求人民法院或者仲裁机构予以撤销"，以及第一百五十一条："一方利用对方处于危困状态、缺乏判断能力等情形，致使民事法律行为成立时显失公平的，受损害方有权请求人民法院或者仲裁机构予以撤销"，在法定期限内申请撤销补充协议，然后再依据实际损失要求违约方承担相应责任。

第三，如果本案中所出现的质量问题依法依约属于施工单位依法保修范围且在保修期限内的，建设单位可要求施工单位履行保修义务，并可以根据实际损失情况要求施工单位进行赔偿。

【本案小结】

司法实践中，单方委托出具报告的范围种类繁多，就建设工程合同纠纷而言，包括单方造价咨询报告、单方质量检测报告、单方维修方案报告等各种形式。《民事诉讼法》第六十六条规定："证据包括：（一）当事人的陈述；（二）书证；（三）物证；（四）视听资料；（五）电子数据；（六）证人证言；（七）鉴定意见；（八）勘验笔录。证据必须查证属实，才能作为认定事实的根据。"单方委托出具的报告一般并不属于鉴定意见的范畴，因为鉴定意见是指人民法院依法委托有资质的鉴定人通过科学、合法的鉴定手段就案件事实所涉专门性问题出具的相关意见。一般认为，单方委托出具的报告可适用当事人陈述或私文书证的规则来进行质证和处理。

对于单方委托检测机构出具的检测报告能否作为认定是否存在工程质量问题的依据，一般认为，建设单位如果主张施工单位承建的工程存在质量问题，则依据"谁主张，谁举证"的民事诉讼举证责任分配原则，应由提出主张的建设单位举证证明其所主张的事实。建设单位自行单独委托检测机构作出的报告，其检测资料未经施工单位质证认可，其检测内容未经施工单位共同参与，在施工单位不予认可的情况下较难仅凭单方检测报告来认定工程质量是否存在质量问题这一基本事实。因此，即使建设单位提供了单方面出具的检测报告，在诉讼过程中仍有较大可能须依法启动鉴定程序才能明确相关事实。

但是现实情况往往较为复杂，因各种原因不能实质性启动鉴定工作的情况确实存在，而且即使启动了鉴定工作，也有可能得不出鉴定结论。对主张存在工程质量问题、要求进行维修和赔偿的建设单位而言，承担相应的举证责任，就意味着举证不能或举证不充分的情况可能发生。本案当中，虽然未能进行鉴定，但建设单位采取了通过公证处现场公证取样、单方委托有资质的检测机构出具报告、申请证人到庭作证等各种方式证明案涉工程存在质量问题，起到了一定的作用，对建设单位处理类似案件具有参考价值。

1.3 地基承载力不足

【名词解释】

在上部建筑物作用下，地基所承受的最大压应力超过地基承载力特征值。

【规范条文】

《建筑地基基础工程施工质量验收标准》GB 50202—2018

4.1.3 地基承载力检验时，静载试验最大加载量不应小于设计要求的承载力特征值的2倍。

问题4： 试验报告能否作为判断具体地层承载力不足的依据？

【判决出处】

法院：广东省高级人民法院

案号：（2018）粤民申12088号

名称：甲公司、乙公司建设工程施工合同纠纷

【案情概况】

2011年5月27日，甲公司、乙公司双方签署了《甲公司仓储项目建设工程施工总承包合同》及其补充协议，合同约定："甲公司将A仓储区86000m³仓储项目建设工程发包给乙公司施工，工程范围（土建部分）包括：综合楼（含水电、消防）、门卫室（含水电、消防）、公用工程房一（含水电、消防）、汽车装卸台（含水电、消防）、30个储罐基础、库区围墙、28个储罐区防火堤（含堤内地坪、踏步、水封井

等）、库区道路（包括库区内所有混凝土道路）以及全部消防工程、库区内给水排水、库区室外电气。"此后双方又签订多份合同。

2013年10月17日，甲公司向乙公司发出《关于解除各合同及立即退场的通知》，通知内容为："就甲公司与乙公司签订的七份合同（包含甲公司与丙公司签订的两份合同），合同施工过程中乙公司存在工程质量不合格、逾期完工等严重的违约行为，乙公司已于2013年1月10日自行停止施工，但至今仍未交还施工场地给甲公司。违约行为致使合同无法继续履行，合同目的已不能实现，且已给甲公司造成重大经济损失。为此，甲公司通知乙公司解除六份合同，并于收到本通知后3日内立即清场，将施工场地交还甲公司，并赔偿给甲公司造成的一切经济损失。"

律师点评　本案案情较为复杂，历经一审、二审和申请再审阶段，并且涉及建设工程质量、工期、造价等多个事项，这也是建设工程质量纠纷案件的特点之一，质量纠纷固然是其中的一个重要维度，但各方关于工期、造价等其他事项往往也可能存在重大争议。以本案而言，甲公司的诉讼请求包括了解除双方之间签署的合同、赔偿因工期延误造成的经济损失、赔偿因工程质量问题造成的经济损失、返还多支付的工程款、返还垫付的水电费和部分测绘费、交还施工场地并办理移交手续、交还验收所需资料并配合办理验收手续、赔偿检测费用等；乙公司的反诉请求包括了解除合同、支付工程款和停窝工损失等。本书的主旨在于对工程质量纠纷进行实例分析，因此本文主要是针对地基承载力试验报告和所涉及地基承载力不足的问题进行解读。

【鉴定情况】

2015年7月27日，经丁鉴定所鉴定并出具鉴定意见：……7.公用工程房一南面的地基下沉是由于地基承载力不足造成的，在其南面的消防水罐充水试验产生的基础压力扩散对公用工程房一的下沉有进一步的影响，基础下沉又引起其上部结构的斜向开裂；混凝土构件与墙体之间的裂缝主要是由温度应力造成的。地基承载力不足的原因是强夯层承载力不足，或者回填层承载力不足，又或者两者都不足，目前的试验方法无法还原当时的地基承载力，由于以前强夯层有地基承载力符合要求的试验报告而回填层没有，故推测回填层承载力不足的可能性更大。8.地基承载力不足，在两个消防水罐之间的压应力扩散叠加区域下沉量更大，因此导致消防水罐倾斜……

律师点评

　　案涉项目存在建（构）筑物开裂、倾斜等质量问题，鉴定单位经鉴定后认为导致前述质量问题的原因在于地基承载力不足。但是现场地层并非单一地层，而是包括了强夯层、回填层在内的多个地层。由于试验方法受限，无法还原此前的地基承载力实际情况，因此鉴定单位根据强夯层有地基承载力符合要求的试验报告而回填层没有，推测回填层更有可能出现承载力不足的情况。对于本案鉴定报告关于地基承载力的内容，本书认为有以下三点值得关注：

　　第一，地基在进行工程建设后，地基承载情况相较于工程建设前会发生变化，鉴定单位可能无法对此前的情况还原并进行鉴定，但这并不意味着无法对产生质量问题的原因进行定性分析。

　　第二，施工现场往往存在多个地层承受建（构）筑物重量，在无法还原施工前地层的情况下，地基承载力报告可以作为判断哪个地层承载力不足的重要依据之一。在有些案件中，不排除存在不同地层可能是由不同单位进行处理的情况，在这种情况下判断哪个地层承载力不足将成为后续认定责任主体的重要依据之一。

　　第三，因鉴定意见当中出现了"推测""可能性"等表述，相关方提出了质疑，主张不应采纳对应的意见。如何对相关方的主张进行判断、对相关事实进行厘清也是本案的重点和难点。

【一审阶段法院观点】

　　关于工程质量不合格造成的损失3076184.82元。丁鉴定所出具了鉴定报告，其中鉴定意见第3点至第9点为本案乙公司承建的工程，鉴定报告认定第3点至第8点所涉的工程质量不合格，戊公司对相应的不合格工程的修复确定了修复方案，己公司对相应工程的修复造价进行了评估，评估造价为663253.67+292654.71+210728.75+1261095.72+382621.6+13749=2824103.45元。双方无相反证据反驳上述鉴定评估结论，一审法院对《某市A地甲公司液体石化产品仓储项目鉴定报告》《不合格工程重建翻工方案设计》及《工程施工不合格部分修复工程造价评估报告》中与本案工程相关的鉴定结论予以确认，并据此核定乙公司应赔偿甲公司不合格工程的修复费用为2824103.45元。

> 律师点评
>
> 　　一审法院认为乙公司应就案涉工程出现的工程质量问题承担相应的责任，并且根据鉴定意见、维修方案、造价评估报告等材料核定了乙公司应向甲公司赔偿的修复费用。

【二审阶段法院观点】

　　一审判决根据司法鉴定意见认定相关事实，证据确实充分，本院予以维持。

> 律师点评
>
> 　　虽然鉴定报告指出目前的试验方法无法还原当时的地基承载力，但并不代表无法对案涉工程地基承载力的情况和地基承载力是否是引起工程质量问题的原因作出分析。鉴定单位通过检测、分析得出的结论是，地基下沉是由于地基承载力不足造成的，而乙公司对其不认可鉴定意见相应内容的观点未能举证证明到位，主张也未能得到二审法院支持。
>
> 　　在此需要指出的是，虽然鉴定意见关于案涉工程地基承载力出现了"地基承载力不足的原因是强夯层承载力不足，或者回填层承载力不足，又或者两者都不足"的表述，但无论如何，地基承载力不足的情况是确认的，并且强夯层、回填层都是经过人工处理的地层，这两个地层无论是哪个地层承载力不足引发工程质量问题，承包人都需要依法依约承担相应的责任。

【申请再审阶段法院观点】

　　再审申请人乙公司的再审申请理由不能成立，本院不予采纳。

> 律师点评
>
> 　　本案申请再审阶段仍然对于乙公司涉及鉴定意见地基承载力相关事项的主张不予采纳，理由与二审阶段基本相同。
>
> 　　在此提出一个假设性的问题，如果对强夯层和回填层都进行了地基承载力

试验、出具了报告，并且报告结论是承载力合格，但是实际上又出现了因为地基承载力不足所引发的质量问题，承包人还需要承担相应的责任吗？

本书初步认为，以目前的检测方法而言，主要是对工程建设所在范围的地基承载力进行取点检测，而不是对整个范围完全进行检测，因此即使报告结论合格，在实际出现承载力不足引发的质量问题后，事实证明当时对于地基强夯、回填的处理仍然是存在问题的，承包人承担相应责任的可能性仍然存在。

【本案小结】

如何对案涉建筑物地基下沉具体原因进行确认，是案涉质量司法鉴定的难点之一。在试验方法无法还原当时的地基承载力的情况下，鉴定单位通过地基承载力试验报告反馈的情况，排除强夯层质量问题，继而得出回填层承载力不足的可能性更大的结论。

地基承载力试验报告虽然无法完全替代工程质量验收合格的证明文件，但在一定程度上可以通过承载力试验报告来判断相应地层完工时的状态。就证明工程质量符合设计要求或规范要求而言，施工单位一般作为负有举证证明责任的当事人，如果其无法提供回填层等所涉地层的承载力试验报告，也未提供其他证据用于证明地基承载力符合约定及标准，则有可能承担举证不能的法律后果。

本案中，当事人对鉴定意见提出过异议。在司法实践中，当事人对司法鉴定结论提起异议也比较常见。关于如何对鉴定意见提出异议，有以下三点可以考虑：

第一，如对鉴定书（包括征求意见稿）的内容有异议的，应当在人民法院指定期间内以书面方式提出。一般而言，法院会要求鉴定人解释说明。若对于鉴定人的解释说明仍有异议的，当事人可以申请鉴定人出庭接受询问。

第二，如需对案件事实所涉及的比较专业的问题进行质证或提出意见的，当事人可以在举证期限届满前申请1～2名具有专业知识的人（专家辅助人）出庭，代表当事人对鉴定意见进行质证。

第三，如发现鉴定人不具备相应资格，或鉴定程序严重违法，或鉴定意见明显依据不足等鉴定意见不能作为证据使用的情形时，当事人可向法院申请重新鉴定；如鉴定意见仅存在瑕疵，当事人可要求通过补正、补充鉴定或者其他方式方法来解决问题。

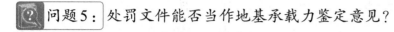 问题5：处罚文件能否当作地基承载力鉴定意见？

【判决出处】

　　法院：江苏省高级人民法院

　　案号：（2017）苏民终1206号

　　名称：甲公司与乙公司建设工程施工合同纠纷

【案情概况】

　　丙公司系某港区某河作业区某码头一期工程陆域形成及地基处理施工项目一标段的发包人，丁公司是该工程的总承包人，甲公司是该工程土建部分（包括地基）的承包人。2011年11月15日，甲公司与乙公司签订《桩基工程施工合同书》一份，将上述工程中的"亿吨港堆场湿喷桩工程"分包给乙公司施工，约定：工程量约30万m（据实结算）；承包方式为包工包料；承包内容（以设计图纸为基础）为深层搅拌桩，桩长8m，桩径500mm。合同签订后，乙公司于2011年12月20日开始施工，施工依据为甲公司提供的《水泥搅拌桩地基处理大样图》。

　　　　大样图也可称建筑节点详图，是表明建筑构造细部的设计文件，针对建筑物或构筑物某一区域进行放大标注，属于设计文件的一种形式。

　　2012年2月26日，甲公司要求乙公司停止施工。2012年3月12日，A省地矿局B物探测试工程研究所出具的编号为01的《基桩质量检测报告》一份，该检测报告载明：本试点承载力特征值为109.7kPa，不满足设计要求。

　　2012年4月，B市建设工程检测中心出具编号为02的《基桩质量检测报告》一份，该检测报告载明：本工程复合地基承载力特征值不满足设计要求。

　　2012年5月20日，A省交通规划设计院公司工程质量检测中心出具《B港B港区C河作业区D码头一期工程陆域形成及地基处理水泥搅拌桩部分检测报告》一份，该检测报告内容载明：①从水泥搅拌桩单桩复合地基静载试验结果可以看出，该桩不满足复合地基交工面地基承载力特征值（≥150kPa）的要求。②从全断面取芯试验结果看出，所抽检该工程51根水泥搅拌桩，检测桩长范围内取芯率为

55%～71%，不满足设计不低于80%的要求。③建议在后续施工过程中加强对水泥搅拌桩施工质量的控制，以确保水泥搅拌桩成桩质量。

2012年10月18日，戊公司出具《水泥土搅拌桩试验检测报告》一份，该检测报告载明：本次试验的水泥桩按照《A省高速公路水泥土搅拌桩检评标准》进行统计打分，综合评定结果，所有试验检测桩均为不合格。

> **律师点评**　检测单位是否具备相应的质量检测资质、是否在资质范围内完成检测、检测方法是否合理、检测流程是否合规都可能成为判断此类质量检测结果客观性的前提条件。以本案而言，所涉及的基桩质量检测报告、工程陆域形成及地基处理水泥搅拌桩部分检测报告、水泥土搅拌桩试验检测报告是否具备客观性，也要考虑前述条件。当然，即使符合了前述条件，如果仅仅是某一方当事人单方面委托所产生的检测报告，由于没有其他方共同参与等因素，也有不被法庭直接采纳的可能性。

2012年8月26日，B市交通工程质量监督处下发"处罚通报"一份，认为"由于施工、监理单位对施工工艺控制不严等原因，造成了C河作业区陆域场地项目在水泥搅拌桩施工中，出现水泥土搅拌不均匀，强度离散性大，复合地基承载力不足的严重问题，给B市交通建设工程造成了极坏的影响和不可挽回的经济损失"。经"对承载力不满足设计要求部分区域按设计要求补桩施工"后，案涉工程于2012年11月25日交工，2013年1月31日完成交工验收。

【鉴定情况】

一审诉讼中，乙公司申请对其所完工工程是否符合合同约定质量进行鉴定，经一审法院司法鉴定处咨询A质量安全鉴定有限公司，由于现场已施工完毕，无法对相关事项进行鉴定。

> **律师点评**　根据《司法鉴定程序通则》第十五条，具有下列情形之一的鉴定委托，司法鉴定机构不得受理："（一）委托鉴定事项超出本机构司法鉴定业务范围的；（二）发现鉴定材料不真实、不完整、不充分或者取得方式不合法

的;(三)鉴定用途不合法或者违背社会公德的;(四)鉴定要求不符合司法鉴定执业规则或者相关鉴定技术规范的;(五)鉴定要求超出本机构技术条件或者鉴定能力的;(六)委托人就同一鉴定事项同时委托其他司法鉴定机构进行鉴定的;(七)其他不符合法律、法规、规章规定的情形。"以本案而言,申请鉴定事项由于现场已施工完毕、无法鉴定的情况可以归类为第(四)类或第(五)类情况。

后一审法院委托己公司对B亿吨港工程中的水泥搅拌桩的施工设计是否符合《建筑地基处理技术规范》进行鉴定。鉴定中,乙公司变更申请为:根据《基桩轴向抗压静载荷试验检测报告》(2011年11月28日出具)、《B港区C河作业区D码头一期工程地质勘察报告》和《建筑地基处理技术规范》,鉴定案涉《水泥搅拌桩地基处理大样图》要求的复合地基承载力是否满足设计要求。经己公司鉴定,结果为:水泥地搅拌桩复合地基承载力特征值计算值为96.07～107.12kPa,未达到设计说明中第二条"地基处理技术要求"第1条的要求,即交工面地基承载力特征值≥150kPa。甲公司对该鉴定结果不予认可,认为应以《地基承载力静载试验检测报告》作为鉴定依据。

【一审阶段法院观点】

首先,甲公司主张乙公司施工的工程存在质量问题证据不足。

(1)甲公司提供的01号《基桩质量检测报告》、02号《基桩质量检测报告》,以及《B港B港区C河作业区D码头一期工程陆域形成及地基处理水泥搅拌桩部分检测报告》《水泥土搅拌桩试验检测报告》均是在乙公司离场后由总承包人丁公司及发包人B高铁港务投资有限公司委托作出,乙公司与甲公司均未参与,且乙公司不予认可。

律师点评 司法实践中一般认为当事人单方委托检测机构出具的文件材料,其证明力低于诉讼过程中形成的司法鉴定意见,因为单方委托检测时所依据的书面材料一般未经过质证程序,且检测过程中很难做到各方均到场见证,甚至各方本身对于检测机构的选择都存在较大的分歧。《最高人民法院关于民事诉讼证据的若干规定》第四十一条规定:"对于一方当事人就专门性问题自行委托有关机构或者人员出具的意见，另一方当事人有证据或者理由足以反驳并申请鉴定的，人民法院应予准许。"就目前的实际情况而言，单方委托检测机构所出具的意见较难在诉讼过程中被法院直接采纳，如对方不予认可，很可能会依法启动鉴定工作对专门性问题进行明确。当然，也不能一概认为单方委托出具的检测意见不可能被采纳，如果是客观情况无法鉴定等原因，法院有可能结合单方检测意见和其他事实情况来进行综合认定。

（2）01号《基桩质量检测报告》、02号《基桩质量检测报告》，以及《B港B港区C河作业区D码头一期工程陆域形成及地基处理水泥搅拌桩部分检测报告》主要表明的是承载力特征值不满足设计要求，并未表明乙公司施工的搅拌桩质量不合格。

律师点评　　承载力特征值是判断搅拌桩是否符合设计标准、是否满足使用要求的指标之一，影响承载力特征值的因素包括设计要求、材料质量、施工工艺等，这些因素可能与设计单位、施工单位、材料供应商等有关。就一审观点而言，可以认为承载力特征值不满足设计要求与乙公司的搅拌桩施工质量不合格之间并不存在必然的逻辑关系，相应的检测报告也没有直接明确的结论。

（3）《水泥土搅拌桩试验检测报告》采用的是《A省高速公路水泥土搅拌桩检评标准》进行统计打分，该检测报告不应作为评定涉案工程是否合格的依据。

律师点评　　根据《最高人民法院关于民事诉讼证据的若干规定》第三十六条的规定："人民法院对鉴定人出具的鉴定书，应当审查是否具有下列内容：……（四）鉴定所依据的原理、方法……"鉴定依据是法院审查的内容之一，也是争议解决过程中各方当事人评估分析和发表意见的要点。就本案而言，案涉项目为某港区某河作业区某码头一期工程陆域形成及地基处理施工项目，与高速公路显然属于不同的工程类型，《水泥土搅拌桩试验检测报告》却以《A省高速公路水泥土搅拌桩检评标准》作为依据进行打分，从依据是否合适的角度而言很难成立。

（4）"处罚通报"只是行政管理部门的意见，并非权威的质量检测报告，而且该"处罚通报"只表明"出现水泥土搅拌不均匀，强度离散性大，复合地基承载力不足"，并未表明乙公司施工的搅拌桩质量不合格。

律师点评　一审观点之所以认为"处罚通报"不能作为认定乙公司施工搅拌桩质量不合格的依据，主要可以归纳为两点理由：一方面，"处罚通报"主要是基于行政管理部门对现场情况的判断，但毕竟没有经过司法鉴定或类似的程序；另一方面，"出现水泥土搅拌不均匀，强度离散性大，复合地基承载力不足"仅仅是对现场情况的描述，并不能确定导致现场情况的原因在于乙公司的施工质量出现了问题。

其次，在乙公司施工期间及离场时，甲公司均未向乙公司主张过质量问题。

律师点评　无论是根据《建设项目工程总承包合同示范文本》GF—2020—0216通用合同条款第19条，还是《建设工程施工合同示范文本》GF—2017—0201通用条款第19条，对于索赔的时限及需要提供的材料都作出了明确的约定，这也体现了当前市场对于工程索赔的要求是"及时""依约"。而甲公司在乙公司施工和离场时均未主张过就质量问题进行索赔，这可能会导致甲公司按照合同承担"过期失权"的不利后果，即使合同对索赔时限未作约定，也可能会因怠于行使权利、现场无法进行检测等导致权益损失。

最后，对乙公司已完工工程进行补桩不可归责于乙公司。

（1）甲公司与乙公司在施工过程中并未对乙公司施工的搅拌桩进行单桩承载力检测，工程试桩后也未对试桩进行复合地基承载力检测，无法确定乙公司施工的搅拌桩是否符合设计要求。

（2）乙公司根据甲公司提供的《水泥搅拌桩地基处理大样图》进行施工，双方均无异议，且在乙公司施工期间，甲公司及相关单位均未提出过乙公司未按设计要求及技术交底进行施工。

（3）经对《水泥搅拌桩地基处理大样图》中要求的复合地基承载力是否满足设计要求进行司法鉴定，《水泥搅拌桩地基处理大样图》中的水泥地搅拌桩复合地基承载力特征值计算值未达交工面地基承载力特征值≥150kPa的技术要求，即对乙公司已完工工程进行补桩系设计不足造成，而非乙公司施工造成。

【二审阶段法院观点】

本案工程在乙公司离场后，经后期施工已完成交工验收，验收范围包括乙公司施工部分。经一审法院咨询，无法对乙公司施工部分进行质量鉴定。

律师点评　　在无法进行质量鉴定的情况下，法院为查明事实情况，会结合各方主张、在案证据、逻辑推理、日常经验等进行综合判断。就本案而言，案涉工程在按要求补桩施工后已完成交工验收，这也是法院进行裁判时考虑的一个基本事实情况。

二审裁判结果：驳回上诉，维持原判。

【本案小结】

本案当中，一方当事人以行政管理部门的"处罚通报"作为证据之一主张对方当事人的施工质量不合格。在建设工程质量纠纷案件中，将行政管理部门的处罚决定书等材料作为证据材料提交并主张相关事实的情况并不罕见，行政处罚决定书等材料能否直接作为法院认定事实的依据，下文将展开讨论。

《最高人民法院关于民事诉讼证据的若干规定》第十条规定："下列事实，当事人无须举证证明：（一）自然规律以及定理、定律；（二）众所周知的事实；（三）根据法律规定推定的事实；（四）根据已知的事实和日常生活经验法则推定出的另一事实；（五）已为仲裁机构的生效裁决所确认的事实；（六）已为人民法院发生法律效力的裁判所确认的基本事实；（七）已为有效公证文书所证明的事实。"根据该条款，行政处罚决定书等行政管理部门出具文件所涉及的情况并不属于当事人无须举证证明的范围。由于行政处罚程序中行政管理部门的调查目的和民事诉讼中人民法院对民事案件的审理目的不同，因此行政处罚决定书等行政管理部门出具文件所确定的事实并非当然的免证事由，各方当事人可以通过发表质证意见、提供相反证据等方式表达自身对案件基本事实的意见，法院也可以根据法律规定和案件实际考虑是否对行政处罚决定书等文件所涉情况予以采纳。

出现工程质量问题后，行政管理部门进行处罚的主要依据包括《行政处罚法》

《建筑法》《建设工程质量管理条例》等法律法规，法院查明基本事实、划分各方责任的主要依据除了前述《建筑法》《建设工程质量管理条例》等，还包括《民法典》《民事诉讼法》等。具体到本案而言，发现"出现水泥土搅拌不均匀，强度离散性大，复合地基承载力不足"等情况后，行政管理部门即可依法发出"处罚通报"，而在诉讼中如果要明确是施工单位的责任，则需要通过司法鉴定、双方举证质证等程序才能予以确定，本案当中的"处罚通报"也并不足以让法院直接认定一定是施工单位的责任，还需要通过进行鉴定、查明事实等步骤才能进一步判断。

1.4 土层未压实

【名词解释】

土层压实系数小于设计值。

【规范条文】

《建筑地基基础工程施工质量验收标准》GB 50202—2018

4.2.2 施工中应检查分层铺设的厚度、夯实时的加水量、夯压遍数及压实系数。

4.3.2 施工中应检查分层厚度、分段施工时搭接部分的压实情况、加水量、压实遍数、压实系数。

问题6：鉴定报告明确土层未压实的情况下能否申请现场勘验？

【判决出处】

法院：山东省聊城市中级人民法院

案号：（2022）鲁15民终1515号

名称：徐某、甲公司建设工程施工合同纠纷

【案情概况】

2011年7月9日，甲公司与徐某签订《施工合同书》，甲公司将其承建的A一期8号楼、9号楼及相应地下停车位土建工程转包给徐某施工，承包方式为包工包料，保修期的约定为："地基基础、主体结构为设计文件规定的合理使用年限，外墙保温5年，其他2年。"单位工程竣工验收记录显示，工程开工日期为2011年12月15日，竣工日期为2013年。2013年11月9日，甲公司与徐某签订《施工合同书》，甲公司将其承建的A二期29号楼、30号楼、37号楼土建工程转包给徐某施工，承包方式为包工包料，保修期的约定为："地基基础、主体结构为设计文件规定的合理使用年限，外墙保温5年，其他2年。"单位工程竣工验收记录显示，工程竣工日期为2015年10月30日。2014年8月27日，甲公司与徐某签订《施工合同书》，甲公司将其承建的A二期多层28号楼、35号楼、36号楼土建工程转包给徐某施工，承包方式为包工包料。单位工程竣工验收记录显示，工程竣工日期为2015年11月28日。上述工程交付使用后产生部分质量问题，双方产生争议。

律师点评

转包一般是指承包单位承包工程后，不履行合同约定的责任和义务，将其承包的全部工程或者将其承包的全部工程肢解后以分包的名义分别转给其他单位或个人施工的行为。本案当中，甲公司承揽工程后并未自行实施，而是将包括地基基础、主体结构在内的土建工程交由徐某个人实施。而徐某作为个人根本不可能具备相应的施工资质，也没有进行施工的实际技术能力，从而导致了案涉工程质量问题，引发了本案讼争。

在本案之前，徐某和甲公司已经就案涉工程的工程款支付进行了诉讼，法院判决甲公司应向徐某支付剩余工程款并承担其他相应责任。现实当中因工程款纠纷产生的案件往往会引起质量之诉，表现形式则既有在工程款纠纷案件当中提起反诉，也有另案进行起诉的。因此，施工单位或实际施工人提起工程款之诉前，建议同时将工程质量事项纳入考量范围。

【鉴定情况】

2021年7月17日，某省建筑工程质量检验检测中心有限公司出具鉴定报告，鉴定意见为：①28、29、35、36号楼地下室渗水，经分析，当地表水较多时，会渗入至筏板之下，通过筏板混凝土可能存在的贯通型裂缝或不密实处渗出至地下室。②35、36、37号楼存在室外散水下沉现象，造成该现象主要是由于回填土未严格按照设计和《建筑地基基础工程施工质量验收规范》GB 50202—2002施工造成的，并且现场局部开挖，部分位置存在较多建筑垃圾，亦不符合设计和规范要求，影响回填土的压实度。③8、9、37号楼自行车道后砌墙均存在不同程度的下沉、墙体开裂现象，下沉的主要原因是后砌砖墙基础下土层未压实，存在土层下沉现象，所检自行车道后砌砖墙基础实际做法较原设计偏小，这也是自行车道后砌砖墙下沉、墙体开裂的原因之一。后砌砖墙下沉会造成外墙面防水层的断裂，雨水较大时，防水层断裂处会进水，存在雨水灌入电梯间的可能性；如果后砌砖墙下有排水管道通过，存在因砖墙下沉而造成排水管断裂的可能性。④楼梯间墙体裂缝保修年限应符合合同中关于主体结构的相关要求；墙体开裂原因除与施工控制有关外，也与材料自身的收缩有关。⑤29号楼屋面伸缩缝盖板存在施工质量问题，不符合设计要求。⑥一期3区和5区车库地面建筑做法缺少300mm厚度3:7灰土层，不符合设计要求；所检车库地面裂缝较多，且一期3区测点1区域素土层含水多，松软，影响正常使用。甲公司为此支出鉴定费240000元。

律师点评

鉴定单位的鉴定报告指出，案涉工程存在回填土未按规范和设计要求施工、土层未压实、土层下沉、土层含水多等情况，导致了砌砖墙下沉、墙体开裂、地面裂缝等质量问题。该报告是法院认定本案事情、明确各方责任的依据之一。

【一审阶段法院观点】

为证明案涉工程出现质量问题的原因，甲公司向法院申请对质量问题成因进行司法鉴定，某省建筑工程质量检验检测中心有限公司接受法院委托并作出鉴定报告。徐某对鉴定意见存有异议，法院据其申请依法通知鉴定人出庭接受询问，鉴定人针对异议问题一一作出了解答。后徐某仍对鉴定结论不服，书面申请法院现场勘验并要求重新鉴定。法院认为，法院已针对争议的质量问题委托专业机构进行勘验、鉴定，法院工作人员并不具备工程建设相关的专业知识，在已委托专业机构鉴定的情况下，法院工作人员再到现场勘验无实际意义。徐某无证据证明鉴定过程存在程序违法或明显依据不足的情况，其重新鉴定的请求，法院不予准许。该鉴定报告是严格按照法定程序，由具有相应鉴定资质的专业机构及人员，在双方均参与的情况下，经现场勘验作出的，对该报告法院予以采纳。经鉴定，室外散水下沉、自行车道后砌砖墙下沉、29号楼屋面伸缩缝盖板及地下车库地面均属施工质量问题，楼梯间墙体裂缝应适用主体结构的保修期限，因此，上述质量问题的修复费用应由施工方即徐某负担。依据某建设工程咨询有限公司的鉴定意见，上述质量问题的修复费用为 576120.96 元。

一审法院关于本案工程质量相关事宜的论述，有两点可予以关注：

第一，关于重新鉴定。工程质量纠纷类案件的质量鉴定结果关系重大，质量合格与否，往往会对案涉各方的实体权利造成重大乃至关键性的影响。因此，主观上不愿接受鉴定结果甚至要求重新鉴定的情况并不鲜见。对于启动重新鉴定的条件，《最高人民法院关于民事诉讼证据的若干规定》第四十条规定："当事人申请重新鉴定，存在下列情形之一的，人民法院应当准许：（一）鉴定人不具备相应资格的；（二）鉴定程序严重违法的；（三）鉴定意见明显依据不足的；（四）鉴定意见不能作为证据使用的其他情形。"由此可见，重新鉴定的条件是较为严格的。并且，即使鉴定意见存在瑕疵，也不是必然会启动重新鉴定程序，《最高人民法院关于民事诉讼证据的若干规定》第四十条又规定："对鉴定意见的瑕疵，可以通过补正、补充鉴定或者补充质证、重新质证等方法解决的，人民法院不予准许重新鉴定的申请。"就本案而言，徐某未能就重新鉴定的主张提供相应的证据材料予以证明，甚至对鉴定意见是否存在需要补正的瑕疵也未能明确指出，因此法院对其重新鉴定的请求不予准许。

第二，关于现场勘验。《最高人民法院关于适用〈中华人民共和国民事诉讼法〉的解释》第一百二十四条规定："人民法院认为有必要的，可以根据当事人的申请或者依职权对物证或者现场进行勘验。勘验时应当保护他人的隐私和尊严。人民法院可以要求鉴定人参与勘验。必要时，可以要求鉴定人在勘验中进行鉴定。"因此，人民法院进行现场勘验的前提是人民法院认为有必要。就本案而言，首先，本案并非没有经过现场勘验，在双方均参与的情况下，鉴定单位经现场勘验后形成了鉴定报告；其次，工程质量问题的判断属于专业问题，法院工作人员即使进行现场勘验，也无法直接就本案工程质量的专门性问题进行认定、作出结论。所以，一审法院认为在已委托专业机构鉴定的情况下，再到现场勘验无实际意义。

【二审阶段法院观点】

关于鉴定报告。案涉工程的鉴定是一审法院依据法律规定委托的鉴定。鉴定机构具有相应的鉴定资质，鉴定程序符合法律规定，鉴定人依照法律规定出庭接受了双方当事人的质询，所作出的鉴定意见应当作为认定案件事实的依据。徐某申请重新鉴定，本院不予支持。

　　二审法院对于徐某重新鉴定的请求不予支持，本案二审维持了一审判决。

【本案小结】

　　本案中，实际施工人对已出具鉴定意见结论有异议，提出两项要求，一是要求法院到现场勘察；二是要求进行重新鉴定。然而这两项请求较难被支持，以此改变鉴定意见结论也存在较大难度，因此我们建议"功课"应该做在鉴定意见出具前。所谓的"功课"可以包括以下内容：

　　第一，仔细分析委托司法鉴定的申请内容。对司法鉴定申请内容的分析主要解决以下问题：①判断鉴定人是否存在超越委托范围进行鉴定的情形。②委托申请内容是否存在引导性。比如，委托人申请的是"对地下室渗水质量问题成因进行司法鉴定"，该申请内容已经将"地下室渗水"这一现象定性为"质量问题"，排除了因"不可抗力""不当使用"等非工程质量问题引起渗水的原因。对此，当事人应结合事实，举证证明是否存在其他导致渗水的原因，以便法院准确认定责任分配。

　　第二，配合质量鉴定工作，按时提交鉴定所需证据材料，及时发表对方鉴定证据的质证意见。尤其在司法鉴定意见征求意见稿出具后，如有异议的，应以书面的形式向鉴定人和法院提出异议。

　　第三，视案件情况，委托具备工程质量检测专业知识的专家参与工程质量司法鉴定的全过程，包括对鉴定请求的分析、鉴定证据的搜集和质证、就专业性问题出具书面专家意见，庭审时作为专家辅助人出庭发表意见等。

1.5　边坡喷护厚度不足

【名词解释】

　　边坡喷射混凝土护壁厚度不满足要求。

【规范条文】

《建筑边坡工程技术规范》GB 50330—2013

19.2.5 喷射混凝土护壁厚度和强度的检验应符合下列规定：……2 厚度平均值应大于设计厚度，最小值不应小于设计厚度的80%……

问题7： 无法举证挂网喷浆完成整改是否需承担不利后果？

【判决出处】

法院：甘肃省天水市中级人民法院

案号：（2020）甘05民终510号

名称：郭某与焦某、甲公司劳务合同纠纷

【案情概况】

2018年7月3日，焦某与郭某签订《基坑支护工程承包人工合同》（以下简称"合同"），焦某将A苑室外绿化项目部南侧护坡支护部分劳务分包给郭某。

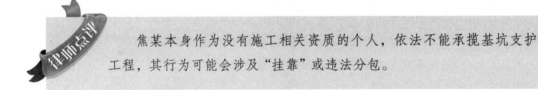

焦某本身作为没有施工相关资质的个人，依法不能承揽基坑支护工程，其行为可能会涉及"挂靠"或违法分包。

合同约定："预应力锚索80元/m，挂网喷浆50元/m²，以上报价不含水、电费及税金。甲方给乙方支付工程量工程款的60%，工程施工完工、验收交给甲方使用，甲方付给乙方基坑支护结算总工程款的90%。甲方责任为检查和验收工程质量，负责技术及经济签证。"工程承接后，郭某组织工人进行施工。2019年1月9日，双方对锚杆部分验收结算，甲方出具了南山护坡锚杆、喷护工程量计算表，最后确认："锚杆合计3230m，合同价80元/m，共258400元。护坡喷面未计。"对护坡部分仅出具了工程量单，最后注明："存在问题为喷护污染，未清理彻底。喷护厚度满足不了设计要求。锚杆结算单已开，此结算单未开，按以上存在的问题整改完成后再进行结算。"后因工程款纠纷，郭某将焦某等诉至法院，要求支付工程款、违约金及其他费用。

律师点评

在各方确认工作量、进行结算的过程中，如果对工程质量有异议，可以参考本案当中甲方的做法在工程量清单当中提出，也可以通过发函等其他形式提出，以便在此后可能发生的争议解决过程中明确当时已经对工程质量提出意见。

【一审阶段法院观点】

本案中，郭某与焦某签订基坑劳务分包协议，郭某按约定完成劳务后，焦某应按约定支付劳务费。关于锚杆部分，双方已进行验收结算并确认应付劳务费258400元，因焦某已付179000元，尚欠79400元未付，应继续支付。本案争议的焦点为挂网喷浆部分劳务费42575元及税费、检测费是否应予支持。关于挂网喷浆部分，2019年1月9日，双方对护坡锚杆部分进行结算，在进行工程量计算的基础上，由焦某给郭某出具了锚杆项目结算单，同日，对护坡喷护部分仅列出了喷护面积，同时列出了存在的问题，并注明："锚杆结算单已开，此结算单未开，按以上存在的问题整改完成后再进行结算。"可以看出双方对喷浆部分并未结算，郭某亦无证据证明其对存在的问题进行了整改。

故郭某诉称计量表即意味着已进行结算，且其依据该计量表记载的面积，按照合同约定的单价计算出应付款的理由不能成立，对挂网喷浆部分的诉讼请求不予支持。

律师点评

本案案由为劳务合同纠纷，焦某将劳务分包给郭某，所签合同属于劳务分包合同。对于劳务分包合同的性质，一般会认为劳务分包合同的标的是劳务，而不涉及材料，合同款是对劳务的报酬。劳务分包的核心在于承包对象是劳务工作而不是分包工程本身。因此，在建设工程领域可以理解为劳务分包合同是基于建设工程施工合同派生出来的合同关系，没有建设工程施工合同也就没有劳务分包合同的存在。与建设工程施工合同类似，劳务分包方获得劳务款的基本事实前提在于其工作应符合法律规定和合同约定，而本案当中郭某未能举证证明这一关键点。

【二审阶段法院观点】

郭某未对挂网喷浆存在的问题进行整改，也未与焦某进行结算，故对郭某要求焦某按照南山护坡喷护工程量单记载的面积，以合同约定的单价支付劳务费42575元请求不予支持。

律师点评

现实当中劳务工作质量的纠纷时常发生，并非所有的纠纷都要通过诉讼途径加以解决。本案当中，甲方通过在工程量清单中标注问题的方式要求整改，其实整改完毕后如进行确认，郭某的要求可能就不需要诉至法院。在此，本书提供不通过诉讼解决工程质量争议的方式，具体可分为五步：第一，通知质量问题存在，提出质量修复要求；第二，确定维修方案，若双方无法协商一致的，可委托专业机构进行检测确定；第三，通过录音录像、现场公证、书面确定等方式固定维修过程、维修成果；第四，确定维修费用及承担主体；第五，双方就维修事宜形成书面协议，明确后续保修义务等。

【本案小结】

本案当中，郭某因不能举证挂网喷浆完成整改而承担了不利后果。《最高人民法院关于适用〈中华人民共和国民事诉讼法〉的解释》第九十一条规定："人民法院应当依照下列原则确定举证证明责任的承担，但法律另有规定的除外：（一）主张法律关系存在的当事人，应当对产生该法律关系的基本事实承担举证证明责任；（二）主张法律关系变更、消灭或者权利受到妨害的当事人，应当对该法律关系变更、消灭或者权利受到妨害的基本事实承担举证证明责任。"该条款概括起来就是我们常提及的"谁主张，谁举证"原则。当然，法律也有关于举证责任倒置的规定，例如《民法典》第一千一百九十九条、第一千二百三十条、第一千二百五十八条等，但是本案当中郭某的情况并不属于可以举证责任倒置的情形，最终也是由其承担了举证不能的后果。

在民事诉讼中，并非当事人提供了证据法院即会认可，证据还应达到证明标准。《最高人民法院关于适用〈中华人民共和国民事诉讼法〉的解释》第一百零八条第一款规定："对负有举证证明责任的当事人提供的证据，人民法院经审查并结合相关事实，确信待证事实具有高度可能性的，应当认定该事实存在。"因此，法院不仅需要对证据进行审查，还应结合相关事实进行考虑，判断待证事实是否达到高度可能性。就建设工程质量纠纷而言，因为案情往往较为复杂，负有举证责任的当事人在条件允许的情况下往往会提供多项证据，以期达到高度可能性的标准。

问题8：如何保留边坡喷护厚度不足的证据？

【判决出处】

法院：山东省青岛市中级人民法院

案号：（2020）鲁02民终7779号

名称：乙公司、甲公司建设工程施工合同纠纷

【案情概况】

2017年2月22日，甲公司（甲方）与乙公司（乙方、承包人）签订《建设工程施工合同》，明确了工程名称、工程地点、工期及开竣工日期、合同价格等事项，并且约定：在合同履行过程中，承包人未能按施工进度计划及时完成合同约定的工作，造成工期延误的，属于承包人违约。

2017年2月23日，甲公司（甲方）与乙公司（乙方、承包人）签订了《C路两侧改造项目2号楼地块施工总承包补充合同》，合同约定：因乙方原因使工程工期出现重大延误导致甲方存在向购房人逾期交付风险时，以及甲方根据市场需要，工程停建或工程设计修改后相应承包工程项目不存在时，甲方有权解除合同。甲方根据合同文件要求解除合同的，以书面形式向乙方发出解除合同的通知，并在发出通知前7日告知对方，通知到达对方时合同解除。合同解除后，不影响双方在合同中约定的结算和清理条款的效力。

2017年4月10日，案涉工程正式开工。工程开工后甲公司向乙公司及监理公司发送了第013号、016号、021号、044号、050号、052号、054号、055号、061号、063号、068号、072号工作联系单证明乙公司在开工后出现施工进度缓慢、落后施工计划的情况，甲公司多次向乙公司书面催告加快速度。2017年7月11日起，乙公司因为安全生产许可证到期而停工。停工期间甲公司多次催告乙公司尽快恢复施工，但乙公司一直不予复工。

就本案事实情况而言，有三点可予以关注：

第一，关于合同解除及责任承担条款的拟制。本案审理时适用原《合同法》，原《合同法》第九十三条规定："当事人协商一致，可以解除合同。当事人可以约定一方解除合同的条件。解除合同的条件成就时，解除权人可以解除合同。"第九十七条规定："合同解除后，尚未履行的，终止履行；已经履行的，根据履行情况和合同性质，当事人可以要求恢复原状、采取其他补救措施，并有权要求赔偿损失。"第九十八条规定："合同的权利义务终止，不影响合同中结算和清理条款的效力。"可以发现，甲公司与乙公司所签订的合同等文件，比较充分地体现了前述条款在合同拟制当中的应用，对于乙方违约情况、甲方通知解除合同的程序、解除后责任的划分、是否影响结算和清理条款的效力等事项作出了较为明确的约定，成为法院认定事实、厘清责任的依据之一。虽然原《合同法》已废止，但是现行的《民法典》关于合同的解除也有相应的规定，施工合同相关方可以引用和细化，从而避免争议或者有利于争议的解决。

第二，关于安全生产许可证。《安全生产许可证条例》第二条规定："国家对矿山企业、建筑施工企业和危险化学品、烟花爆竹、民用爆炸物品生产企业（以下统称企业）实行安全生产许可制度。企业未取得安全生产许可证的，不得从事生产活动。"第十九条规定："违反本条例规定，未取得安全生产许可证擅自进行生产的，责令停止生产，没收违法所得，并处10万元以上50万元以下的罚款；造成重大事故或者其他严重后果，构成犯罪的，依法追究刑事责任。"就本案而言，乙公司在安全生产许可证到期之后依法即不能继续施工，因此出现了即使甲公司多次催促复工也无法复工的情况，安全生产许可证到期无法开工也是法院判断乙公司是否违约的事实依据之一。

第三，关于工作联系单。本案认定事实当中涉及较多数量的由甲公司发出的工作联系单，联系单编号已到了072号，其中有多达12份联系单在本案中被甲公司用于证明乙公司存在施工进度缓慢、落后于施工计划的情况。对于建设单位而言，遇有情况即发出工作联系单既有利于对项目现场进行跟踪管理、提示施工单位依约履行合同义务，也能够在出现纠纷争议后作为免除（减轻）己方责任、主张对方承担责任的依据。就本案而言，前述联系单在证明违约责任方面起到了一定的作用，甲公司的做法可以参考、借鉴。

【一审阶段法院观点】

首先，甲公司于2017年2月20日向乙公司送达"2号楼地块全套施工图纸3套"，2017年4月25日又向乙公司送达002号工作联系单，该材料明确载明：现场进行2号楼地块基坑北侧及西侧支护锚杆施工，北侧及西侧局部有暗渠，且项目西侧紧靠地铁，要求施工前对现场施工人员做好交底，认真熟悉图纸，局部采取相应措施，确保不破坏现有暗渠及不影响地铁运行。而乙公司虽以甲公司未移交地下管线资料为由抗辩，但并未提交有效证据加以证明，从证据优势性分析，甲公司证据效力优于乙公司抗辩。其次，从《C路两侧改造项目2号楼地块基坑土石方开挖及边坡支护工程批价单》来看，基坑支护工程混凝土面层厚度设计要求为100mm，而甲公司提交的025号工作联系单则载明：北立面自基坑向上3m左右范围内的边坡支护局部未设置钢筋网片，且混凝土喷护厚度严重不足，现场测量厚度仅有10mm，足以证明乙公司施工不符合设计要求。综上所述，乙公司主张停工系他因导致，无非就是"天灾"与甲公司所致两类，但从上述分析可以看出，甲公司设计变更可能导致工期延长，降水引起管道破裂导致塌方可能增加抢险周期，而乙公司存在施工质量、安全生产许可证到期等问题，结合甲公司催告函、律师函及乙公司施工代表"胡某"出具的承诺函等证据，原审法院认为系乙公司原因导致停工，其应负合同解除责任。

律师点评

如前所述，本案当中甲公司遇有情况即发出工作联系单，以这一形式保留了证据，有利于维护自身的合法权益。在面对建设单位发出的工作联系单，特别是涉及安全质量事项的工作联系单时，作为施工单位可以及时回复、提出建议或者主张，从而避免在纠纷争议发生后举证不能等不利局面。现就本案一审阶段的两份工作联系单作具体分析：

第一，关于甲公司提交的002号工作联系单。该联系单提示施工现场涉及基坑、暗渠、地铁等复杂情况，要求做好交底、熟悉图纸、采取措施、确保不破坏现有暗渠、不影响地铁运行。一审阶段，乙公司以甲公司未移交地下管线资料为由进行抗辩。虽然《建筑法》第四十条规定："建设单位应当向建筑施工企业提供与施工现场相关的地下管线资料，建筑施工企业应当采取措施加以保护"，但就本案具体情况而言，如果乙公司在收到甲公司的002号工作联系单后即回函要求甲公司依法提供施工现场的地下管线资料,其在一审的抗辩将更加有力。

第二,关于甲公司提交的025号工作联系单。该联系单提示发现了基坑的边坡支护未设置钢筋网片、混凝土喷护厚度严重不足等不符合设计的情况。基坑的边坡支护在地基基础施工完成后一般较难具备现场勘验的条件,这种情况下,双方之间的往来函件等资料就成为判断现场情况的重要依据。如果在甲公司发出025号工作联系单后乙公司能够及时书面回复,介绍整改情况或者解释具体原因,并将文件提交法庭,对于法庭划分双方责任时也可能起到一定的作用。

因此,遇有边坡喷护厚度不足等质量问题后,建设单位、施工单位等各方可以通过工作联系单的形式保留证据,对于这一形式也可以进行关注。

【二审阶段法院观点】

甲公司主张乙公司违约,提交乙公司工地代表胡某2017年11月9日出具的承诺函,承诺于2017年11月12日前正式复工,否则自愿放弃继续施工权。胡某系乙公司工地代表,可以代表乙公司。甲公司提交的上述证据可以证实工地已具备施工条件,且乙公司承诺于2017年11月12日复工,在此情况下乙公司未履行承诺及合同约定义务,结合甲公司提交工作联系单载明要求乙公司加快施工进度、整改工程质量以及乙公司安全生产许可证到期等事实,以及此后被上诉向乙公司发出催告函、律师函等,可以证实导致合同解除的原因在乙公司,乙公司应承担相应的违约责任。乙公司主张降水引起管道破裂造成工地塌方导致长期不具备施工条件,合同解除的原因系甲公司此前已与其他施工单位另行签订合同,对此乙公司应承担相应的举证责任。乙公司二审提交施工证据未提交原件,即使真实,但只显示部分排水施工情况,并不足以证实至2018年工程仍不具备施工条件,也不能对抗甲公司提交乙公司施工代表胡某出具的承诺函等证据效力。综合分析本案双方当事人提供证据有无证明力以及证明力大小,乙公司提供证据不足以证实其主张,本院不予支持。

律师点评

　　本案二审过程中，工作联系单及催告函、律师函也成为法庭判断违约责任应如何划分的重要依据，建设单位将工作联系单作为保存现场情况重要证据的方法可以借鉴。

【本案小结】

　　工作联系单，又称工作联系函，是由工程参建单位单方发起的函件，主要用于商务洽谈、咨询、答复、催告、申请等事宜，一定程度上能反映施工过程情况。工程联系单的发起人一般会结合施工现场情况起草工作联系单。因此，在司法实践中，法院往往会通过工作联系单记载的内容、收件方是否及时反馈、收件方反馈的信息等因素，来综合判断案件事实情况。

　　在工作联系单的内容被签收方认可前，属于发件方的单方意思表示。工作联系单所载内容能否被法院采信，则需要根据双方约定以及实际情况进行综合判断。一份优秀的工作联系单往往在争议解决时能发挥重要作用。我们曾代理一个仲裁案件：委托人为施工单位。其在进场完成部分临建设施后，因发包人无法办理工程建设所需审批手续，导致项目被迫停工。由于项目停工，施工单位发生了巨额停窝工损失，为此承发包双方发生纠纷提起仲裁。接受本案代理后，发现本案属于工程索赔纠纷，但当事人并没有足够的索赔损失证据。随即我们就建议施工单位先就停工事实向项目发包人发送工作联系单，同步现场情况的证据固定。之后将工作联系单及现场证据以附件的形式，连同索赔报告一并发送发包人。该案中的发包人在签收索赔报告后，未在合同约定期限内反馈或确认，最终本案仲裁庭根据索赔报告及附件资料，支持了施工单位的索赔主张。该案件正好证明一份好的工作联系单的重要性，也说明了若未及时回应工作联系单，当事人可能会面临不利的法律后果。

　　关于如何让工作联系单成为有说服力的证据，以下四点可供参考：①工作联系单的内容客观，发函方的主张清晰明确。②措辞准确，没有歧义。③按照合同约定的联系方式寄送工作联系单，或要求收件方及时签收。寄送时应该在快递面单中注明工作联系单的编号和名称；当收件方恶意拒绝签收时，注意保留快递退件原封不动，待争议发生时，交由法院或仲裁庭当庭拆开核查。④对于重大项目的关键工作联系单，可以委托律师以律师函的形式发送，确保函件措辞更加妥当、内容更为完整，同时也更容易引起收件方的重视。

1.6 基坑监测

【名词解释】

在建筑基坑施工及使用阶段，采用仪器量测、现场巡视等手段和方法对基坑及周边环境的安全状况、变化特征及其发展趋势实施的定期或连续巡查、量测、监视以及数据采集、分析、反馈活动。

【规范条文】

《建筑基坑工程监测技术标准》GB 50497—2019

3.0.2 基坑工程设计文件应对监测范围、监测项目及测点布置、监测频率和监测预警值等做出规定。

3.0.3 基坑工程施工前，应由建设方委托具备相应能力的第三方对基坑工程实施现场监测。监测单位应编制监测方案，监测方案应经建设方、设计方等认可，必要时还应与基坑周边环境涉及的有关管理单位协商一致后方可实施。

问题9：基坑支护工程交接时是否需要检测？

【判决出处】

法院：天津市滨海新区人民法院

案号：（2021）津0116民初3388号

名称：甲公司、乙公司建设工程施工合同纠纷

【案情概况】

2018年6月5日，甲公司作为发包人，乙公司作为承包人签订了《C中心项目三期基坑支护及降排水工程施工合同》（以下简称"合同"），约定由乙公司对位于A市B区C中心（三期）基坑支护及降排水工程进行施工；施工图包干，合同价采用固定总价合同方式，固定含税总价为7204972元；合同还约定工程竣工验收后，乙公司应在正式验收之日起3日内，向甲公司移交工程，不得以任何理由留置不交；工程移交时，双方办理移交签收手续。

　　　　因地基基础工程质量出现问题导致各方发生纠纷争议的情况时有发生。现实当中也会出现发包人将桩基工程、基坑支护工程或降排水工程在总包合同之外发包给其他承包人，或者在未确定总包单位的情况下将该部分工程先行发包。前述行为往往是出于抢工期和控制成本的目的，但也给工程质量埋下了隐患。有观点认为，发包人单独发包基坑支护工程或桩基工程已经构成了肢解发包，主要依据包括《民法典》第七百九十一条"……发包人不得将应当由一个承包人完成的建设工程支解成若干部分发包给数个承包人"，以及《建筑法》第二十四条"提倡对建筑工程实行总承包，禁止将建筑工程肢解发包……不得将应当由一个承包单位完成的建筑工程肢解成若干部分发包给几个承包单位"。如果被认定为肢解发包，不仅可能会面临行政管理部门的处罚，如果发生纠纷，相关合同也可能会被认定为无效。

　　2018年5月12日，甲公司向乙公司发出《开工通知单》。2018年8月24日，甲、乙两公司及总包单位（丙公司）签订了《工序交接记录》，交接内容载明：降水井31口、观测井10口，数量确认，水位测量停泵4h后观测，井深以实测记录为准，取自然地坪以下深度，同意移交。

　　　　工作面交接情况在发生纠纷后往往是各方争议的焦点和法院查明事实时关注的重点，建议当事人在交接时即予以重视，对施工进度、接受主体、责任和风险划分等事宜进行书面确认。

　　后甲、乙两公司签订了《完成工程量确认单》，甲公司意见载明"支护桩部分工作项情况属实，具体工程量请成本核实"。

　　　　"量"和"价"是工程结算中两个最关键的因素，一般双方对于"价"在书面合同中都有明确、详细的对应条款，因此对于承包人而言，发包人如果确认了"量"，工程结算的工作效率将大大提高。

　　2018年11月10日，丙公司向甲公司及案涉工程监理单位发送了《工作联系单》，反映3号楼B区深基坑支护结构质量、降水井深度不足、深基坑支护结构尺寸偏差等问题。2018年11月19日，丙公司向甲公司及监理单位发送《工作联系单》，反映3号楼B区深基坑支护及降水影响施工安全、质量、工期等问题。2019年3月11日，丙公司向甲公司及监理单位发送《工作联系单》，载明"我单位于2018年12月4日以后未接收到贵单位的C中心（三期）项目第三方基坑变形监测报告，无法判断基坑支护是否存在安全隐患，若因此产生安全事故我单位概不负责；3号楼B区基坑支护桩间土流失严重，竖托桩产生较大倾斜，基坑支护存在巨大安全隐患，基坑支护不是我单位施工，望贵单位及时解决，否则由此产生的安全事故我单位概不负责；3号楼B区基础垫层爆皮"。

律师点评

总承包单位对施工现场安全隐患作出必要的预警，可以有效控制项目风险。本案中，总承包单位因基坑支护可能存在的安全质量问题，及时向建设单位和监理单位进行书面反馈，一方面引起了各方的重视，另一方面也履行了作为总承包单位的管理义务。

2019年3月14日，甲公司向乙公司发送《约谈记录》，载明"C中心项目三期基坑支护及降排水工程由贵司负责承建，在2018年5月18日至2018年6月5日期间对搅拌桩施工，在2018年5月29日至2018年6月18日期间对支护桩施工等，在2018年11月26日组织监理单位、丙公司总包单位对3号楼B座整体施工质量及内业资料检查中发现贵司的合同承包内的支护桩及降水井等工作项存在如下问题……贵司在2019年3月30日前出具相关质量整改方案，针对质量问题中的混凝土强度问题，请贵司出具相应检测方案，同时请相应专家进行论证此整改方案是否满足3号楼B座后续拆撑期间的安全条件"。2019年6月1日、6月12日，甲公司向乙公司邮寄送达《工程通知单》两份，要求乙公司对3号楼B座混凝土灌注支护桩等问题进行修复。

2019年6月13日，甲公司委托丁公司测量队出具了《C中心（三期）项目基坑变形监测报告》。2019年7月1日，甲公司与A市勘察院签订了《基坑围护桩工程安全评估及加固方案咨询服务合同》，约定由A市勘察院对C中心3号B楼基坑围护桩工程安全评估及加固方案提供咨询服务。A市勘察院于2019年7月9日出具了《甲公司B区综合商务区（三期）基坑围护桩工程安全评估及处理意见报告》，该文件对第三项支护现状分析进行载明：由于支护桩水平位移及周边沉降均在可控范围之内，支护体系及周边未见明显裂缝，可以判定现场支护体系有效，能够保证现阶段情况下的基坑稳定。第四项原基坑支护安全性分析中，针对支护桩单元计算验算的分析结论为：与原设计计算书基本吻合，原支护设计方案符合相关规范要求，能够满足基坑支护要求。支撑体系验算结论为：原支护设计方案中，各支撑体系配筋均符合相关规范要求，能够满足基坑稳定性要求。第五项根据现场实测数据的安全性分析结论为：现场支护体系现状能满足现阶段施工需要。报告第六项对钢筋外露及夹泥现象处理意见及措施进行了说明。第七项对拆撑顺序及要求进行了说明。

律师点评

《建设工程质量管理条例》第七十四条规定："建设单位、设计单位、施工单位、工程监理单位违反国家规定，降低工程质量标准，造成重大安全事故，构成犯罪的，对直接责任人员依法追究刑事责任。"以此而言，如果案涉基坑支护工程发生安全质量事故，各方不仅面临民事赔偿和行政处罚，甚至有可能承担刑事责任，因此完全有必要在总承包单位反馈有隐患的情况下由专业检测机构进行安全评估并出具意见。

2019年7月16日，甲公司与工程监理单位、设计单位共同签订了《3号楼B座基坑整改方案会签表》，设计单位意见为"同意A市勘察院对本工程围护桩工程安全评估及处理意见报告。下一步开挖应加强基坑变形监测，如有异常，及时通知设计单位"。

2019年7月17日，A市勘察院出具了《B区综合商务区（三期）基坑支护工程处理意见补充说明》，第五项载明"支护体系为临时结构，支护结构具有很强的时效性，现阶段已经开挖至坑底且正值雨季，施工单位当尽快施工，施作底板，保证基坑稳定安全"。

律师点评

A市勘察院出具的补充说明指出了临时工程本身具有较强的时效性，这当中也包括了基坑支护工程。基坑支护工程是为保护建设工程地下部分施工而采取的临时措施，一般使用至地下工程施工完工；支护结构的使用期限会结合地下结构施工进度以及环境气候影响等因素来确定，有一定的时效；对有特殊要求的工程，可据实际情况在设计阶段即考虑相对更长的期限，但往往相对也较为有限。

2019年8月7日，丙公司对3号楼商业办公楼B区基坑支护西侧、北侧彩条布、排水沟、集水井进行了测量及修复，甲公司及丙公司确认修复费用为90725元。

后甲、乙两公司因工程款支付等事宜产生争议，遂成本案。

【一审阶段法院观点】

甲公司称乙公司已完成的工程内容存在质量问题，且经甲公司发函拒绝修理；乙公司称其在合同约定的工期内与丙公司进行了交接，不存在工程质量问题。对此，本院意见为：根据乙公司与丙公司进行工序交接的时间及甲、乙两公司签订的《完成工程量确认单》，甲公司未对乙公司已完成的工程内容予以否认，结合A市勘察院出具的处理意见报告，在乙公司移交工程近一年的时间后，基坑实测安全性分析结论为现场支护体系现状能满足现阶段施工需要，设计单位亦未在此基础上对下一步开挖提出否定意见，因基坑支护存在较强的时效性，甲公司在未提交证据证实A市勘察院出具的处理意见报告中需修复的问题系乙公司施工不合格所致的情况下，本院对其该项抗辩主张不予支持，对其要求乙公司支付相应的咨询费的主张，亦不予支持。

律师点评　　法院对于甲公司所称由乙公司完成的工程存在质量问题这一观点未予采纳，主要是基于以下考虑：一方面，双方签认的《完成工程量确认单》中没有表明存在质量问题；另一方面，在丙公司反映由乙公司施工的基坑支护等工程存在质量安全隐患后，甲公司所聘请专业机构的书面意见也没有指出存在质量问题。

【本案小结】

本案当中，涉及基坑支护等工程的主体主要包括发包人甲公司、承包人乙公司以及总包单位丙公司。实践当中，发包人单独发包基础部分的工程主要有两种形式：第一种是发包人与分包单位直接就地基基础部分的工程签订合同，本案中的甲公司和乙公司即属于这种类型；第二种是发包人要求总包单位与指定的分包单位订立合同，允许总包单位向分包单位收取一定的管理费、配合费用等。发包人选择第二种不直接与分包单位订立合同的方式，主要是出于两方面考虑，一方面是为了方便总包单位统一管理、保证施工质量，另一方面是为了规避肢解发包的情况。

单独发包基础部分的工程对发包单位、总包单位、分包单位都可能产生一定的影响。对发包单位而言，有可能会导致工程管理上的混乱，特别是关于总包单位、分包单位工作界面的交接和厘清，很考验工程管理能力；对总包单位而言，无法直接把控基础部分的工程质量，一旦出现问题就可能承担连带责任；对分包单位而言，相较于发包单位和总包单位处于弱势地位，在交接和结算时面临的不可控因素较多。

本案当中，乙公司作为分包单位，在与作为发包单位的甲公司就案涉基坑支护等工程签认《完成工程量确认单》时，甲公司并未指出存在质量问题，但由于总包单位认为存在安全隐患，导致后续虽经专业机构进行检测、出具方案，表明现场支护有效、现阶段基坑稳定，但仍然需要通过诉讼途径主张工程款。因此，基坑支护等工程的施工单位在与发包单位、总包单位进行交接时，建议不仅需要明确工程量和工作界面，还可以视情况共同委托专业机构进行工程安全质量评估，这样有利于后续的结算工作，尽可能避免纠纷争议。

问题10：报告合格是否可以排除基坑施工与周边房屋损失的关联性？

【判决出处】

法院：广东省湛江市中级人民法院

案号：（2022）粤08民终687号

名称：甲公司、梁某等财产损害赔偿纠纷

【案情概况】

甲公司于2006年5月19日成立，经营范围是房地产开发、经营（依法须经批准的项目，经相关部门批准后方可开展经营活动）。2018年1月25日，甲公司取得A市龙B路以南C大道以北土地建设用地规划许可证开发某项目。2018年2月25日，甲公司取得某项目商住楼、幼儿园、地下室的《建设工程规划许可证》。2019

年7月22日，甲公司取得上述建设项目的《建筑工程施工许可证》。乙公司于1989年4月4日成立，具有住房和城乡建设部颁发的《建筑企业资质证书》及广东省住房和城乡建设厅颁发的《安全生产许可证》。乙公司为上述建设项目的施工单位。根据甲公司的委托，丙地质工程勘察院对项目进行基坑变形监测，监测日期为2018年7月9日至2018年12月18日。该勘察院于2019年3月21日作出《基坑变形监测总结报告》，结论为：根据基坑监测工程的各监测项目结果数据，各监测点的变形值已经趋于稳定，结果表明，基坑支护及地下室施工期间，基坑处于安全稳定状态。到2018年12月20日为止，主体结构施工已出±0.00，并且地下室与基坑之间也回填完毕，基坑已不存在安全隐患，可结束基坑监测工作。

在项目的基坑施工过程中，梁某认为甲公司、乙公司的施工行为导致其案涉房屋受损而引起本案纠纷。

律师点评

本案的诉讼标的额相较于一般的建设工程合同纠纷而言是较小的，梁某起诉时的诉讼请求包括赔偿受损房屋修复费用5万元、赔偿挖水井费用3.6万元等。在一审诉讼中，梁某又撤回了关于水井损失赔偿的诉讼请求。最终本案的判决结果是甲公司、乙公司承担的鉴定费和评估费甚至比向梁某的赔偿费用还要多。但是本案当中关于基坑监测的事项则较为典型。

基坑工程与起重机械安装拆卸作业、起重机械使用、脚手架、模板支架等同属危险性较大的分部分项工程，其施工程序和要求都有严格的要求。《关于印发起重机械、基坑工程等五项危险性较大的分部分项工程施工安全要点的通知》(建安办函〔2017〕12号)附件3"基坑工程施工安全要点"第二条规定："基坑工程施工企业必须具有相应的资质和安全生产许可证，严禁无资质、超范围从事基坑工程施工。"第十条规定："基坑工程必须按照规定实施施工监测和第三方监测，指定专人对基坑周边进行巡视，出现危险征兆时应当立即报警。"因此，判决书当中对于甲公司经营范围、乙公司资质证书和安全生产许可证，以及案涉项目建设工程规划许可证、建筑工程施工许可证、基坑监测工作开展情况等事实一一罗列，并且对于基坑变形检测单位、基坑变形检测报告等情况专门说明，就是为了对案涉项目基坑工程施工的合法合规性进行审查，进而判断责任应由哪方承担及具体承担多少责任。

【鉴定情况】

位于广东省A市经济技术开发区B路D巷E号的附属房（1层）、主楼（4层半）是梁某分别于2004年、2006年所建造，甲公司建设的项目位于该房屋西侧约9m处（静压桩、桩深为31～41m）。

2018年1月20日，甲公司委托丁鉴定有限公司对梁某的附属房进行施工前房屋安全鉴定，该司于同年3月5日作出11号《房屋安全鉴定报告》，鉴定结论：依照《危险房屋鉴定标准》JGJ 125—2016，评定附属房的等级为B级；个别结构构件评定为危险构件，但不影响主体结构安全，基本能满足安全使用要求。处理建议（仅供参考）：①应对该房屋出现开裂现象的墙体及天花板进行修复加固处理。②在施工过程中应定期对房屋进行监测，若发现异常情况（开裂、沉降、倾斜等），立即采取安全措施，并上报有关部门。③房屋所有人或使用人，在后续使用中应定期维护检查，严禁超载使用、随意增设隔墙、随意改变使用功能等。如需进行涉及使用荷载较大变化的改造，或房屋出现异常情况（如承重构件出现明显开裂、房屋倾斜或房屋出现下沉等），应及时与具备资质的技术单位反映情况，并采取有效措施。

同日，甲公司委托丁鉴定有限公司对梁某的主楼进行施工前房屋安全鉴定，该司于2018年3月5日作出13号《房屋安全鉴定报告》，鉴定结论：依照《危险房屋鉴定标准》JGJ 125—2016，评定主楼的等级为A级；无危险构件，房屋结构能满足安全使用要求。处理建议（仅供参考）：①应对该房屋出现开裂、损坏现象的部位进行修复处理。②在施工过程中应定期对房屋进行监测，若发现异常情况（开裂、沉降、倾斜等），立即采取安全措施，并上报有关部门。③房屋所有人或使用人，在后续使用中应定期维护检查，严禁超载使用、随意增设隔墙、随意改变使用功能等。如需进行涉及使用荷载较大变化的改造，或房屋出现异常情况（如承重构件出现明显开裂、房屋倾斜或房屋出现下沉等），应及时与具备资质的技术单位反映情况，并采取有效措施。

律师点评

在建设工程质量纠纷当中，往往会出现这样的情况，即建筑物在某种情况发生后发现有损坏，但是对于该情况发生前建筑物状态如何却没有或者缺少记录，这就可能导致各方对该情况与建筑物损坏是否有关这一事实问题产生重大争议。而且即使就相关专业问题进行鉴定，也会存在因客观条件或技术原因不能鉴定、只能定性判断而无法定量分析的情况。

但是就本案而言，却没有发生前述情况。归根结底，在于甲公司委托专业机构对梁某的主楼和附属房进行了施工前安全鉴定，因此在双方发生讼争后鉴定单位可以对施工前后的情况进行对比和判断。现实当中，因施工作业特别是地基基础施工作业导致建设单位、施工单位与工地周边的权利人发生纠纷争议的情况并不罕见，对此可以结合实际依法依规开展监测工作，以便在发生纠纷争议后能够明确事实、明晰责任。

并且，对于基坑作业按照规定开展监测工作也是题中应有之义，《建筑基坑工程监测技术标准》GB 50497—2019第5.3.1条规定："基坑边缘以外1倍~3倍的基坑开挖深度范围内需要保护的周边环境应作为监测对象，必要时尚应扩大监测范围。"因此，本案当中甲公司对梁某的主楼和附属房进行施工前安全鉴定既符合规范，也为后续鉴定单位开展工作提供了参照。

一审法院依法委托戊鉴定检测有限公司对案涉房屋安全性及开裂、损坏与甲公司的建设施工是否存在关联性进行鉴定，该公司于2021年2月6日作出第W0260号《房屋损害纠纷鉴定报告》，根据本次鉴定的现场检测结果，结合相关的标准规范以及综合分析，鉴定结论为：①依照原城乡建设环境保护部颁布的《房屋完损等级评定标准》第2.2条、3.2条、4.1.2条、4.2.2条，评定主楼为"基本完好房"。②依照原城乡建设环境保护部颁布的《房屋完损等级评定标准》第2.2条、3.3条、4.1.3条、4.2.3条，评定梁某附属房为"一般损坏房"。③与施工前《房屋安全鉴定报告》对比，主楼、附属房出现部分新增裂缝，部分原有裂缝有扩展现象，项目施工对新增损坏的产生有影响。同时，房屋的自然损坏也是上述新增损坏的原因之一。

律师点评

鉴定单位对于梁某房屋出现部分新增裂缝、部分原有裂缝有扩展现象的原因进行了分析，具体包括项目施工和自然损坏等。虽然甲公司委托丙地质工程勘察院出具的《基坑变形监测总结报告》认为基坑支护及地下室施工期间，基坑处于安全稳定状态，但是从鉴定报告可知，基坑处于安全稳定状态并不代表基坑施工作业对周边没有影响，梁某房屋出现裂缝可部分归因于基坑施工作业，这成为法庭裁判的重要依据之一。

【一审阶段法院观点】

关于梁某的房屋开裂与甲公司、乙公司的施工是否存在因果关系的问题。本案中，戊鉴定检测有限公司作出的第W0260号《房屋损害纠纷鉴定报告》，与施工前的《房屋安全鉴定报告》对比，梁某的涉案房屋主楼、附属房出现部分新增裂缝，部分原有裂缝有扩展现象，项目施工对新增损坏的产生有影响。同时，房屋的自然损坏也是上述新增损坏的原因之一。因此，梁某的房屋开裂与甲公司、乙公司的施工存在一定的因果关系。

律师点评　　一审法院认可了鉴定报告关于梁某房屋裂缝产生原因的分析，认定梁某房屋开裂与甲公司、乙公司的施工存在一定的因果关系，并结合其他事实情况依法作出了一审判决。

【二审阶段法院观点】

甲公司上诉主张缺乏理据，本院不予采纳。

律师点评　　二审法院也强调基坑处于安全稳定状态并不代表基坑施工作业对周边没有影响，并且引用了鉴定报告当中的具体分析，即多处近距离的压桩施工导致梁某房屋产生振动，以及开裂等损害现象。本案二审驳回了甲公司的上诉，维持了一审判决结果。

【本案小结】

工程行业内对于施工作业对周边环境的影响一般都有认识，这种认识来源于专业，也来源于现场。但是对于非工程行业内的单位和个人而言则不尽然。本案当中，甲公司作为建设单位认为赔偿比例过高提起了上诉，乙公司作为施工单位则没有上诉。作为非工程行业的法律人士，也有可能会陷入报告表明安全稳定即无须担责的误区，因此本案可为打破非工程行业内人士的思维定势提供参考。

在代理建设工程施工合同纠纷案件时经常会遇到一个问题：工程建设过程中

的分部分项验收是合格的，完工验收也通过了，甚至竣工验收都已办理，但是在建筑物被实际使用后就是发生了施工质量问题。此时，工程合格的验收报告能否对抗现实发生的质量问题，往往会成为争议焦点问题。当然在实务中，各案情况不同，所以不同案件会有不一样的认定。参考《最高人民法院公报》2014年第8期发布的（2012）苏民终字第0238号案例，该案中法院认为：屋面广泛性渗漏属客观存在并已经法院确认的事实，竣工验收合格证明及其他任何书面证明均不能对该客观事实形成有效对抗。由此可见，法院在审理案件中会充分尊重事实，即客观实际优于书面记录。

该案中存在肉眼可见或能够被检测确定的质量问题。若质量问题系隐蔽工程的质量问题，或者无法被明确检测定性的，则法院还是会参考采信验收合格证明文件所载内容。毕竟根据《建筑法》第六十一条："交付竣工验收的建筑工程，必须符合规定的建筑工程质量标准，有完整的工程技术经济资料和经签署的工程保修书，并具备国家规定的其他竣工条件。建筑工程竣工经验收合格后，方可交付使用；未经验收或者验收不合格的，不得交付使用"，质量验收合格文件能够反映工程施工过程中或交付时的合格状态，除非有相反证据否定验收合格结论的情形。

1.7　基坑坍塌

【名词解释】

基坑施工过程中发生土方坍塌事故。

【规范条文】

《建筑深基坑工程施工安全技术规范》JGJ 311—2013

5.1.1　应根据施工、使用与维护过程的危险源分析结果编制基坑工程施工安全专项方案。

5.2.1　基坑工程施工安全专项方案应与基坑工程施工组织设计同步编制。

5.4.1　应通过组织演练检验和评价应急预案的适用性和可操作性。

问题11：基坑坍塌后事故责任如何划分？

【判决出处】

法院：浙江省台州市椒江区人民法院

案号：（2017）浙1002民初10364号

案由：原告甲公司、被告乙公司、被告丙公司、被告丁公司、被告戊勘察院、第三人己公司财产损害赔偿纠纷

【案情概况】

A市某局是某中心工程项目的建设单位，委托原告甲公司代建案涉工程，并签订了《某项目委托代建合同》。

律师点评

代建模式一般指建设单位委托代建单位提供建设工程项目管理等服务的模式，代建单位可以提供可行性研究、设计、采购、施工、竣工试运行等阶段的管理服务，并可以收取由建设单位支付的报酬。代建模式在政府投资项目中应用较多，各地对此也有相应的规定，比如江苏省印发的《江苏省省级政府投资项目代建制暂行规定》，以及河北省印发的《河北省政府投资项目代建制管理办法》。

2015年3月10日，建设单位与本案被告乙勘察设计院（以下简称"设计单位"）签订《基坑围护设计合同》，由设计单位提供基坑围护方案设计，约定了如因设计人原因达不到约定条件，由设计人承担返工费，返工后仍不能达到约定条件，设计人承担违约责任，并根据因此造成的损失程度向发包人支付赔偿金，赔偿金额最高不超过返工项目的收费。

代建单位将案涉施工图纸范围内的所有基坑围护工程发包给被告丙公司（以下简称"基坑围护单位"）进行施工，并签订了《A市建设工程施工合同》，约定由被告乙公司完成施工图纸范围内的所有基坑围护施工。

2015年8月14日，代建单位与被告丁监理单位签订监理合同并约定了丁公司作为监理单位，如违约，赔偿金额按下列方式确定：赔偿金=直接经济损失×正

常工作酬金/工程概算投资额（或建筑安装工程费）。

2015年10月16日，建设单位与被告戊公司（以下简称"监测单位"）签订《基坑监测技术服务合同书（含技术培训、技术中介）》，约定由戊公司承担基坑安全监测，对出现的异常情况迅速向有关部门发出警报，及时提出合理的处理建议，对支护结构的稳定性及安全性作出评价。

律师点评　基坑监测是基坑工程施工过程中的重要环节，主要工作包括对支护结构、施工环境、地下自然状况、周边建（构）筑物、地下管线及地下设施、周围重要的道路设施、电信设施等对象进行监测，并及时将监测结果反馈给相关单位，为后续工作提供依据。

2016年2月14日，代建单位与第三人己公司（以下简称"土建单位"）签订《重点建设项目施工合同》，约定由土建单位总包该工程的土建工程。

律师点评　虽然代建单位与土建单位签订了施工合同，约定了由其总包土建工程，但并不能以此直接理解为土建单位与基坑围护单位之间是总分包的关系，并主张由土建单位和基坑围护单位承担连带责任。因为代建单位是与土建单位和基坑围护单位分别签订合同，土建单位和基坑围护单位两者之间的法律关系还要根据基本事实情况和各方表述来进行综合判断，特别是针对土建单位是否对基坑施工进行了实质性管理、两单位施工范围是否存在重叠交叉等事项，可予以重点关注。

2015年6月28日，原告甲公司与被告基坑围护单位、监理单位及土建单位召开第一次工地会议，形成的会议纪要载明，工程地基与基础工程于2016年7月中上旬正式开工，于12月底完成地下室底板工程；基坑南侧泥浆池国强围护分包单位必须尽快处理，存在安全隐患。

施工过程中，监测设单位出具的时间分别为2016年10月31日上午、11月1日下午、11月2日下午的基坑监测报表显示，监测数据均为正常；2016年11月3日上午、下午，11月4日上午，11月5日、11月6日、11月7日的基坑监测报表显示存在报警。

2016年11月2日，代建单位、设计单位、基坑围护单位、监理单位及土建单位召开基坑抢险紧急专题会议，形成会议纪要：①立即抢险基坑内侧堆土反压，基坑外侧降压；②围墙外降方深度2m，由土建单位组织抢险，挖机站在裂缝外侧清土；③基坑内侧堆土反压由基坑围护单位组织；④施工抢险过程保证安全。同日，案涉项目基坑东南角围护体系发生局部坍塌事故。

【技术报告】

事故发生后，本案当事各方共同委托专业机构调查分析本次事故的原因。2017年1月24日，专业机构出具了《技术报告》，对基坑东南角坍塌原因作出技术调查分析结论：①基坑南侧围护体系存在较为严重的施工质量问题。②监理单位工作存在失职。③第三方基坑监测单位监测数据可靠性较低、监测项目不完整。④设计单位对加固区被动土体抗力估计过高，降低了基坑围护结构体系的安全储备；部分支撑节点设计相对较薄弱，未能有效形成桁架受力体系。⑤坑外地面实际标高与设计施工图存在不符之处，增加了相应区域围护结构内力及变形，降低了围护结构体系安全储备。⑥施工方检测未按专项方案要求进行。

律师点评 该《技术报告》由专业机构出具，对事故发生的原因、责任等事项从技术角度进行了分析。《最高人民法院关于民事诉讼证据的若干规定》第四十一条规定："对于一方当事人就专门性问题自行委托有关机构或者人员出具的意见，另一方当事人有证据或者理由足以反驳并申请鉴定的，人民法院应予准许。"但该《技术报告》属于由本案当事各方共同委托，因此具有较高的证明力，也成为法院进行裁判的重要依据。

【一审阶段法院观点】

各方当事人对基坑围护体系坍塌事故中的责任主体以及责任程度争议很大，对《技术报告》所作结论持有异议；鉴于案涉基坑围护工程在坍塌事故发生后及时予以修复，原状未保留，且基坑围护单位表示挖出的桩已经处理，再予启动鉴定程序所依据的基础材料已不具备，本院无法启动司法鉴定程序以明确本案基坑围护体系坍塌事故的责任方以及应承担的责任比例，而《技术报告》系专业机构接受各方分别委托，对坍塌事故现场进行调查分析后所作，本院将结合该《技术报告》和本案相关事实进行分析。

律师点评　　因鉴定所需的现场已不具备，法院无法启动鉴定程序。根据民事诉讼关于证据高度可能性的原则，法院结合现有证据材料、各方陈述及工作经验对各方责任如何划分进行了综合判断。

（1）关于代建单位是否应承担责任。代建单位作为基坑围护工程的管理人，不仅在开挖前未对周边堆土进行清理，经此后多次会议强调后，仍未进行清运和土方下降处理，2016年7月14日下午发生局部性围墙倒塌现象，但其仍未予以重视，至坍塌事故发生前仍未对坑外地面标高下降至设计要求标高以下，基坑南侧围墙外还有堆土，其对基坑围护体系坍塌事故发生负有责任。2016年7月14日，代建单位与基坑围护单位、监理单位、监测单位，土建单位在第二次监理例会时达成共识，第一道支撑梁体系的土方开挖暂将从东往西方向开挖，待西侧基坑围护的冠梁浇筑完成后再转回从西往东方向施工，违反《专项方案》要求，给基坑围护安全性带来不利影响。另外，代建单位将临时配电房紧靠基坑而建，使基坑增加了负荷，其应当承担相应的责任。

律师点评　　代建单位是建设工程代理建设的受托方，须承担项目建设期的相关责任，严格按照建设管理的有关规定开展代建工作，对项目设计、监理、施工、采购、租赁等环节进行监督管理并承担责任，比如《江苏省省级政府投资项目代建制暂行规定》第九条即规定代建单位"依法承担建设单位的质量责任和安全生产责任"。

（2）关于基坑围护单位是否应承担责任。作为基坑围护单位，早在第一次工地例会纪要和工地例会会议纪要就反映出其在钢筋笼制作时主筋和箍筋部分焊接不够牢固，焊接时存在漏焊、点焊不牢、接头焊缝不够饱满、焊渣未及时清理现象，且搬运过程中部分损坏比较严重。并且在此后，监理单位或以发送《监理工程师通知单》方式，或在监理例会中多次提出其施工不符合要求。甚至2016年7月14日下午发生了局部性围墙倒塌现象，但依然未引起基坑围护单位足够重视，在调查坍塌事故原因时，仍发现其存在围护桩钢筋接头处大范围内箍筋缺失、主筋连接接头漏焊、焊缝不饱满；部分围护桩长度不符合设计要求；所抽检围护桩钢筋笼长度均不符合设计要求；坑内加固搅拌桩施工质量离散性较大等诸多较为严重的施工质量问题。2016年7月14日，基坑围护单位擅自与代建单位及监理单位、监测单位、土建单位在第二次监理例会时达成共识调整施工，违反《专项方案》要求，给基坑围护安全性带来不利影响。上述多种问题是导致本次坍塌事故的主要原因，基坑围护单位理应承担主要责任。

> **律师点评**
>
> 　　基坑围护系为了保护地下主体结构施工和基坑周边环境的安全，对基坑采用临时性支挡、加固、保护和地下水控制的措施，基坑围护单位作为负责具体实施的主体，依法应承担施工安全质量的主要责任。《建设工程质量管理条例》第二十六条规定："施工单位对建设工程的施工质量负责。"

　　（3）关于监测单位是否应承担责任。调查中发现，支撑轴力监测数据可靠性较低；未对轴力及变形等监测数据合理性进行有效分析，监测数据无法为基坑开挖施工及事故抢险提供指导依据；未按监测技术方案及《建筑基坑工程监测技术规范》要求，对基坑围护结构及周边环境进行巡视检查，以及对围护墙顶、周边地表水平位移及竖向沉降进行监测；坍塌区测斜孔已损坏，对未坍塌区测斜孔深度进行了复核，复核结果表明原监测数据失真。审理中，监测单位亦未提供证据证明其已按相关要求履行监测义务。监测单位未及时发出警报，更谈不上及时提出合理的处理建议，以及对支护结构的稳定性及安全性作出评价，故监测单位对本案坍塌事故的发生明显负有责任。

> **律师点评**
>
> 　　工程施工安全监测一般是由建设单位委托监理单位具体实施。本案中，建设单位依法委托独立的监测单位针对基坑进行质量安全监测。监测单位在与建设单位签订合同后应依约据实履行监测义务，及时提供真实、有效的监测数据，为基坑施工及事故预警提供专业指导意见，否则应依法依约承担相应责任。

　　（4）关于设计单位是否应承担责任。案涉基坑围护工程开挖深度范围内主要为淤泥土，周边环境较为复杂，设计单位对加固区被动土体抗力估计过高，降低了基坑围护结构体系的安全储备；部分支撑节点设计相对较薄弱，未能有效形成桁架受力体系，应承担相应责任。

> **律师点评**
>
> 《建设工程质量管理条例》第十九条规定："勘察、设计单位必须按照工程建设强制性标准进行勘察、设计，并对其勘察、设计的质量负责。"虽然案涉工程周边环境复杂，但这并不能作为设计单位免责的理由，设计单位仍应对其设计文件质量负责，对事故依法依约承担责任。

（5）关于土建单位是否应承担责任。土建单位并未举证证明其按照《专项方案》要求进行了施工、配备了应急机械设备和物资储备，以及在出现基坑围护体系坍塌险情时及时进行抢险的情况。相反，从监理例会多次提到的基坑围护单位对基坑南侧配电房紧靠基坑一侧的土方挖好持续将近有2个月未作施工、加固等处理，可以反映出土建单位与基坑围护单位配合、协调不够，不利于基坑稳定。根据《技术报告》并结合基坑围护单位提供的照片，可以发现土建单位违反施工工序，底板垫层尚未浇筑，而先开始浇筑承台垫层；2016年7月14日后土建单位调整施工，违反《专项方案》要求，给基坑围护安全性带来影响；土建单位并未履行监测，未能发现异常情况。故土建单位对本案坍塌事故应承担责任。

> **律师点评**
>
> 施工单位应按照设计图纸和施工技术标准施工，不得违反标准、偷工减料。本案中土建单位未能举证其按《专项方案》开展施工和其他工作，反而存在违反工序、配合不够、履职不到位等情况，依法应承担相应责任。

（6）关于监理单位是否应承担责任。监理单位在接受原告甲公司的委托后，应当认真履行监理职责。现从本案情况来看，被告丙公司在履行监理职责过程中，未能尽职，未及时发现问题，或通知整改后未采取跟进措施，显然其对本案较严重的质量安全隐患存在失职行为，应当承担相应的责任。

> **律师点评**
>
> 《建设工程质量管理条例》第三十六条规定："工程监理单位应当依照法律、法规以及有关技术标准、设计文件和建设工程承包合同，代表建设单位对施工质量实施监理，并对施工质量承担监理责任。"对于基坑工程等危险性较大的分部分项工程，更应当成为监理单位跟踪监管的重点，然而本案中的监理单位显然没有能够做到，需要依法承担责任。

综合各方当事人对本案坍塌事故发生原因力的大小，本院酌情确定，原告代建单位承担8%的责任，基坑围护单位承担60%的责任，监理单位承担10%的责任，监测单位承担10%的责任，设计单位承担2%的责任，土建单位承担10%的责任。

【本案小结】

基坑坍塌是基坑工程施工存在安全质量问题的表现形式，一旦发生，必然会造成财产损失，甚至危及人身安全。建设工程的参与方较多，基坑坍塌不仅关系到发包方和基坑工程的承包方，视具体情况还可能涉及代建方、总包方、设计方、勘察方、监理方，甚至工程之外的其他方。基坑坍塌后相关责任到底如何确定，可以结合法规规定、合同约定、各方主体与事故关联程度、事故发生经过等因素综合进行考虑，与一般基坑质量问题和其他类型工程事故的处理也具有一定的相似性。

一般而言，发生基坑坍塌事故后，基坑工程的承包方有可能承担主要责任。关于安全生产管理，《建筑法》第四十四条规定："建筑施工企业必须依法加强对建筑安全生产的管理，执行安全生产责任制度，采取有效措施，防止伤亡和其他安全生产事故的发生。"第四十五条规定："施工现场安全由建筑施工企业负责。"关于工程质量管理，《建筑法》第五十八条规定："建筑施工企业对工程的施工质量负责。"因此，一旦发生基坑坍塌事故，除非有足够的相反证据予以证明，否则基坑工程的承包方有可能承担主要责任，本案当中的基坑围护单位即承担了60%的责任。而对于其他各方，法院也会查明原因，根据过错大小要求各自承担相应的责任。

 问题12：基坑坍塌的停工损失如何划分？

【判决出处】

法院：山东省聊城市中级人民法院

案号：（2022）鲁15民终5058号

名称：甲公司、乙公司、丙公司建设工程施工合同纠纷

【案情概况】

2020年8月8日，原告乙公司（乙方）与被告甲公司（甲方）签订《建设工程施工合同》，该合同附件13第一项载明："我公司已完成对施工现场及周边场地的勘验，对施工条件已经充分了解，同时对可能影响本项目的周边环境充分了解。我

公司承诺施工期间不会因施工现场条件及周边环境发生的任何变化和阻碍而向贵方进行工期及费用的索赔，也不会因为施工条件变化而影响竣工时间（不可抗力因素除外）。"

律师点评

　　基坑工程属于危险性较大的分部分项工程，发生坍塌的情况时有发生。在一般印象当中，基坑施工属于施工单位的工作范围，发生坍塌事故之后的停窝工损失应由施工单位自行承担。但在本案当中情况却并非如此，施工单位提出的停窝工损失被法院部分支持，之所以会有这样的判决，关键在于案件当中的具体情况，我们接下来将逐一进行分析。

　　当前工程行业的竞争较为激烈，在合同洽商和签订阶段建设单位往往处于强势的地位，在合同条款当中要求施工单位不得进行工期和费用索赔的情况也时有发生。本案当中，甲公司作为建设单位在与作为施工单位的乙公司签订的施工合同当中即有类似条款，这也成为在双方发生讼争后甲公司进行抗辩的理由之一。

　　并且，虽然双方签订的合同当中约定了施工单位不会因施工现场条件及周边环境发生的任何变化和阻碍向建设单位进行工期及费用索赔，但是这一条款的设置本身即可以商榷。所谓施工现场条件和周边环境的变化，是特指因地理、地质、水文、气候等自然条件的变化，还是指包括建设单位、其他分包单位等人为因素所引起的施工条件和周边环境变化，其实对于双方责任的认定和划分可能会产生较为明显的影响，但合同条款当中对此却没有列举阐明。就本案情况而言，这一条款并没有起到建设单位预期当中阻却施工单位索赔的作用。

　　2020年8月15日，因下大雨，支护工程坍塌，不能正常施工。2020年8月17日，被告甲公司与案外人丁公司签订修复护坡协议，于2020年8月28日完工。

　　2021年3月9日，因案涉工程基坑支护存在坍塌现象、基坑边沿未硬化等安全隐患未整治，被告甲公司出具承诺书："乙公司承包的甲公司A工程。基坑支护工程由甲公司直接分包给戊公司施工，与乙公司无任何关系，因支护质量出现的一切质量安全问题，以及质量安全问题造成的一切损失全部由甲公司承担。乙公司只配合办理施工手续，不承担任何责任。"

　　2021年7月3日，己公司下发监理通知单，内容："①基坑内积水严重，需增加排水设备。②基坑边坡多处出现塌方现象、严重影响施工安全"，要求限期整改。

庚公司也于同日向原告乙公司下发监理通知单，内容："①基坑顶四周杂草清除不彻底且表面不平整，基坑支护下端个别部位开裂。②基槽边坡局部存在塌方、基槽局部边坡喷浆支护存在踏空现象等"，要求限期整改。

2021年7月21日，某市某区建设管理局安全监督科下达施工安全隐患整改通知书，内容："基坑边沿未有硬化，边坡的顶部未设排水措施，边沿周边防护未闭合，未按照规定实施基坑工程监测等，现责令你单位接本通知后，立即全面暂停施工，并限定于2021年7月26日前完成整改。"

2021年8月26日，因基坑支护工程大面积坍塌，存在安全隐患，被告甲公司与案外人辛公司签订《基坑支护施工补充协议》，协议内容显示：本协议书的所有术语，除非另有说明，否则其定义与双方2021年8月20日签订的《基坑支护施工协议》（以下简称"原合同"）中的定义相同。甲乙双方本着互惠互利的原则，经友好协商，在原合同基础上补充合同条款的部分内容，特签订以下补充协议：增加A工程基坑北侧单排止水帷幕搅拌桩施工，北侧总长度约200m，每根桩间距为0.35m，单排桩施工总长度约计10290m……

2021年9月26日，某市某区建设管理局安全监督科向原告乙公司下达施工安全隐患整改通知书，内容："基坑边坡支护局部坍塌。未见基坑监测资料等"，要求立即整改，全面暂停施工。截至2021年9月26日，该护坡安全隐患仍未消除，被安全监督部门再次要求进行整改，但仍未果，致使原告乙公司无法进行施工。

律师点评

本案当中，各方就基坑工程所发生的事实情况有以下三点是法院进行裁判时比较重要的考量因素：

第一，关于基坑工程的分包。甲公司作为建设单位对基坑相关工作直接进行了单独分包，因此该项工作并非由乙公司实施。

第二，关于承诺书的出具。甲公司承诺质量安全问题及由此造成的损失由其自行承担，与乙公司没有关系，其只需要配合办理施工手续。

第三，关于行政管理部门的整改通知。停窝工损失索赔是实务当中的难点，相应的时间起止点本身就较难确认，但本案中由于有行政管理部门的整改通知，且载有要求全面停止施工、限定整改完成时间等事项，因此在具体计算时间时各方相对争议较小。

【一审阶段法院观点】

2020年8月15日，因天下暴雨，案涉工程出现护坡坍塌，被告甲公司予以认可，并自行找人修复，在本院查明中已经记载，且甲公司书面承诺"基坑支护工程……与乙公司无任何关系，因支护质量出现的一切质量安全问题，及质量安全问题造成的一切损失全部由甲公司承担"。

被告甲公司作出的上述承诺，是对案涉工程存在护坡坍塌等安全隐患自愿承担"因支护质量出现的一切质量安全问题，及质量安全问题造成的一切损失"的确认。原告乙公司关于签订合同时不了解支护工程存在安全隐患，其安全隐患是不可能预料到的主张，符合常理，本院予以采信。被告关于原告已承诺"在合同签订时就对施工现场及周边场地的状况进行了充分了解，对施工工程中可能出现的所有的施工现场及周边环境变化已经计算在了合同工期及价款当中"的辩解，不予采纳。

因基坑支护工程大面积坍塌，存在安全隐患，被告甲公司先后两次与案外人签订协议，进行修复，第一次是2020年8月17日，被告甲公司与案外人丁公司签订《修护护坡协议》；第二次是2021年8月26日，被告甲公司与案外人辛公司签订《基坑支护施工补充协议》。护坡工程坍塌后修好，修好后又坍塌，其根本原因在于前期施工中遗留的基坑边坡出现多处塌方严重影响施工安全，且长时间未修好；另一个原因是甲公司将施工图纸变更、增加地下防空设施，致使原告乙公司出现停工、窝工。从监理部门下发的监理通知单看，基坑内积水严重，需增加排水设备；或者系基坑边坡多处出现塌方现象、严重影响施工安全；或者基槽边坡局部存在塌方、基槽局部边坡喷浆支护存在踏空现象等，原告乙公司未能及时排水、除草也是其中原因，但影响较小。被告甲公司关于原告乙公司故意停工辩解，不符合实际情况，其辩解意见不予采纳。

综合本案的各方面情况，并考虑监理通知单下达的时间节点等因素，以原告乙公司承担10%的停工责任，被告甲公司承担90%的停工责任为宜。

律师点评　　《最高人民法院关于审理建设工程施工合同纠纷案件适用法律问题的解释（一）》第十三条规定："发包人具有下列情形之一，造成建设工程质量缺陷，应当承担过错责任：……（三）直接指定分包人分包专业工程。承包人有过错的，也应当承担相应的过错责任。"虽然本案当中基坑局部坍塌的情况与前述司法解释当中关于建设工程质量缺陷的规定并不完全一致，但甲公司作为发包人直接指定分包人分包专业工程的情况却是相同的，并且甲公司还作出了免除乙公司责任的书面承诺，因此一审法院结合本案其他事实情况，认定乙公司、甲公司分别承担10%、90%的停工责任。

【二审阶段法院观点】

因天下暴雨，案涉工程出现护坡坍塌，甲公司自行找人修复，且甲公司出具书面承诺。停工、窝工的原因是前期施工中遗留的基坑边坡出现多处塌方严重影响施工安全，需要修复，再就是甲公司将施工图纸变更、增加设施。一审综合本案的各方面情况，并考虑监理通知单下达的时间节点等因素，认为乙公司承担10%的停工责任，甲公司承担90%的停工责任，并无不当。

律师点评

二审法院认为一审法院结合甲公司对基坑工程指定分包、出具了免除乙公司责任的书面承诺等事实情况划分责任并无不当。

在此需要指出的是，本案当中，甲公司可能存在违法发包的情况。根据住房和城乡建设部《建筑工程施工发包与承包违法行为认定查处管理办法》，违法发包行为包括将工程发包给不具有相应资质的单位、将一个单位工程的施工分解成若干部分发包给不同的施工总承包或专业承包单位等情况。当然，法院并非工程行业行政管理部门，且本案中是否认定为违法发包并非审判工作所必需，因此在裁判文书当中没有直接涉及。但是作为建设单位，应当遵守国家规定，避免违法发包等行为。

【本案小结】

建设工程施工合同纠纷中最常见的两类纠纷是工程结算纠纷和工程索赔纠纷，其中工程索赔纠纷的复杂程度可能更甚于工程结算纠纷。而停工、窝工索赔纠纷又是工程索赔中难度最大的焦点问题之一。停工、窝工索赔往往是基于项目无法按时开工，或在项目实施阶段发生暂停施工、缓建、不建等情况，迫使施工单位处于无法施工或降效施工的状态，由此导致人工、机械台班、材料等方面的损失发生。

根据《民法典》第八百零四条："因发包人的原因致使工程中途停建、缓建的，发包人应当采取措施弥补或者减少损失，赔偿承包人因此造成的停工、窝工、倒运、机械设备调迁、材料和构件积压等损失和实际费用"，当停工、窝工事实发生后，承包人可以向发包人主张索赔或违约责任。当然，承包人应明确索赔理由以及要求追加的付款金额和（或）延长的工期等诉求，同时还需就停窝工的原因、实际损失和费用承担举证责任。

在本案中，由于发包人将基坑工程直接指定第三方施工，并出具免除原告施工单位责任的书面承诺，故发包人须就基坑坍塌引发原告施工单位的停窝工损失承担主要赔偿责任。当然原告施工单位未能及时排水、除草也是诱发基坑坍塌的因素之一，其也需承担部分责任。

实践中，为了及时客观地判断索赔事由、责任划分、损失大小，项目承发包双方一般会就工程索赔的流程作相关约定。如《建设工程施工合同（示范文本）》GF—2017—0201通用条款第19条以及《建设项目工程总承包合同（示范文本）》GF—2020—0216通用条款第19条都是对工程索赔流程进行约定。两份示范文本甚至都约定了当事方怠于处理索赔事宜、逾期答复索赔报告的，视为认可索赔要求的默示条款。也正因如此，在索赔事由发生后，及时发起工程索赔是工程项目管理的重要工作之一。

1.8 试桩

【名词解释】

试桩是建筑物在基础施工前需根据地质勘察报告中的土的特性和物理力学性质进行的桩基选择。试桩分为设计试桩、施工前试桩、施工结束后试桩。

【规范条文】

《建筑基桩检测技术规范》JGJ 106—2014

3.3.1 为设计提供依据的试验桩检测应依据设计确定的基桩受力状态，采用相应的静载试验方法确定单桩极限承载力，检测数量应满足设计要求，且在同一条件下不应少于3根；当预计工程桩总数小于50根时，检测数量不应少于2根。

问题13：不试桩出现质量问题后责任如何划分？

【判决出处】

法院：山东省烟台市福山区人民法院

案号：（2012）福民一重字第12号

名称：甲公司（原告）与乙公司（第一被告）、丙单位（第二被告）、丁设计院（第三被告）建设工程承包合同纠纷

【案情概况】

2003年2月18日，甲公司与乙公司、丙单位共同签订了《建筑地基工程施工承包合同》，约定由乙公司、丙单位承包甲公司综合楼的长螺旋钻孔钢筋混凝土灌注桩工程的施工。

2003年2月21日，乙公司与丙单位签订了合作施工协议。合作施工协议书中的技术要求同双方与原告方签订的合同约定。合作协议规定由乙公司保证工程质量达到设计和规范要求。

律师点评

乙公司、丙单位作为承包人与发包人甲公司签订了施工合同，承揽了灌注桩施工工作，乙公司、丙单位即应依法依约就工程安全质量共同向甲公司负责。虽然后续乙公司、丙单位又签订了合作施工协议，约定由乙公司保证工程质量达到设计和规范要求，但这仅属于乙公司、丙单位之间的约定，不能约束甲公司。一旦出现工程质量问题，丙单位并不能因合作施工协议而免责，仍然需要向甲单位承担责任。

甲公司于施工前按合同约定将工程施工图纸交付给施工单位乙公司、丙单位。在施工中，乙公司对所使用的混凝土制作了标准试件，在标准条件下养护28天后进行抗压强度试验。A市B区建设工程质量监督监测站提供的检测报告表明，除报告编号HK2003-0699（序列号：NO.0002313）的实验报告所提供的混凝土抗压强度不满足设计要求外，其他都满足设计要求。

律师点评

可能引起灌注桩质量问题的原因包括设计问题、材料问题、施工工艺问题等，本案当中法院查明乙公司制作灌注桩所使用的混凝土曾制作标准试件、进行了抗压强度试验，仅极个别未满足强度要求。这一情况在一定程度上排除了由于材料不合格引发质量问题的考虑，有利于更加精准地判断和划分各方责任。

桩基施工结束后，甲公司委托A市建设工程质量监测站于2003年5月10日至5月16日抽检了3支桩进行单桩竖向抗压静载荷试验。试验结果表明：2支桩桩身强度有问题，受试验压力后桩身严重破坏，导致钢筋受压后严重弯曲，承载力未达到设计要求。2003年6月10日，对5支桩进行了高应变检测，发现有2支桩由于强度有问题，桩身上部经受不住试验锤的冲击而破坏，没有采集到有用信号，无法进行分析。后又进行了低应变动力检测。

检测发现桩基质量有问题后，2003年7月19日，建设单位、设计单位、监理单位、施工单位在设计单位处召开了桩基处理碰头会。

设计单位在会上提出只要建设单位认可，设计单位有能力就接桩问题提出解决方案，只是下挖施工时的排水问题应由施工单位提出解决方法。建设单位也同意下挖，且认为下挖施工应由施工单位负责。这次会议结束后，施工单位对桩进行了下挖，且发现有60~70根桩的混凝土强度不满足设计要求。被告作为施工单位对桩身存在的质量问题没有异议，但没有按照会议提出的解决方案对桩基进行处理。2003年12月10日，建设单位、设计单位、监理单位、施工单位和检测单位又召开了桩基处理会议，会上各有关单位对桩基质量、是否继续检测、如何补桩等方面的问题进行了讨论，这些意见归纳起来主要有：①对桩基存在的质量问题大家没有异议，但究竟有多少桩有问题，有问题的桩的质量缺陷都集中在2m以内还是更深的部位也存在质量问题等未形成一致的意见。②是否要继续对桩基进行检测、如何检测、如何界定好桩和坏桩等，也未达成一致意见。③事故原因，如何补桩，补什么样的桩等问题意见也不一致。

律师点评

灌注桩出现质量问题后，各方就此进行了多次会议，有三点可以注意：第一，各方对于桩身存在质量问题并无异议；第二，施工单位没有按照会议提出的解决方案对桩基进行处理；第三，各方对于事故原因没有达成一致意见。由此可见，对于事故原因各方当时存在较大的争议，这是引发本案讼争的主要原因。

甲公司于2004年1月5日和1月11日两次致函乙公司、丙单位，要求他们安排人员到现场对工程进行修复。2004年2月9日和18日又召开桩基工程质量问题会议和检测问题会议。2月9日的会议主题是，分析解决产生工程质量问题的原因，提出处理工程质量问题的方案。会上，乙公司提出桩基的质量问题是混凝土强度不足，引起混凝土强度不足的原因是地下水比较丰富，导致混凝土局部冒浆离析。监理单位和设计单位都提出施工单位施工前应进行试桩。而且设计单位还提出，施工单位泵送混凝土时有间断、不连续，对此，施工单位没有提出异议。

乙公司桩基出现质量问题是因为混凝土强度不足，混凝土强度不足是因为地下水比较丰富。这与混凝土标准试件抗压强度试验仅极个别未满足强度要求的情况相互印证，表明即使是混凝土强度不足，主要原因可能并不在于混凝土质量的问题，而是在施工过程中因为丰富的地下水超出预期，导致混凝土的指标发生了变化。以此而言，如果施工前进行试桩，更早发现地下实际情况，避免灌注桩出现质量问题的可能性就更大。

后因工程质量纠纷，甲公司将乙公司、丙单位、丁设计院诉至法院，要求退还工程款、承担违约金及其他费用。

【鉴定情况】

在本案审理过程中，乙公司提出对桩基工程质量事故进行分析评定的申请。经协商，本院指定A市大学建筑工程司法鉴定中心对此进行了鉴定。2006年6月30日，A市大学建筑工程司法鉴定中心出具了鉴定报告，该鉴定报告第四部分的分析论证结论为：在该工程地质条件下，不宜采用长螺旋钻孔灌注桩。但规范并没有作为强制性条文规定不准应用。因为该工程的地质条件较差，设计规定灌注桩施工前应试桩，单桩极限承载能力应通过现场载荷试验确定。但施工单位得到批准的施工组织设计中，没有提出试桩的有关要求。在施工混凝土灌注桩前，没有按照设计要求进行试桩，验证长螺旋钻孔施工工艺能否达到质量要求。建设单位与监理单位也没有对此提出书面意见。而合同规定：乙方严格按照施工图纸和甲方批准的施工组织设计、甲方工地代表的书面指令进行施工，确保施工质量，按合同规定的时间完工。

乙公司和丁设计院对A市大学建筑工程司法鉴定中心出具的鉴定报告发表了质证意见，并提出了书面质疑。针对被告质疑，A市大学建筑工程司法鉴定中心给予答复，主要意思是如果施工中按要求试桩，发现问题及时处理，则可以完全避免出现这样的质量事故。

另查明，丁设计院出具的甲公司综合楼长螺旋钻孔钢筋混凝土灌注桩工程图纸明确要求试桩。

律师点评

　　鉴于工程所在地质条件较差，并且设计院出具的图纸也要求在灌注桩施工前应试桩，作为有经验的承包单位，对此应知晓并按图纸要求实施。但实际上，一方面，合同规定：乙方严格按照施工图纸和甲方批准的施工组织设计、甲方工地代表的书面指令进行施工；另一方面，施工单位得到批准的施工组织设计中，没有提出试桩的有关要求。因此，作为甲方的甲公司和作为乙方施工单位的乙公司、丙单位等可能需要承担相应的责任。

【一审阶段法院观点】

本案为合同纠纷案件，确定原告、被告双方的责任和义务应以合同约定为准。《最高人民法院关于审理建设工程施工合同纠纷案件适用法律问题的解释》第十二条规定："发包人具有下列情形之一，造成建设工程质量缺陷，应当承担过错责任：（一）提供的设计有缺陷；（二）提供或者指定购买的建筑材料、建筑构配件、设备不符合强制性标准；（三）直接指定分包人分包专业工程。承包人有过错的，也应当承担相应的过错责任。"从本案审理查明的事实来看，不能认定原告提供给被告的设计有缺陷，因为设计中明确有试桩的要求，而如果按设计要求进行试桩则有可能避免造成质量问题；也没有证据表明原告存在其他应当承担过错责任的情况和违反合同义务的情况，而被告没有按合同约定交付合格的建设工程成果，则构成违约。从鉴定报告的意见来看，被告乙公司在施工过程中存在一系列问题，这也是造成工程质量不合格的重要因素。关于试桩问题，本院认为，相较于原告、被告双方的专业知识和预知能力，被告方明显处于优势，不可能要求建设方在施工前了解和掌握相关的专业知识，而这恰恰是被告承揽工程所必备的条件和能力，因此在原告将设计图纸交付给被告后，被告承接了该工程说明被告有信心、有能力按设计图纸要求完成建设工程；设计图纸中明确有试桩的要求，而被告在施工组织设计中没有提出试桩的工作安排，说明被告自认为不试桩也可完成工作任务。因此，没有试桩不应归咎于原告的责任，最高人民法院的规定中也只规定原告应对设计缺陷承担过错责任。被告主张原告要求不进行试桩而直接施工，对此被告没有提出充分的证据予以证实，因此对被告该主张不应予以支持。至于监理公司的问题，本院认为，监理公司是受原告方委托而对被告的施工过程进行监督检查以及配合进行相关项目的审核验收，并不具备直接决定被告如何进行施工的权利和能力，同时也没有证据表明监理单位存在应对造成工程质量不合格承担责任的过错，因此工程质量不合格归责于监理公司也是不适当的。综上所述，被告乙公司、丙单位没有按合同约定的质量标准完成建设工程任务，导致已建工程废弃，构成违约，应承担相应的违约责任，因此被告方无权依据合同约定获得工程款。

律师点评

　　法院确定承包单位承担责任的主要理由可以归纳为：第一，未按图施工；第二，未履行有经验承包人的审慎注意义务。其实，未按图施工导致质量问题已可作为施工单位承担责任的理由。而作为承包工程的施工单位而言，即使遇有诸如地下水丰富情况复杂等不利地质条件或异常恶劣的气候条件时，也应在现有技术条件下采取合理措施，并及时通知发包人和监理人，具体可以参考《建设工程施工合同示范文本》GF—2017—0201通用条款第7.6条、第7.7条等。本案中因地质环境条件较为复杂，承包人的合理措施就是先行试桩，根据结果及时反馈发包人和监理单位，并与设计单位确认是否需要变更施工工艺，尽可能避免盲目施工和损失扩大。

【本案小结】

　　本案当中，甲公司作为合同甲方自行承担了30%的实际损失，乙公司和丙单位作为合同乙方、施工单位承担了70%的实际损失。甲方之所以自行承担了30%的责任，很大程度上是因为双方约定施工单位按甲方批准的施工组织设计、甲方工地代表的书面指令进行施工，而在施工单位得到批准的施工组织设计中，并没有提出试桩的有关要求。既然甲方认可不试桩即可进行施工，那么由此引发的质量问题也应由其承担相应的责任。

在建设工程合同关系当中，建设单位在技术层面相较于施工单位一般情况下处于弱势一方，对于图纸是否要求试桩、试桩的重要性、不试桩的可能后果、施工组织设计文件是否符合要求等技术事项难以一一辨明，但技术事项在程序上又需要建设单位进行确认。一旦确认，在发生工程质量纠纷时可能会成为判断建设单位是否担责的依据。为了尽可能避免因不了解具体情况导致的争议，建议建设单位可以从以下两方面进行考虑：

第一，要求监理单位履职尽责。根据《建筑法》第三十二条等规定，监理单位对承包单位在施工质量、建设工期和建设资金使用等方面，代表建设单位实施监督，涉及工程技术事项，可以要求监理单位进行监督。

第二，要求设计单位等专业机构参与。建设单位对于施工组织设计文件等专业技术资料可能难以判断，要求设计单位等专业机构发表意见有利于提前发现风险、减少损失。

1.9 桩基承载力检测

【名词解释】

桩基承载力检测包括单桩竖向抗压极限承载力、单桩竖向抗拔极限承载力、单桩水平临界荷载和极限承载力等检测。

【规范条文】

《建筑基桩检测技术规范》JGJ 106—2014

3.2.7 验收检测时，宜先进行桩身完整性检测，后进行承载力检测。桩身完整性检测应在基坑开挖至基底标高后进行。承载力检测时，宜在检测前、后，对受检桩、锚桩进行桩身完整性检测。

问题 14： 对承载力检测报告既不认可又不申请鉴定有什么后果？

【判决出处】

法院：辽宁省辽阳市中级人民法院

案号：（2019）辽10民终914号

名称：甲公司、乙公司建设工程施工合同纠纷

【案情概况】

2013年10月14日，甲公司（发包人）与丙公司（承包人）签订建设工程施工合同。工程名称：某住宅小区；工程地点：A市B区C街D路南；工程内容：建筑面积122823.05m²，结构框架。

丙公司与田某签订工程承包协议书，丙公司将某住宅小区11号楼、12号楼、13号楼分包给田某，由田某进行施工建设。

2013年12月1日，田某以丙公司名义与乙公司签订A市某小区冲击成孔灌注桩施工合同，该合同仅有田某的签名和乙公司的盖章，丙公司没有盖章，合同约定承包范围为某小区的基础灌注桩工程，桩径600mm，桩长暂按12m考虑；施工做法详见由设计院提供设计的施工图。

2013年12月末，乙公司进入某小区开始施工，施工过程中，田某给付乙公司工程款29万元，并为其提供混凝土。

关于乙公司所承建桩基础承载力出现没有满足设计要求的情况，是A市工程质量监督站在工程施工质检时首先发现的。甲公司于2014年3月30日委托省工程质量检测中心对东煤公司施工的某小区11号楼、12号楼、13号楼基础工程进行基桩静载检测，分别作出检验报告。检测结论：11号楼受检冲击成孔灌注桩单桩竖向抗压承载力特征值可取1500kN，满足设计要求。12号楼受检冲击成孔灌注桩单桩竖向抗压承载力特征值可取600kN，不满足设计要求。13号楼受检冲击成孔灌注桩单桩竖向抗压承载力特征值可取650kN，不满足设计要求。

后乙公司将甲公司、丙公司、田某等诉至法院，要求连带给付尚拖欠的工程款及利息并承担其他费用，遂引起本案讼争。田某作为一审被告则向乙公司提起了反诉，要求其承担因桩承载力不足造成的损失及其他费用。

律师点评

本案基本事实当中有以下两点可以关注：

第一，关于桩基承载力检测的时间点。桩基工程既是基础工程，也是隐蔽工程，直接关系到工程主体结构的质量安全。工程行业对于桩基承载力的检测有完整、严格的规范要求。对于开展桩基承载力检测的时间点，行业

内根据实际情况和具体需要一般包括为设计提供依据的先期检测、施工阶段的施工检测、施工完毕后的验收检测、施工阶段或使用阶段的鉴定检测。就本案而言，本应是乙公司作为桩基工程的承包人进行检测，发现问题后及时通知各相关方和管理部门，但实际情况却是管理部门发现问题后由建设单位委托专业机构进行检测。《建设工程质量管理条例》第三十条规定："施工单位必须建立、健全施工质量的检验制度，严格工序管理，作好隐蔽工程的质量检查和记录。隐蔽工程在隐蔽前，施工单位应当通知建设单位和建设工程质量监督机构。"以此而言，乙公司的行为可能存在不尽完善之处，这也关系到了其主张工程款的诉请是否能够得到支持。

第二，关于案涉各方的关系。本案当中，甲公司作为发包人将案涉小区的施工工作发包给了丙公司，丙公司又将其中若干栋楼的施工工作分包给了没有施工资质的自然人田某，田某再以丙公司名义与乙公司签订了冲击成孔灌注桩施工合同。由此可见，除了作为发包人的甲公司之外，案涉各方之间存在违法分包的关系，这也是造成质量问题的可能原因之一。本案当中，乙公司提起了工程款之诉，要求甲公司、丙公司、田某等连带给付拖欠的工程款，而田某则提起了要求乙公司赔偿损失的反诉。《建筑法》第二十九条第二款规定："建筑工程总承包单位按照总承包合同的约定对建设单位负责；分包单位按照分包合同的约定对总承包单位负责。总承包单位和分包单位就分包工程对建设单位承担连带责任。"《最高人民法院关于审理建设工程施工合同纠纷案件适用法律问题的解释（一）》第七条规定："缺乏资质的单位或者个人借用有资质的建筑施工企业名义签订建设工程施工合同，发包人请求出借方与借用方对建设工程质量不合格等因出借资质造成的损失承担连带赔偿责任的，人民法院应予支持。"由此，甲公司可以要求乙公司、丙公司、田某等对桩基质量问题承担连带责任。

【一审阶段法院观点】

2014年4月，乙公司施工的桩基工程完工后，甲公司委托省工程质量检测中心对某小区11号楼、12号楼、13号楼的单桩竖向承载力进行了检测，检测结果是：11号楼承载力满足了设计要求，12号楼、13号楼承载力不满足设计要求。因此，乙公司所完成的桩基础工程存在质量不合格情况。乙公司在隐蔽工程施工过程中，未进行试桩，未及时检测，发现问题后未积极与建设单位、施工总承包单位进行沟通，查找原因，也未采取有效措施进行整改，其提供的12号楼、13号楼桩基未达到合同要求。经本院释明乙公司与甲公司、丙公司、田某、李某就桩基承载力不足的原因均不申请鉴定。现田某认可乙公司的施工总量772621.26元，与乙公司自认的工程量及工程款数额均不一致，双方也未进行决算。乙公司述称其系与甲公司、李某达成口头协议，由乙公司负责A市某小区冲击成孔灌注桩施工，现甲公司、李某均不予认可，乙公司未能提供相关证据证明其说法成立，应承担举证不能的不利后果。

律师点评

　　《建设工程质量管理条例》第二十六条第一款规定："施工单位对建设工程的施工质量负责。"第三十二条规定："施工单位对施工中出现质量问题的建设工程或者竣工验收不合格的建设工程，应当负责返修。"因此，施工单位向建设单位交付质量合格的工程既是法定义务，也是合同义务。就本案而言，即使存在转包或违法分包的情况，但乙公司仍应向甲公司交付质量合格的桩基工程。

　　甲公司已委托专业机构对桩基承载力进行了检测，检测结果表明部分桩基的承载力不满足设计要求。但是，桩基承载力不满足设计要求并不必然完全归因于乙公司的施工存在问题，也有可能其他因素起到了一定的作用。比如，田某曾向乙公司提供了混凝土，是否存在混凝土存在质量问题的可能性；又比如，现场的土层实际条件与桩基设计参数是否相符，有没有设计不符合现场条件的可能。法院已向案涉各方进行释明，但各方均没有就桩基承载力不足的原因申请鉴定。鉴于提交质量合格的工程是施工方的法定义务和合同义务，在各方均不申请鉴定的情况下，一审法院认定应由乙公司承担举证不能的不利后果。

【二审阶段法院观点】

　　关于桩基础质量问题及举证责任。某小区12号、13号住宅楼桩基础承载力没有满足设计要求，桩基础工程存在质量不合格的情况，是A市工程质量监督站在工程施工质检时首先发现的，后甲公司委托检测机构进行检测。相对人提供上述证据后，已经完成了举证证明责任；如果乙公司认为12号、13号住宅楼桩基础合格，应当举证证明。乙公司负有举证责任。

　　《最高人民法院关于适用〈中华人民共和国民事诉讼法〉的解释》第九十条规

定，当事人对自己提出的诉讼请求所依据的事实或者反驳对方诉讼请求所依据的事实，应当提供证据加以证明，但法律另有规定的除外。在作出判决前，当事人未能提供证据或者证据不足以证明其事实主张的，由负有举证责任的当事人承担不利后果。乙公司对自己提出的上诉请求所依据的事实，应当提供证据加以证明。乙公司提供的证据不足以证明其事实主张，所以乙公司应当承担对自己的不利后果。

律师点评　《民法典》第七百九十三条第二款规定："建设工程施工合同无效，且建设工程经验收不合格的，按照以下情形处理：（一）修复后的建设工程经验收合格的，发包人可以请求承包人承担修复费用；（二）修复后的建设工程经验收不合格的，承包人无权请求参照合同关于工程价款的约定折价补偿。"第三款规定："发包人对因建设工程不合格造成的损失有过错的，应当承担相应的责任。"就本案而言，甲公司向法院提交了专业机构的检测报告，证明了乙公司所承建的桩基存在承载力不足等质量问题，但乙公司经一审法院释明后未就桩基承载力不足的原因申请鉴定，也无法证明甲公司对因建设工程不合格造成的损失有过错，因此即使提起了上诉，二审法院仍然认为其在承担举证责任的情况下举证不能，应当承担不利后果。

并且，如果经乙公司对桩基工程修复后验收合格，乙公司仍有可能在承担修理费用的前提下主张工程款，但是根据本案判决文书，桩基工程的修复很可能并非由乙公司进行，费用也不是由其承担，因为田某所提反诉要求乙公司赔偿桩基础承载力不足而进行CFG桩伐板加大所造成的损失。以此而言，先修复并验收合格，然后起诉主张工程款的途径可能也不具备实际可行的路径。

【本案小结】

案涉单方委托的检测报告属于《最高人民法院关于民事诉讼证据的若干规定》第四十一条中规范的"专门性问题自行委托有关机构或者人员出具的意见"范畴。根据该法条规定，针对此类检测报告，另一方当事人有证据或者理由足以反驳并申请鉴定的，人民法院应予准许。对于单方委托的检测意见，法院可以将其作为判决的参考依据，同时法律也赋予诉讼相对方提出异议的权利。提异议的有效途径包括通过举证或反驳后，启动司法鉴定程序，通过司法程序对检测对象作出新一轮的检测。

本案中，甲公司通过单方委托出具的检测报告来证明桩基存在质量问题，其已履行了举证义务。乙公司如不认可该检测报告的，则一般可以从以下方面提出异议：

第一，核查接受委托的检测单位是否具备相应的资质。司法鉴定时选择的鉴定单位必须按照《民事诉讼法》第七十九条的规定选择确定具备资格的鉴定人。达到司法鉴定所需资质及要求的鉴定、检测、评估机构须要先申请进入法院司法鉴定人名册。单方委托检测时，当事人也需找寻符合鉴定检测所需的资质要求的鉴定人，否则出具的鉴定检测意见不具备专业性，不宜被采信。

第二，单方委托检测使用的检材或资料是否被双方认可。单方委托检测时，送检材料往往是委托方提供。若相关方对送检资料有异议，则可以举证证明或提出反驳。在司法鉴定时，一般由鉴定机构派员到现场提取鉴定材料；现场提取鉴定材料应当由不少于两名司法鉴定机构的工作人员进行，其中至少一名应为该鉴定事项的司法鉴定人；现场提取鉴定材料时，应当有当事人指派或者委托的人员在场见证并在提取记录上签名。

第三，检测所依据的标准、规范、方法是否合理。进行检测鉴定时，一般可依下列顺序遵守和采用该专业领域的技术标准、技术规范和技术方法：①国家标准；②行业标准和技术规范；③该专业领域多数专家认可的技术方法。

第四，检测程序是否合法。单方委托检测时往往不会严格按照民事诉讼程序开展。对于检测时是否存在回避情形，现场勘验是否符合规范流程，检材取样是否符合流程，检测结果是否及时公布或告知等等方面，如当事人有异议的，也可据实提出。

第五，检测所得数据或结论是否与实际一致。当事人可对检测性报告是否能够客观反映实际情况，检测结论是否客观准确等实质性内容进行核对；若存在问题的，应及时提出异议。

[?] **问题15：** 未提供桩基承载力检测报告是否需承担责任？

【判决出处】

法院：云南省高级人民法院

案号：（2017）云民终525号

名称：甲公司、乙公司建设工程施工合同纠纷

【案情概况】

2012年2月23日，甲公司与乙公司签订施工合同，约定甲公司将其办公楼、综合楼工程发包给乙公司承包，承包方式为包工包料。乙公司负责承担设计结构图纸，经甲公司同意后，乙公司负责办理设计图纸审批、盖章等相关手续及费用（有关设计办公楼、综合楼H型钢主体结构图纸的设计费用由乙公司负责；其他消防、水电等设计不含在H型钢结构主体内，特此说明；另外工业园区对设计钢结构图纸有争议的有关费用由甲公司开支）。乙公司负责技术更改达到符合国家有关设计标准。乙公司设计的办公楼、综合楼主体结构的施工图纸必须在20天之内交甲公司，甲公司好将其作为打桩基施工的资料参数进行前期施工，乙公司不得延误设计图纸如期交付时间，否则承担双倍甲公司设计图纸费赔偿。

> **律师点评**
>
> 案涉工程的承包形式类似于"设计+施工"的工程总承包模式（DB模式）。一般而言，以DB模式承揽项目的总承包单位需要同时具有与工程规模、技术特点相符的工程设计和施工资质，或者是由具有相应资质的设计单位和施工单位组成联合体。

合同签订后，甲公司分别于2012年3月27日、4月7日、4月22日、4月29日向乙公司支付了工程款共计154万元。乙公司于2012年3月进场施工，并向甲公司提供了工程项目办公楼、综合楼除基础部分外的设计图纸。2012年4月底，乙公司未再施工，工程停工。

后甲公司将乙公司诉至法院，请求依法解除双方之间签署的施工合同，判令乙公司返还工程款、赔偿违约金并承担诉讼费；乙公司则提起反诉，请求依法解除双方之间签署的施工合同，判令甲公司赔偿停工损失、支付尚欠工程款并承担诉讼费。

【鉴定情况】

A省某司法鉴定中心出具的鉴定意见书表明：经现场勘验，乙公司施工的甲公司综合楼、办公楼的工程质量存在承台插筋未留置；楼梯现浇只做了一层板筋，无锚固；钢柱与混凝土地梁无锚固；钢边梁垂直偏差大等质量问题，不符合设计施工规范要求，应立即进行修复加固。根据现场勘验的情况，参照国家及行业的相关规范标准计算，上述工程质量问题的修复费用为61228.82元。乙公司施工的办公楼及综合楼已完工工程造价为1688031.29元。鉴定意见书还指出，工程桩未进行桩基检测，留下质量隐患。桩基础需聘请具有资质的检测机构，进行桩基承载力试验，验证是否符合设计要求。

【一审阶段法院观点】

《合同法》第六十条规定，当事人应当按照约定全面履行自己的义务。当事人应当遵循诚实信用原则，根据合同的性质、目的和交易习惯履行通知、协助、保密等义务。《建筑法》第七条规定，建筑工程开工前，建设单位应当按照国家有关规定向工程所在地县级以上人民政府建设行政主管部门申请领取施工许可证。本案，甲公司未领取施工许可证即开工建设本案工程，已违反了《施工合同》的附随义务，其行为已构成违约。乙公司的该项主张成立，一审法院予以采纳。

> **律师点评**
>
> 甲公司未领取施工许可证即开工建设，不仅违反了合同约定，也违反了法律规定，《建筑法》第六十四条即规定："违反本法规定，未取得施工许可证或者开工报告未经批准擅自施工的，责令改正，对不符合开工条件的责令停止施工，可以处以罚款。"

因本案桩基工程已由甲公司另行发包，根据《建筑地基基础工程施工质量验收规范》GB 50202—2002及相关规定，工程桩应进行承载力检验。A省某司法鉴定中心关于本案工程质量的司法鉴定意见书，亦确认了甲公司未进行桩基承载力检验，存在质量隐患。而甲公司另行发包的桩基工程是否符合质量验收规范，将对本案施工工程的安全性构成影响。甲公司至今未提供桩基检测报告，已违反了《施工合同》的附随义务，其行为亦构成违约。乙公司的该项主张成立，一审法院予以采纳。

> **律师点评**
>
> 根据《工程质量安全手册（试行）》关于"质量行为要求"的规定，建设单位须按规定委托具有相应资质的检测单位进行检测工作。对于地基基础工程而言，则要求"地基强度或承载力""复合地基的承载力""桩基础承载力检"等关键指标的检测结果均符合设计要求。该项目所涉及的桩基检

测报告是判断桩基质量是否符合国家标准和设计要求的基本依据，甲公司作为建设单位应保证报告的真实性、完整性和准确性，但实际上甲公司却未能提供报告，导致了工程安全质量隐患，也构成了违约。

至于一审判决所涉及的附随义务，《民法典》第五百零九条规定："当事人应当按照约定全面履行自己的义务。当事人应当遵循诚信原则，根据合同的性质、目的和交易习惯履行通知、协助、保密等义务。当事人在履行合同过程中，应当避免浪费资源、污染环境和破坏生态。"以此而言，不论是主要义务，还是附随义务，均属于当事人应当履行的范围，如不履行则均可构成违约。

【二审阶段法院观点】

甲公司作为建设方没有依照法律规定办理开工许可证，以及提供桩基承载力检测，违反了双方建设工程施工合同的附随义务，构成违约。依照《建筑法》第八条第（五）项规定，申请领取开工许可证应当具备"有满足施工需要的资金安排、施工图纸及技术资料"。而本案无证据证明乙公司依约如期向甲公司交付办公楼、综合楼主体结构施工图，对甲公司不能办理开工许可证也产生一定影响。乙公司作为专业的建筑工程施工单位，在没有开工许可证以及没有桩基承载力检测情形下，按照没有出图专用章的白图进行承台、地梁的施工，对导致工程质量有隐患，无法继续施工也具有相应影响。依照《合同法》第一百二十条规定，双方都违反合同的，应当各自承担相应的责任。

律师点评

乙公司作为承包单位应该按照双方约定依法履行设计、施工义务；对于影响其履行合同设计、施工义务的情形，乙公司应根据法律规定和合同约定进行处理；如果系发包人或第三方导致的，可以通过索赔、协商等方式反馈己方诉求、维护合法权益，而不应违反法律规定。在没有合格施工图纸和桩基检测文件的情况下，乙公司本不应擅自施工。擅自施工的行为不仅导致在后续讼争中己方被认定为需承担责任，还可能留下安全质量隐患。

【本案小结】

桩基础工程属于隐蔽工程，在被隐蔽后其质量问题从外观很难直接发现，但后续一旦发现质量问题，有可能就较为严重，且修复难度较大，甚至会影响整个工程的正常使用。因此在隐蔽之前，依法依约由专业机构对桩基承载力进行检测是完全有必要的。

现实当中，有的建设单位会认为涉及桩基承载力检测等工程技术的事项应由施工单位等负责，与自身不存在直接关系，或者因为其他原因未能进行桩基承载力检测或提供书面报告，在发生争议纠纷时就可能因此承担责任。而施工单位拥有专业管理和技术人员，在没有桩基承载力检测报告的情况下继续施工，发生质量问题后也很难免责。因此涉及此类案件，往往在投入大量精力后，双方都很难达到自身所预期的结果。

对于参建各方，特别是建设单位，一定要树立自身须对工程安全质量负责的观念。住房和城乡建设部曾于2020年9月11日发布了《住房和城乡建设部关于落实建设单位工程质量首要责任的通知》(建质规〔2020〕9号)，明确指出"建设单位是工程质量第一责任人，依法对工程质量承担全面责任……建设单位要严格落实项目法人责任制，依法开工建设，全面履行管理职责，确保工程质量符合国家法律法规、工程建设强制性标准和合同约定"。各地后续根据前述通知精神也陆续发布了相应的通知，例如《湖南省住房和城乡建设厅关于进一步落实建设单位工程质量首要责任的通知》(湘建建〔2023〕116号)即要求"建设单位应当严格质量检测管理，委托具有相应资质且与工程项目相关单位无隶属关系或者其他利害关系的第三方检测机构进行检测，不得以建设单位、施工单位、检测机构三方合同等形式转嫁建设单位的法定义务"。以此而言，建设单位对于依法检测、提供报告等工作应予以重视；施工单位在桩基承载力检测等前置程序完成前，也切忌擅自进行主体结构施工。

1.10 桩身完整性检测

【名词解释】

对桩身截面尺寸相对变化、桩身材料密实性和连续性等指标进行检测。

【规范条文】

《建筑基桩检测技术规范》JGJ 106—2014

3.5.1　桩身完整性检测结果评价，应给出每根受检桩的桩身完整性类别……

问题16：单方检测结果能否作为判断桩基完整性的依据？

【判决出处】

法院：湖南省株洲市中级人民法院

案号：（2022）湘02民终1482号

名称：甲公司、乙公司建设工程施工合同纠纷

【案情概况】

2018年9月18日，被告甲公司（发包方、甲方）与原告乙公司（承包方、乙方）在湖南省株洲市天元区被告公司所在地厂区签订了《A省甲公司二期建设桩基础施工承包合同》。该合同约定：甲方将二期建设桩基础发包给乙方施工，乙方按照甲方提供的施工图纸，最终以图审为依据施工；工程质量标准达到国家和省市规定的验收合格标准；乙方出现工程质量问题经质监部门和甲方确认，甲方有权解除合同并依法追究全部违约责任，无故不继续施工造成甲方损失，承担赔偿责任。此外，合同还对其他事项进行了具体约定。

合同签订后，原告乙公司依约进驻被告公司厂区二期建设桩基项目工地施工。

2019年4月8日，被告甲公司（发包方、甲方）又与原告乙公司（承包方、乙方）签订《补充协议》约定：现工程处于停工状态，乙方承诺在2019年4月15日前派人进场恢复施工，并在2019年5月15日前完成全部工程量，在乙方履行了上述承诺的前提下，甲方不得因乙方前期施工、停工造成施工工期延期追究乙方的违约责任；乙方派人进场恢复施工，如监理人员从安全角度出发，要求乙方采用钢护筒施工，钢护筒施工增加的费用由甲方承担3万元，甲方承担的3万元计入本工程结算总价款，超出3万元的部分由乙方承担。补充协议还约定了其他事项。

补充协议签订后，原告组织人员恢复施工，于2019年5月6日完成混凝土浇筑。此后，原告催促被告按照补充协议的约定支付工程进度款，被告以原告未按原设计图纸进行施工，工程质量不达标为由拒绝付款。为此，双方产生本案纠纷。

一审法院于2021年5月14日立案受理原告乙公司与被告甲公司建设工程施工合同纠纷一案。2021年7月29日，作出民事判决：①限被告甲公司向原告乙公司支付工程进度款444391.5元并退还原告履约保证金60000元，共计504391.5元；②限被告甲公司向原告乙公司支付逾期支付利息损失；③驳回原告的其他诉讼请求。被告甲公司不服该判决，提出上诉。2021年12月1日，湖南省株洲市中级人民法院以原判决对案涉工程质量是否符合约定等基本事实未予查清为由作出民事裁定：撤销原判，发回重审。

> **律师点评**
>
> 　　本案所涉法律关系较为清晰，甲公司作为发包方将桩基础工程发包给承包方乙公司，乙公司认为甲公司欠付其工程和其他费用，因而向法院起诉。但在案件实际进程当中，发生了原审一审、原审二审、重审一审和重审二审。之所以会历经多个阶段，关键则在于工程质量是否符合要求这一基本事实情况需要查清。
>
> 　　向发包方交付质量合格的工程是承包方的法定义务和合同义务，也是向发包方要求支付工程款的基本前提条件。就本案而言，在查清乙公司所承建桩基工程质量的情况下，才能判断乙方诉请工程款支付条件能否成就，这也是重审阶段各方关注的重点。

【检测情况】

2021年7月27日，被告甲公司向B市建设工程质量安全研究会（以下简称"B市质安研究会"）对原告乙公司承建施工的项目厂房桩基质量的检测方案，申请审批。B市质安研究会经审查，批准被告甲公司桩基质量的检测方案。再由B市建设工程质量研究检测中心（以下简称"B市质安中心"）对基桩钻芯法检测、基桩低应变动力检测作出具体检测意见。2021年8月27日，B市质安中心通过取样检测出具《基桩低应变动力检测报告》，其结论为：根据测试分析结果及规范质量评定标准，本次所测114根桩，按《建筑基桩检测技术规范》JGJ 106—2014，对桩身完整性评定为Ⅰ类桩104根，Ⅱ类桩10根。选10根Ⅰ类桩计算出波速平均值为3613m/s。2021年9月3日，B市质安中心通过检测出具《基桩钻芯法检测报告》，其检测结论为：通过对24组桩身混凝土芯样抗压试验，6根受检桩107号、97号、74号、98号、77号、82号的成桩质量满足设计要求，其余18根114号、113号、89号、90

号、110号、109号、103号、105号、111号、100号、99号、112号、104号、93号、85号、81号、95号、106号的成桩质量不满足设计要求。

律师点评

本案的质量检测情况有两点可以关注：

第一，关于质量检测的时间。甲公司于2021年7月27日向B市质安研究会申请审批对原告乙公司承建施工的项目厂房桩基质量的检测方案；B市质安中心于2021年8月27日出具了案涉桩基工程的《基桩低应变动力检测报告》，于2021年9月3日出具了《基桩钻芯法检测报告》；原审二审法院于2021年12月1日作出了撤销原判、发回重审的民事裁定。《基桩低应变动力检测报告》《基桩钻芯法检测报告》出具的时间在前，原审二审法院作出民事裁定在后，以此而言，前述两份报告对于本案的发回重审可能起到了较为关键的作用。

第二，关于质量检测的性质。《民事诉讼法》第七十九条第一款规定："当事人可以就查明事实的专门性问题向人民法院申请鉴定。当事人申请鉴定的，由双方当事人协商确定具备资格的鉴定人；协商不成的，由人民法院指定。"本案当中，甲公司是向B市质安研究会提出了质量检测申请，而不是向法院提出鉴定申请，因而并非司法鉴定程序，由B市质安中心出具的《基桩低应变动力检测报告》《基桩钻芯法检测报告》从证据种类而言也并非《民事诉讼法》第六十六条所规定的鉴定意见。所以原审二审法院没有直接采纳前述报告的意见进行改判，而是以原判决对案涉工程质量是否符合约定等基本事实未予查清为由撤销原判、发回重审。

【重审一审阶段法院观点】

本案原告乙公司与被告甲公司签订的《二期建设桩基础施工承包合同》《补充协议》系主从合同关系，是当事人的真实意思表示，合同条款不违反法律、行政法规的强制性规定。该主从合同合法有效，原告、被告应按两合同约定履行各自义务。关于本案工程进度款、钢护筒施工增加费用、履约保证金退还问题。本案原告、被告虽在《补充协议》约定了在桩基础工程混凝土浇筑完工后，被告甲公司支付原告工程总价款75%（含前期支付款）工程进度款以及退还履约保证金6万元。但被告甲公司主张原告施工的桩基工程质量不合格，属违约行为，拒付工程进度款、履约保证金。其中，钢护筒施工增加费用30000元，该钢护筒施工增加费已计算进工程总造价，涵盖在进度款中。根据查明的事实，被告甲公司在本案中提供的《基桩低应变动力检测报告》《基桩钻芯法检测报告》系自行对桩基工程质量问题提出的鉴定。两检测报告明确，通过对24组桩身混凝土芯样抗压试验，6根受检桩的成桩质量满足设计要求，其余18根的成桩质量不满足设计要求。本次所测114根桩，按《建筑基桩检测技术规范》JGJ 106—2014执行，对桩身完整性评定为Ⅰ类桩104根，其中Ⅱ类桩10根。该鉴定机构、鉴定人员的资质符合法律规定，原告乙公司对鉴定意见没有提出据以推翻的反驳意见。因此，该两检测报告的鉴定结论，可以作为认定本案事实依据。原告施工的桩基工程质量不合格，显然属于违约行为。根据《民法典》第五百七十七条规定："当事人一方不履行合同义务或者履行合同义务不符合约定的，应当承担继续履行、采取补救措施或者赔偿损失等违约责任。"原告施工的桩基工程质量不合格，导致原告、被告签订的桩基础施工承包合同目的未能实现。对于原告乙公司主张本案工程进度款、施工增加费用、履约保证金退还，依据不足，一审法院不予支持。原告乙公司的其余诉讼主张，也系证据不足，一审法院不予采纳。

律师点评

　　本案重审一审判决驳回了乙公司的全部诉讼请求，其理由在于乙公司的工程质量存在较为严重的问题，属于根本性的违约，其诉讼请求依据不足、证据不足，不予采纳。

　　在此需要指出的是，桩基工程是隐蔽工程，在完成后很难用肉眼观察或者其他较为直观的方式观察、判断是否存在质量问题，这种情况下对于质量等事实情况的判断就更加依赖于专业机构的检测工作和专业结论。本案当中，B市质安研究会、B市质安中心有可能是当地较为权威的工程质量安全研究、检测机构，虽然是甲公司单方申请，但其所做工作没有违反法律规定，且乙公司未能提供足以推翻相关结论的证据，因此得到了法院的采信。

【重审二审阶段法院观点】

　　因施工的桩基工程质量不符合合同约定，乙公司主张甲公司应支付本案工程进度款、施工增加费用及退还履约保证金，依据不足，本院不予支持。

本案重审二审驳回了乙公司的上诉请求，维持了重审一审判决。重审二审阶段法院认为，虽然乙公司对B市质安中心及其检测报告提出了质疑，但没有提交足以推翻的反驳证据，其上诉理由依据不足，不予支持。

【本案小结】

桩基工程是地下部分的隐蔽工程，桩基质量问题往往表现为桩的本身质量问题或桩基承载力的不足。桩基质量问题可能由施工质量导致，也可能与地质勘探、工程设计、所使用的混凝土等材料相关。在施工过程中，需对桩基工程进行隐蔽工程的验收，并形成验收记录。隐蔽工程验收记录应如实反映工程的内在质量，反映桩基质量指标是否符合设计和有关规范、标准的要求。

若在桩基完工后才发现质量问题，一般需要通过专业检测设备和检测手段才能确定质量问题成因。检测桩基工程质量的方式包括静载测验法、钻孔取芯法、低应变动力检测法、高应变法、声波透射法等。本案中，被告甲公司提供《基桩低应变动力检测报告》《基桩钻芯法检测报告》，就是选择上文所提其中两种检测办法，自行对桩基工程质量问题进行的检测。虽然是甲公司单方申请出具的检测意见，但乙公司未能提供证据来推翻相关结论，也未能另行启动关于桩基工程质量问题的司法鉴定程序。鉴于此，法院结合案件情况依法采信两份检测报告的结论意见。

本案历经原审一审、原审二审、重审一审和重审二审，回顾来看，乙公司当时的诉讼策略是否有值得商榷之处呢？如果在重审一审阶段，乙公司能够对B市质安中心所作检测报告当中有问题的桩进行抽样检测，如果结论与前者之间存在不一致，再申请法院进行司法鉴定，可能会取得不一样的结果。当然，在本案重审一审阶段，施工现场是否还可能由乙公司委托专业机构进行抽样检测也存在不确定性。以此而言，如果乙公司主张甲公司向其支付拖欠工程款，应当在验收合格或者取得检测合格结果后进行才较为稳妥。本案虽然法律关系较为简明，但其中的过程仍值得思考、借鉴。

1.11 断桩、坏桩

【名词解释】

"断桩"一般指钻孔灌注桩成孔后，灌注水下混凝土过程中由于坍孔或其他原因导致的使桩不能完全灌注成型的质量事故。

"坏桩"一般指桩身完整性检测不合格的桩。

【规范条文】

《建筑基桩检测技术规范》JGJ 106—2014

3.5.1 桩身完整性检测结果评价，应给出每根受检桩的桩身完整性类别……

问题17：如何厘清断桩和不合格桩质量责任的约定？

【判决出处】

法院：湖南省双牌县人民法院

案号：（2017）湘1123民初685号

名称：胡某诉袁某建设工程施工合同纠纷

【案情概况】

2014年9月4日，原告胡某（合同乙方）与被告袁某（合同甲方）签订了一份《机械冲孔桩劳务施工合同》，约定胡某采用单包工的承包方式承包某公租房项目机械冲孔灌注桩工程，其中直径0.8～1.1m的有165条，直径1.2m的有21条，合计186条；由胡某根据施工图纸及袁某要求负责冲钻成孔，袁某提供混凝土至胡某料斗中，胡某负责灌注；超出的混凝土量由袁某负责，胡某只负责混凝土灌注。双方并对各自职责以及违约责任等进行了约定，在约定胡某的职责中约定了胡某如在操作过程序中，出现断桩检测不合格而造成的一切损失由胡某负责；在约定袁某的职责中约定了袁某派专业技术人员到现场负责施工，并提供相应的地质资料和图纸，灌注桩的质量和混凝土标高及导管埋深，由现场技术人员控制，归袁某负责。

律师点评

案涉桩基工程的施工须由具备施工资质的主体来完成，本案当事人均为个人，本身并不具备建设工程施工的资格。根据最高人民法院相关司法解释的规定，案涉合同系无效合同。

合同签订后，胡某按合同约定进场施工，该工程于2015年11月18日完工，此时，胡某将该项工程交付了袁某，袁某对该工程与胡某进行了结算，按合同单价合计总额为1184755元；2015年11月18日以前总付款为740000元。

结算后，袁某于2016年8月31日前给付了胡某工程款220000元，于2017年1月15日给付了胡某工程款150000元，共计袁某已给付胡某工程款1110000元，袁某尚欠胡某工程款74755元未付。后胡某向袁某催收工程款，袁某以有5个机械冲孔灌注桩不合格、业主单位A县房产局没有结算为由拒付，故胡某诉至本院。

律师点评　根据《民法典》第七百九十三条，在建设工程施工合同被认定为无效的情况下，如果工程经验收合格的，承包人可以参照合同关于工程价款的约定要求折价补偿；但如果工程质量不合格的，须待修复验收合格后，承包人才能要求折价补偿；如果经维修后仍不能通过验收，承包人关于折价补偿的请求则可能得不到支持。因此，虽然胡某的主要诉讼请求是要求袁某支付尚欠工程款，但本案的焦点在于案涉工程质量是否满足付款条件。

【检测情况】

2016年7月6日，经业主单位A县房产局委托，某工程质量检测有限公司对胡某施工的机械冲孔灌注桩进行了检测，检测结果：3号楼的30号桩及5号楼的127号、154号、157号、172号桩底有沉渣，为Ⅳ类桩，属于不合格桩。

律师点评　该检测结果是由业主单位委托的检测机构出具，而不是由法院在诉讼过程中依法委托司法鉴定机构作出，因此并非《民事诉讼法》所规定证据形式当中的鉴定意见。

该检测结果涉及Ⅳ类桩的表述，桩基检测中根据桩身完整性的不同，将桩分为了四类。Ⅰ类桩：桩身完整且能正常使用；Ⅱ类桩：桩身基本完整仅有轻度缺陷，仍可使用；Ⅲ类桩：桩身缺陷明显影响桩身结构承载力；Ⅳ类桩：桩身缺陷严重影响桩身结构承载力。袁某将出现四类桩作为了拒向胡某支付工程款的主要理由。

【一审阶段法院观点】

本案系建设工程施工合同纠纷。原告胡某与被告袁某均不具有建筑资质，原告、被告签订的《机械冲孔桩劳务施工合同》属无效合同。胡某于2015年11月18日将完工的机械冲孔灌注桩工程交付袁某，并与袁某进行了结算，应视为该工程竣工验收合格。即使胡某施工的D公租的机械冲孔灌注桩中有3号楼的30号桩及5号楼的127号、154号、157号、172号桩为Ⅳ类桩，属于不合格桩，但前述桩是因为桩底有沉渣，不是桩柱断桩，根据双方在合同中约定的出现断桩检测不合格而造成的一切损失由胡某负责的约定，前述的5个机械冲孔灌注桩不属于合同约定的断桩，故胡某不承担责任。

根据《最高人民法院关于审理建设工程施工合同纠纷案件适用法律问题的解释》第二条"建设工程施工合同无效，但建设工程竣工验收合格，承包人请求参照合同约定支付工程价款的，应予支持"的规定，袁某可参照合同约定支付工程价款。

因除袁某已给付的工程款外，袁某尚欠胡某工程款74755元未付的事实，胡某提供了结算单予以证实，且袁某亦认可，故对胡某要求袁某支付74755元工程款的诉讼请求，本院予以支持。

律师点评

《民法典》第七百九十三条第三款规定："发包人对因建设工程不合格造成的损失有过错的，应当承担相应的责任。"实践当中，发包人对于工程不合格造成损失有过错的情形主要包括：①发包人提供的基础资料、设计文件等出现错误；②发包人提供或者指定购买的建筑材料、建筑构配件、设备不符合标准；③发包人直接指定不具备对应资质的分包人实施专业工程；④发包人有恶意压缩工期、要求降低施工标准、拒不履行配合义务等行为。

但本案的情况相对较为特殊，胡某所施工的桩当中出现了Ⅳ类桩，但当时双方已经结算，袁某已向胡某支付了绝大部分工程款，并且双方合同约定了灌注桩的质量和混凝土标高及导管埋深，由现场技术人员控制，归被告袁某负责。因此，法院结合结算情况和双方约定等因素进行考虑，认为胡某要求袁某支付尚欠工程款的诉请成立。以此而言，Ⅳ类桩的质量责任实际可能将由袁某承担。

【本案小结】

本案虽然所涉标的金额较小，但对于行业内而言，仍有一定的参考价值，主要体现在：

第一，关于质量责任的约定。案涉双方当事人关于质量责任划分的合同约定是较不清晰的，既约定了出现断桩检测不合格而造成的一切损失由胡某负责，又约定了灌注桩的质量和混凝土标高及导管埋深，归被告袁某负责，不清晰的约定导致出现质量问题后双方的争议较大，各执一词。因此，合同当中清晰的责任划分约定对于各方都很重要，这也是避免纠纷和化解矛盾的重要前提。

第二，关于实践中对于桩质量问题的判断。一方面，断桩和Ⅳ类桩并非同一概念，断桩是指桩不连续，分成了两段及以上的段数，可以认为是桩基工程最严重的事故，必须采取补桩或者其他措施，而Ⅳ类桩是指桩身缺陷严重影响桩身结构承载力，Ⅳ类桩的范围明显比断桩更广，本案当中法院明确指出了两者并不相同；另一方面，判断桩质量问题不仅要注意桩本身的质量，还可以考虑出现质量问题的桩和全部桩的数量比例，以本案而言，总共近200条桩，Ⅳ类桩有5条，袁某也派出了现场技术人员，并且和胡某之间也进行了结算，其抗辩胡某工程款之诉的理由较难成立。

问题18： 如何结合合同约定划分断桩责任？

【判决出处】

法院：广西壮族自治区南宁市（地区）中级人民法院

案号：（2012）南市民一终字第3105号

名称：甲公司与乙公司建设工程施工合同纠纷

【案情概况】

2006年4月25日，甲公司和乙公司签订了一份《桩基工程施工合同》，约定甲公司（甲方）将其承包的21号、22号、23号楼工程的桩基部分以包工包料的方式分包给乙公司（乙方）施工。在双方责任一栏规定，甲方于开工前负责施工场地三通一平，提供工程地质资料及地下管网线路资料和施工图纸，并保证场地不下陷，能使静压机正常施工，如未履行上述责任，造成工程延期，经甲方签证后工期顺延，并从第3天起按窝工费每台班300元；乙方则按施工规范、规程、甲方提供的图纸要求和监理工程师指令进行施工，保质、保量、保工期完成所承包的工程内容及相应辅助工作。在违约责任一栏规定，甲方不按约定付款，应向乙方赔偿迟纳金，迟纳金按迟付部分款每天万分之四计；乙方不能按合同工期竣工，工期每拖延一天按本合同工程造价万分之四支付违约金给甲方；乙方压桩过程中若桩破碎或断桩，是因地下障碍物造成的由甲方负责。

律师点评

　　本案纠纷是由于现场施工出现断桩等质量问题所引起的，实际还牵涉了造价、工期等事项。在甲公司和乙公司合同签订阶段，双方就工程资料、施工图纸、现场条件、地下障碍物等事项进行了约定，确定了双方的相应责任。

　　桩基工程是隐蔽工程，本身在施工过程中常会有不可预知、不可控的情况出现，如果这些情况发生，相应的责任和费用如何承担是各方都比较关注的问题。就本案而言，双方约定由甲公司保证场地不下陷、静压机能正常施工，并且在因地下障碍物造成桩破碎、断桩后甲方负责，虽然可能甲方承担了较大的风险，但由于双方就风险承担的约定并不违反法律、行政法规的强制性规定，相关约定属于意思自治的范畴，因此在讼争发生后成为法庭划分双方责任的重要依据之一。

　　合同签订后，乙公司进场施工。2006年7月底，22号、23号楼先后施工完毕。2006年7月，21号楼基桩工程经检测单位——某水文地质工程勘察院检测发现，较多管桩存在不同程度的缺陷，结果表明Ⅲ类桩28根，Ⅳ类桩54根，基本都是在桩顶下2.0～3.5m处断裂（回填土与原土之交界处）。2006年9月，对Ⅲ、Ⅳ类截除断裂桩后，2006年11月7日甲公司出具了一份《关于A省某地质队21号楼管桩基础质量事故的简要说明》，就原因分析一栏中说明"拟建场地原是鱼塘区，回填土厚3.0～5.0m，于2005年底从外围拉回粉质黏土回填，静压机压桩按桩基施工组织设计要求从中间向四周施工，但施工正值台风频繁期，连续大雨、暴雨不断，场地泥土被泡松软，造成静压机行走下陷的现象，以致产生侧向挤压位移，造成已施工的部分管桩在回填土与原土交界处倾斜、断裂，因管桩抗折性较差，在下陷较严重区域出现较多的Ⅲ、Ⅳ类桩"。

　　2006年11月10日，工程的建设单位、设计单位、监理单位、检测单位及施工单位组织了专家评审，针对管桩工程存在的问题进行了分析论证，形成《会议纪要》，专家分析认为：①造成管桩断裂的原因应是压桩地面下2～3m新近堆积填土，比较松散。压桩完成后管桩顶面与地面距离大多为0～1m，在压桩机行走过程中产生下沉及侧向挤压变形，其影响深度约为3m，对桩顶面进而深浅的管桩产生水平推力。由于管桩抗弯强度低，即产生断裂。施工方做静压桩施工多年，早期应能预测到这种情况，看来对此类问题经验不足。②从静载试验来看，断裂桩下段部分的单桩竖向承载力特征值满足设计要求，仍可作为基桩使用。③建议检测单位以后在做静载试验时多加一级荷载。④处理方法有两种：一种是将承台下移，承台坐落在断裂桩下段部分；另一种是将断裂桩上段部分截去，接桩至设计桩顶标高，保持承台埋深不变，现设计出的"桩基及承台布置修改图"采用的是第一种方法较为适宜，同意设计修改方案。⑤降低承台应注意，如降低较浅的不要紧，如过深的应接桩。⑥桩为高强桩，如有条件且花费不多则建议用断桩做抗剪试验，可为南宁静压桩施工积累一些经验。会议最终形成决定及要求：①造成管桩断裂的原因应是压桩地面下2～3m新近堆积填土，比较松散，又恰逢雨季。压桩完成后管桩顶面与地面距离大多为0～1m，在压桩机行走过程中产生下沉及侧向挤压变形，其影响深度约为3m，对桩顶面进而深浅的管桩产生水平推力。由于管桩抗弯强度低，即产生断裂。②各方对设计单位的处理方案均无异议，施工单位按照图纸尽快展开施工。③对于82根Ⅲ、Ⅳ类桩割出断裂桩头后要全部再做低应变，若下面仍有断裂，还要由设计单位出方案进行处理。

律师点评

断桩等质量问题发生后，甲公司出具了关于质量事故的简要说明；各方又组织了专家评审，形成了会议纪要。前述文件就断桩出现的原因进行了分析，并且提出了处理方案。

当然，相关说明和会议纪要的内容涉及原因分析和处理方案本是题中应有之义，但是专家评审会议纪要当中指出"施工方做静压桩施工多年，早期应能预测到这种情况，看来对此类问题经验不足"。该表述从字面理解可以认为表达了三层意思：①乙公司本应是有经验的承包商，对于处理案涉工程应当有丰富的经验；②乙公司对于现场情况应当并不陌生，并且能预测到可能出现的问题；③从乙公司实际施工的情况来看经验不足。虽然该表述没有直指乙公司对于出现断桩等质量问题负有责任，但在诉讼过程中成为甲公司要求乙公司承担责任的理由之一。

在工程行业内，发现工程质量问题后组织行业专家进行评审并出具意见、建议是常规操作，专家评审一般会分析问题出现原因、提出后续如何处理的指导意见，也可能会涉及相关责任如何划分的表述。在此需要指出的是，在诉讼过程中，一般并不能仅仅依据专家评审关于责任承担的表述来作为各方责任承担的依据，法院可能还会通过其他案件材料、启动鉴定程序等途径查明事实情况，最终确定如何划分责任。

会后，乙方组织劳务队按修改图纸补救施工。2006年12月29日，21号楼桩基工程通过建设、监理、勘察、设计、施工单位的综合验收。2008年2月4日，乙方向甲方递交21号、22号、23号楼桩基工程结算函、结算单以及结算凭证，要求甲方办理结算手续并支付工程款995625元，21号楼断桩处理费用另行商议。结算凭证上经甲方工地管理员王某签字确认的工作量为：①21号楼，完压桩长2655m，有效桩长2248.3m，桩数295根，塔式起重机36m；②22号楼，完压桩长2791m，有效桩长2677.5m，桩数297根；③23号楼，完压桩长2498m，有效桩长2115m，桩数297根，塔式起重机32m。

后甲乙双方因工程款支付等事项产生争议，乙方将甲方诉至法院，遂形成本案讼争。

律师点评

一般可能会认为，在出现工程质量问题后应由施工方承担责任，相应的维修和处理费用也应由施工方自行负担。但在实际情况当中其实并不尽然，如果是由于发包方或分包方的原因导致工程质量问题的，发包方或分包方也需要承担相应的责任。因此，本案当中，乙公司要求甲公司确认断桩处理工作量的行为是必要的，这样在确认断桩责任划分后也可以明确断桩处理费用如何承担，避免了因断桩处理工作量不明确导致的讼累甚至权利难以实现。

【一审阶段法院观点】

关于断桩的责任认定问题。根据工程建设、设计、监理、检测及施工方组织的专家评审会所形成的结论意见，造成管桩断裂的原因是压桩地面下2～3m新近堆积填土，比较松散，又恰逢雨季，压桩机行走过程中产生下沉及侧向挤压变形。显然，该工程事故与施工场地地质结构有关。而根据乙公司、甲公司双方签订的《桩基工程施工合同》第五条关于甲公司责任一栏已明确约定"甲公司于开工前负责施工场地三通一平，提供工程地质资料及地下管网线路资料和施工图纸，并保证场地不下陷，保证静压机正常施工"，即甲公司负有保证施工场地符合静压机正常施工条件的保障义务，但本案中并无证据显示甲公司已按照合同约定向乙公司提供了工程地质资料，履行了告知义务，同时亦无证据显示甲公司采取了相应措施保证施工场地不下陷，至于专家分析意见中认为乙公司经验不足，也仅是针对乙公司对施工场地条件的预判不足，该不足之处相较于甲公司对施工场地所负的保障义务而言，不能构成法律上的过错或违约。据此，乙公司认定造成基桩施工过程中管桩断裂这一事故，系甲公司未能履行场地保障义务所致，责任不在于乙公司。因此，依照《合同法》第二百八十三条之规定，乙公司不仅可以顺延工程日期，还有权要求甲公司支付因采取补救施工而导致工程量增加的工程价款。相反，甲公司以管桩断裂责任在于乙公司以及乙公司延误工期为由，主张乙公司返还工程款、支付延期违约金以及赔偿延期的各项经济损失，则缺乏事实及法律依据，一审法院不予支持。

> **律师点评**
>
> 　　双方约定由甲公司负责提供工程地质资料、确保现场施工条件，并且甲公司未能举证履行了前述义务，因此一审法院认定应由甲公司承担工期延误和工程量、工程款增加的责任，其要求乙公司返还工程款及承担各项经济损失的要求则不予支持。

【二审阶段法院观点】

　　一审法院认定甲公司未能履行场地不下陷、能使静压机正常施工的义务，应承担断桩责任正确，本院予以维持。

> **律师点评**
>
> 　　本案二审驳回了甲公司的上诉，维持原判。本案中，乙公司未承担断桩的责任，主要是其与甲公司签订的《桩基工程施工合同》中明确

约定，甲公司应于开工前负责施工场地三通一平，提供工程地质资料及地下管网线路资料和施工图纸，并保证场地不下陷，保证静压机正常施工。

本案中，经专家评审后曾出具《会议纪要》，其中提及施工单位经验不足。该表述意在论证施工单位应是有经验的承包人，其需对断桩承担一定的注意义务。对此，我们认为：①施工单位的注意义务是指合理的注意义务，不宜被扩大解释。本案中，施工单位如已严格按照设计规范及要求，履行了相应的施工工作，且在发现断桩后及时通知了发包人，则已履行必要的注意义务。至于对现场地质进行全面评估预测已然超出施工单位的合理注意范畴。②即便出现本案所涉土质松软等"不利物质条件"，在实务中，作为有经验的施工单位的义务主要是采取克服不利物质条件的合理措施继续施工，并及时通知发包人和监理人（具体可参照《建设工程施工合同》GF—2017—0201通用条款第7.6条，或《建设项目工程总承包合同》GF—2020—0216通用条款第4.8条），并非直接要求施工单位承担因"不利物质条件"出现而发生的损失。

【本案小结】

针对本案所涉工程质量纠纷，工程参建方需要结合项目具体情况，在实际工作中重点关注以下事项：

第一，对于桩基分包方而言，在施工过程中如发现实际情况发生变化，应及时告知相关各方并按程序采取措施。案涉工程桩基施工过程中出现了连续大雨、场地泥土被泡松软、静压机行走下陷等现象，在这种情况下，如果按照原计划施工很可能造成质量安全问题，实际上也确实出现了断桩。虽然经法院判决乙公司作为分包方没有承担相应的责任，但增加了费用、延误了工期也是事实，这造成了项目的损失和企业的讼累，对乙公司也是不利的。因此，如果遇有极端天气、场地变化等不确定因素，分包商还是应当及时告知相关各方、采取措施尽可能避免质量问题的发生。

第二，对于总包方而言，应注意合同关于风险分配的约定和现场情况的交接确认。本案中，法院认定双方责任划分的主要依据是合同当中关于风险分配的条款，正是因为甲公司明确书面认可了相应风险由其承担，最终导致其抗辩理由未被支持、反诉请求全部驳回。以此而言，作为总包方在与桩基工程分包方签约时应对质量问题责任划分结合实际情况尽可能斟酌。此外，关于现场情况，总包方其实也可以在桩基分包方进场前进行交接确认，明确现场情况是否符合施工条件，这样既能督促桩基分包方对现场进行切实的踏勘检查，也能在后续发生质量问题时更好地维护权益。

第三，对于建设单位而言，在主张权益时仍然可以要求总包方和桩基分包方承担连带责任。原《合同法》第二百七十二条第二款规定："总承包人或者勘察、设计、施工承包人经发包人同意，可以将自己承包的部分工作交由第三人完成。第三人就其完成的工作成果与总承包人或者勘察、设计、施工承包人向发包人承担连带责任。"《民法典》也有类似规定。虽然本案当中对甲公司、乙公司之间的责任进行了划分，但是建设单位如果主张因质量问题导致的损失，仍然可以依法要求总包方、桩基分包方承担连带责任。

问题 19： 如何结合过程资料、检测报告判断坏桩情况？

【判决出处】

法院：浙江省台州市椒江区人民法院

案号：（2021）浙1002民初5658号

名称：甲公司、乙公司合同纠纷

【案情概况】

2018年4月25日，原告甲公司作为需方，被告乙公司作为供方，签订《建材先张法预应力混凝土管桩购销合同》（以下简称《管桩购销合同》）一份。该合同约定，甲公司向乙公司购买预应力混凝土管桩，产品型号为PC600110A，桩长为15m，总计长度为36480m，合计单价为182元/m，总计金额为6639360元。供方应随货提供抗弯检测等有关材料报告，到达工地前的检测费由供方承担。供方将产品运到需方工地，提交产品质量检验报告、合格证书，经需方代表人或其指定收货人验查且在产品交货验收单上签字后即为外观验收完毕。在施工过程中出现断桩、裂桩情况的，供方无条件负责退货、调换（如需补桩的，以设计院出具的补桩联系单并经需方签字认可后方可补桩）。供方责任：产品必须同时符合浙江省建筑标准设计结构标准图集（图集号：2010浙G22）和需方设计图纸要求的质量标准、型号、规格，出厂产品必须附有出厂合格证；在施工过程中，因产品质量引起的坏桩，需方（或施工方）应及时通知供方，供方应在收到需方损坏通知后24h内赶到施工现场处理。供方接到通知后未按期到现场处理的，视为供方认可产品质量有问题，并同意承担责任。

> **律师点评**
>
> 涉及建设工程质量的争议纠纷一旦成讼，绝大部分案由会归类到建设工程合同纠纷，本案则有所不同，根据案件性质被归类为买卖合同纠纷。因此分析本案焦点问题，需要区分买卖合同与建设工程施工合同之间的区别：买卖合同是出卖人转移标的物的所有权于买受人，买受人支付价款的合同；建设工程合同是承包人进行工程建设，发包人支付价款的合同，包括工程勘察合同、设计合同、施工合同。

合同签订后，被告乙公司于2018年7月4日至同年10月17日间陆续向原告甲公司供应管桩共计33646m（已扣除退桩数）。施工单位、设计单位、勘察单位、监理单位和建设单位一致确认，2018年7月19日经对倒班宿舍34号桩试（打）桩，确定试打工程控制标准为：以桩长控制为主，贯入度为辅，最后10cm不小于30击。2018年8月31日，施工单位出具编号004的《工程技术联系单》，内容提要为在桩基施工中，82号桩送到桩顶标高-6.4m贯入度达不到要求，桩身疑似较深部位破碎，该桩按废桩处理，原3桩承台改为4桩承台，在其桩两侧各补打156号桩、157号桩；监理单位、建设单位、设计单位一致签署同意的意见。原告甲公司和被告乙公司双方还曾就管桩送货和现场问题等事宜多次进行沟通。

> **律师点评**
>
> 施工单位出具的编号004的《工程技术联系单》对于82号桩的情况描述为"疑似较深部位破碎"，这主要是基于现场施工情况和经验判断，并且取得了监理单位、设计单位等书面同意，成为法院判断基本事实情况的考虑因素之一。

后原告甲公司认为被告乙公司所供管桩在施工过程中出现了断桩、裂桩现象，且供货不及时，因此诉至法院，要求被告乙公司赔偿损失。

【检测情况】

应原告甲公司委托，某检测公司于2018年8月6日作出编号为L1118004的《先张法预应力混凝土管桩抗裂性能检测报告》，载明检测结论为判定受检管桩的抗裂性能合格。经施工单位、设计单位、勘察单位、监理单位和建设单位确认，某检测公司于同年10月26日作出编号为L011800255的《预应力管桩单桩竖向抗压静载试验报告》，载明该中心于2018年10月1日对涉案倒班宿舍工程指定的3根基桩进行单桩竖向抗压静载试验，静荷载试验的结果表明：其中1号桩的单桩竖向抗压承载力不满足设计要求；41号桩和69号桩的单桩竖向抗压承载力满足设计要求。同日，作出编号为L011800437的《预应力管桩单桩竖向抗压静载试验报告》，载明该中心于2018年10月17日进场对涉案倒班宿舍工程指定的2根基桩进行单桩竖向抗压静载试验，静荷载试验的结果表明：所测两根桩的单桩竖向抗压承载力满足设计要求。同年11月26日，针对车间一、车间二、车间三工程分别作出《预应力管桩单桩竖向抗压静载试验报告》，结果表明：所测三根桩的单桩竖向抗压承载力满足设计要求。

应原告甲公司委托，某检测公司于2018年12月7日作出两份《基桩低应变动力检测报告》。编号为L031800310的《基桩低应变动力检测报告》载明该中心于2018年11月23日进场对涉案倒班宿舍工程指定的80根基桩进行低应变法检测，1～80号桩桩号连续，动测结果为：其中，1号桩桩身完整，施工日期为7月25日，属Ⅰ类桩；41号桩、42号桩身完整，施工日期均为7月31日，均属Ⅰ类桩。编号为L031800329的《基桩低应变动力检测报告》载明该中心于2018年11月22日至2018年11月29日对涉案车间二工程指定的154根基桩进行低应变法检测，动测结果为：其中，152号桩、153号桩桩身完整，施工日期均为8月10日，均属Ⅰ类桩；154号桩桩身完整，施工日期为8月12日，属Ⅰ类桩；155号桩桩身完整，施工日期为8月13日，属Ⅰ类桩；156号桩、157号桩桩身完整，施工日期均为9月1日，均属Ⅰ类桩；没有记载1号桩、66号桩和82号桩的动测结果。应原告甲公司委托，某检测公司于2019年6月26日作出编号为L031900154的《基桩低应变动力检测报告》，载明该中心于2019年1月21日至同年6月25日对涉案车间一工程指定的136根基桩进行低应变法检测。

应原告甲公司委托，某检测公司于2019年6月29日作出编号为L031900168的《基桩低应变动力检测报告》，载明该中心于2019年6月25日对涉案车间三工程指定的174根基桩进行低应变法检测，动测结果为：其中，93号桩桩身完整，施工日期为9月24日，属Ⅰ类桩；94号桩桩身完整，施工日期为9月15日，属Ⅰ类桩；172号桩、173号桩桩身完整，施工日期均为9月5日，均属Ⅰ类桩；174号桩桩身完整，施工日期为9月19日，属Ⅰ类桩；175号桩桩身完整，施工日期为9月19

日，属Ⅰ类桩；176号桩、177号桩桩身完整，施工日期均为9月23日，均属Ⅰ类桩；没有记载4号桩、35号桩和68号桩的动测结果；且没有反映出有178号桩的存在。

律师点评

一般而言，如果当事人在诉讼前已共同委托专业机构或人员对预制桩质量等事项出具检测意见，并且当事人均明确表示受该检测意见约束的情况下，该检测意见在诉讼过程中会被法院采纳作为认定基本事实的依据。当然，也会有较为特殊的情况，比如：专业机构或人员本身没有相应的资质资格、检测过程明显违反国家规定或规范要求，如果当事人对于前述情况能够举证到位，法院也会酌情考虑是否另行启动司法鉴定程序。

就本案而言，虽然某检测公司是受原告甲公司单方委托出具了检测报告，但有一部分监测情况得到了施工单位、设计单位、勘察单位、监理单位等确认，因此法院将检测报告作为了判断桩质量是否合格的依据之一。

【一审阶段法院观点】

原告甲公司主张被告乙公司提供的管桩存在质量问题，其提供的新闻报道所涉抽样检测情况发生在2020年9月，迟于本案供桩时间两年之久，与本案处理无关；其提供的《桩基基桩竖向抗压检测桩号确认单》后附的《基桩检测委托书》是原告甲公司为了委托某检测公司进行管桩单桩竖向抗压静载试验，而根据其提供的《工程技术联系单》内容编制，故应以《工程技术联系单》反映的内容为准。根据《管桩购销合同》约定，被告乙公司无条件负责退货、调换，前提是管桩在施工过程中，出现断桩、裂桩情况，现原告甲公司提供的九份《工程技术联系单》记载的事由均为涉案单桩未达到设计要求，其中：

涉及倒班宿舍工程的是编号001和009的《工程技术联系单》。001号《工程技术联系单》记载内容提要为在桩基施工中，42号桩送到设计标高贯入度达不到要求，采用绳测量桩身，约26m处疑似破碎，为保证质量，在其桩位外补打1根，落款时间为2018年8月5日。009号《工程技术联系单》记载内容提要为本工程桩基静载试验中，41号桩当加载到最后一级4100kN时，桩身破坏断裂，该桩按废桩处理，在其桩东西两侧各补打81号、82号桩，落款时间为2018年10月6日。而某检测公司所作《基桩低应变动力检测报告》却记载41号桩、42号桩的检测结果均为桩身完整，施工日期均为2018年7月31日，该份报告也没有记载倒班宿舍工程有81号桩和82号桩；且某检测公司在《预应力管桩单桩竖向抗压静载试验报告》载明，该中心于2018年10月1日对涉案倒班宿舍工程指定的3根基桩进行单桩竖向抗压静载试验，其中41号桩的单桩竖向抗压承载力满足设计要求，故对原告甲公司根据上述两份《工程技术联系单》所主张的41号、42号管桩有质量问题的抗辩，本院不予采信。

002号、003号、004号《工程技术联系单》涉及的是车间二工程。002号《工程技术联系单》内容提要为在桩基施工中，1号桩送到设计标高贯入度达不到要求，后经测绳测量桩身在约25m处疑似破碎，该桩作废桩处理，在其桩东西侧各补打152号桩、153号桩，落款时间为2018年8月11日。003号《工程技术联系单》内容提要为在桩基施工中，66号桩送到设计标高贯入度达不到要求，桩身疑似较深部位破碎，该桩作废桩处理，在其桩东西侧各补打154号桩、155号桩，落款时间为2018年8月13日。某检测公司在《基桩低应变动力检测报告》虽然没有记载有1号桩、66号桩的动测结果，155号桩的施工日期为2018年8月13日，却反映出152号桩、153号桩、154号桩的施工日期均早于《工程技术联系单》落款时间，152号桩、153号桩施工日期均为2018年8月10日，154号桩的施工日期为2018年8月12日，故对原告甲公司根据002号、003号《工程技术联系单》所主张的管桩质量问题，本院不予采信。

004号《工程技术联系单》内容提要为在桩基施工中，82号桩送到桩顶标高−6.4m贯入度达不到要求，桩身疑似较深部位破碎，该桩作废桩处理，在其桩两侧各补打156号桩、157号桩，落款时间为2018年8月31日；与原告甲公司提供的其工作人员与被告乙公司工作人员当天就管桩质量问题的微信聊天内容相吻合，且《基桩低应变动力检测报告》也没有将82号桩列为受检桩，156号桩、157号桩的补桩施工日期均为2018年9月1日，当属正常，故本院对原告甲公司所提的82号桩出现断裂的主张，本院予以采信。

005号、006号、007号、008号《工程技术联系单》均涉及车间三工程。007号《工程技术联系单》内容提要为在桩基施工过程中，4号桩送到桩顶标高−2.00m贯入度达不到要求，桩身疑似30m部位破碎，该桩作废桩处理，在其桩南北两侧各补打176号桩、177号桩，施工单位落款日期为2018年9月23日，建设单位表态同意的时间为2018年9月26日。008号《工程技术联系单》内容提要为在桩基施工过程中，93号桩送到桩顶标高−6.80m贯入度达不到要求，桩身疑似深层部位破碎，该桩按废桩处理，在其桩北侧2.40m补打178号桩，落款日期为2018年9月26日。

而《基桩低应变动力检测报告》虽然没有记载4号桩的动测结果，但记载93号桩桩身完整，施工日期为2018年9月24日；176号桩、177号桩的施工日期均为2018年9月23日，没有178号桩的动测结果记录，故对原告甲公司所作出的4号桩、93号桩破裂的主张，本院不予采信。

虽然落款日期为2018年9月5日的005号《工程技术联系单》记载，68号桩按废桩处理，在其桩东西两侧补打的172号桩、173号桩。落款日期为2018年9月18日的006号《工程技术联系单》记载35号桩作废桩处理，在其桩东西两侧各补打174号桩、175号桩，与《基桩低应变动力检测报告》所得动测结果记载并不矛盾，根据《试（打）桩工程记录》确定的试打工程桩控制标准为以桩长控制为主，贯入度为辅。但005号、006号《工程技术联系单》对68号桩、35号桩按废桩处理，均系因桩送到桩顶标高贯入度达不到要求，就疑似桩身破碎，现原告甲公司并未提供证据进一步佐证35号桩、68号桩确在施工过程中出现断裂；其也未提供证据证明其已按照合同约定，将35号桩、68号桩系因质量引起坏桩情况及时通知被告乙公司，以便被告乙公司在接到通知后24h内赶到现场处理，故对原告甲公司所提35号桩、68号桩存在质量问题的主张，本院不予采信。

律师点评　　法院对于桩是否存在质量问题的主要判断依据包括：第一是检测报告，具体的关注点包括检测报告是否有桩的检测记录、桩检测结果的具体情况等；第二是《工程技术联系单》等施工过程资料，具体的关注点包括是否能与检测报告互相印证，是否得到了监理单位、设计单位等书面确认；第三是原被告双方工作人员的交流记录，虽然交流记录可能没有检测报告和《工程技术联系单》等施工过程资料正式，但也能对现场情况进行印证。

【本案小结】

本案当中，原告甲公司的诉请要求被告乙公司赔偿补桩的经济损失计39万余元，一审判决支持的金额为2万余元，仅为诉请金额的十分之一不到。现实当中，预制桩购买方因为桩质量问题追究出售方的责任虽然看似简单，但其实在实践过程中有较多环节需要注意，主要包括：

第一，在进场环节。本案当中，双方约定应随货提供抗弯检测等有关材料报告，将货物运到现场需提交产品质量检验报告、合格证书，验查后在产品交货验收单上签字。该方式可供参考，由于施工单位相较于建设单位一般具备更丰富的经验，还可以考虑邀请施工单位进行查验，争取及早发现问题。

第二，在打桩环节。本案当中，双方又约定在施工过程中出现断桩、裂桩情况的，出卖方无条件负责退货、调换。但双方争议一旦形成讼争，购买方仍可能面临两个问题需要解决：一方面，预制桩打入地下后情况即不能直接观察，是否出现了断桩、坏桩较难确定，这需要专业机构进行检测；另一方面，出卖方可能主张预制桩本身并没有问题，是由于施工方式等原因导致了断桩、坏桩，要求免责，这就需要施工记录、监理记录较为完备，对出卖方的主张进行抗辩。

第三，在质量问题处理环节。本案当中，原告甲公司已委托专业机构进行了现场检测，检测结果表明绝大部分桩并未出现断桩、坏桩的情况，在这种情况下如能争取双方就质量问题达成和解，可能比起诉更能节约当事人的精力。

1.12 桩位偏差

【名词解释】

桩设计位置与实际位置之间出现偏差。

【规范条文】

《建筑地基基础工程施工质量验收标准》GB 50202—2018

5.1.1 ……桩基工程施工前应对放好的轴线和桩位进行复核。群桩桩位的放样允许偏差应为20mm，单排桩桩位的放样允许偏差应为10mm。

问题20： 没有图纸的情况下如何处理桩位偏差争议？

【判决出处】

法院：广东省潮州市中级人民法院

案号：（2017）粤51民终453号

名称：郑某波、郑某彬建设工程施工合同纠纷

【案情概况】

2015年11月，郑某波在其位于凤塘镇新乡村的集体土地上建造楼房，设计建造楼房为5层。郑某波将地基打桩工程以口头协议方式发包给郑某彬，主体工程则发包给甘某祥。郑某彬遂组织打桩施工，至2015年12月打桩施工完毕，打桩工程价款计53800元。2016年1月，郑某波组织验收，确认郑某彬所灌注的水泥桩个体强度符合技术要求，但有多条桩位置误差达到60cm左右。双方经与设计人员和主体工程承包人甘某祥协商研究，确定以加大地梁、承台和钢筋尺寸方法解决桩位误差引起的质量问题，地梁和承台工程已于2016年1月完工。截至2016年1月26日，郑某波共支付给郑某彬打桩工程款31800元，尚欠工程款22000元，对此郑某波本人已在结算单上签名予以确认。此后，因对桩位误差造成损失的责任承担问题无法达成一致意见，郑某波拒绝继续支付打桩款。郑某彬经催讨无果，遂以在工地门口堆土等方式阻挠郑某波施工。经当地相关部门调解无效，郑某彬遂诉至本院。

律师点评

现实当中的工程类型是多种多样的，农民建房也是工程类型的一种。由于传统和现实的多种因素，农民建房往往具备投资小、技术简单的特点，因此相关部门在处理农民建房相关事务时也会根据这些特点分门别类进行处理。

以施工许可为例，《建筑工程施工许可管理办法》第二条第二款规定："工程投资额在30万元以下或者建筑面积在300平方米以下的建筑工程，可以不申请办理施工许可证。省、自治区、直辖市人民政府住房城乡建设主管部门可以根据当地的实际情况，对限额进行调整，并报国务院住房城乡建设主管部门备案。"实践当中，相当一部分农民建房符合这一条件，可以不申请办理施工许可证。

又以民事案件案由为例，《民事案件案由规定》建设工程合同纠纷当中既包括建设工程施工合同纠纷，也包括农村建房施工合同纠纷。

本案虽然基本事实和法律关系均较为简单明晰，但法院受理后首先就需要明确本案的案由，只有明确了案由，后续适用的法律条款才能确定。具体而言，案涉工程达五层，并且采用了桩基形式的基础，已经超出了一般的农民建房的范畴。并且，案件所在的广东省潮州市还曾于2018年发布过《潮州市城乡村民住宅建设管理办法（试行）》，明确规定了建设城乡村民住宅的，建筑层数和层高要求为建筑层数不得超过4层，高度不得超过15m。因此，本案案由被确定为建设工程施工合同纠纷而不是农村建房施工合同纠纷。

【一审阶段法院观点】

郑某波在集体土地上建房，设计楼房高达5层，超过"农民自建低层住宅"范围，应依照《建筑法》申报、设计和施工。郑某波将楼房基础打桩工程发包给郑某彬，双方之间形成的是建设工程施工合同关系，而不是一般的承揽合同关系。双方以口头方式订立建设工程施工合同，违反《合同法》第二百七十条关于"建设工程合同应当采用书面形式"的规定。且郑某波未依法办理建房申报手续，未委托有资质单位设计、施工；郑某彬不具有建设工程施工资质而承接建设工程，双方的行为均违反了法律、法规的强制性规定，故合同无效。对此，双方均应负相应的法律责任。鉴于郑某彬承接的打桩工程已经完成，并经郑某波组织验收，且已经实际使用进行后续施工，现郑某彬请求郑某波按照结欠数额支付价款，参照《最高人民法院关于审理建设工程施工合同纠纷案件适用法律问题的解释》第二条关于"建设工程施工合同无效，但建设工程经竣工验收合格，承包人请求参照合同约定支付工程价款的，应予支持"的规定，可予支持。郑某波提出郑某彬应对桩位误差质量问题等承担相应责任，既未能提供相应充分证据，又未明确提出反诉请求，故对其主张本案不予处理，郑某波可另行主张权利。

律师点评　本案一审阶段，郑某波为拒付工程款所提出的抗辩理由为郑某彬应对桩位误差质量问题等承担相应责任，但是该抗辩理由未被采纳，根本的原因则在于到底是否存在桩位偏差难以举证。

《建设工程质量管理条例》第二十八条第一款规定："施工单位必须按照工程设计图纸和施工技术标准施工，不得擅自修改工程设计，不得偷工减料。"但是，本案当中既没有设计图纸，也没有签订合同，双方对于桩位其实没有明确、可量化的约定，有偏差的前提是有标准、有依据，在标准、依据都没有的情况下难以判断是否存在偏差。虽然一审法院在阐述基本事实时有"2016年1

月，郑某波组织验收，确认郑某彬所灌注的水泥桩个体强度符合技术要求，但有多条桩位置误差达到60cm左右"的表述，但这仅是郑某波单方主张的情况，因没有图纸或其他书面材料，其实未能举证到位。

【二审阶段法院观点】

一审法院判令郑某波向郑某彬支付工程款并无不当，本院应予维持。

律师点评

二审法院驳回了郑某波的上诉请求，维持原判。在二审阶段，郑某波提供了照片若干，用以证明郑某彬所灌注的水泥桩存在位置误差的质量问题。实际上，在建设工程施工合同纠纷案件中，将现场照片作为证据提交用以证明己方观点的方式是比较常见的。但需要指出的是，由于工程行业的专业性，照片常常只能显示当时的现场情况，而无法对工程质量等事项进行定性和定量的说明，因此很可能还需要结合其他证据材料才能进行较为清晰的阐释。就本案而言，即使郑某波提交了现场照片，但其实也仅仅能够证明现场桩基数量、位置等大概情况，至于是否出现偏差、偏差多少都难以说明，相关专业问题实际上还是需要通过图纸等材料和现场对比才能得出结论，郑某波最终还是因难以举证承担了不利后果。

并且，即使郑某波后续就案涉工程质量问题通过诉讼向郑某彬主张权利，在举证方面也是存在难度的。桩基工程是隐蔽工程，在主体工程施工完成后确认位置相较于施工完成前更难，更何况本身即缺乏图纸进行对比、分析。因此，图纸或关于桩基位置的技术条款是判断桩位是否有偏差的主要依据之一。

【本案小结】

当合同无效的时候，如何确定工程质量标准也是本案中值得讨论和研究的难点。关于工程结算问题，即便合同无效，承包人也可以根据《民法典》第七百九十三条的规定，在确保建设工程验收合格后，参照合同关于工程价款的约定获取折价补偿。但当合同无效时，双方关于工程质量的约定是否也能被参照适用，尚缺乏法律作针对性规范。此时，需确定案涉工程质量是否符合要求。对此可以从以下角度考虑：

判断工程质量是否符合要求可分两个层面判断：第一层，是否符合双方约定的标准；第二层，是否符合国家强制性标准。在合同无效的情况下，双方就工程质量相关约定可能也会被认定为无效，但这并不等于无法就案涉工程质量进行评判衡量。

第一，按照《民法典》第七百九十九条第一款的规定："建设工程竣工后，发包人应当根据施工图纸及说明书、国家颁发的施工验收规范和质量检验标准及时进行验收"，当施工合同无效时，施工图纸及说明并非当然无效。在实务中，判断施工图纸及说明的效力，主要从图纸的出图、审图等程序合法性来判断。依据《建设工程质量管理条例》第十一条规定："施工图设计文件审查的具体办法，由国务院建设行政主管部门、国务院其他有关部门制定。施工图设计文件未经审查批准的，不得使用"，若工程所涉设计文件已经过审查批准，则一般就可作为工程质量验收依据。

第二，参照《民法典》第五百一十一条第一款的约定："当事人就有关合同内容约定不明确，依据前条规定仍不能确定的，适用下列规定：（一）质量要求不明确的，按照强制性国家标准履行；没有强制性国家标准的，按照推荐性国家标准履行；没有推荐性国家标准的，按照行业标准履行；没有国家标准、行业标准的，按照通常标准或者符合合同目的的特定标准履行……"在合同无效或约定不明的情况下，国家标准、行业标准也可作为评价工程质量的依据之一。

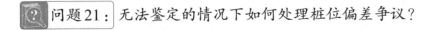 **问题21：** 无法鉴定的情况下如何处理桩位偏差争议？

【判决出处】

法院：四川省成都市中级人民法院

案号：（2019）川01民终1855号

名称：甲公司、乙公司建设工程施工合同纠纷

【案情概况】

2012年12月10日，甲公司与乙公司签订《某广场项目护坡、降水及土石方挖运工程合同》，合同约定甲公司将其开发的某广场项目护坡、降水及土石方挖运工程发包给乙公司施工，合同总价5500万元，合同总价为按发包方图纸及规范总价

包干性质。

2014年9月30日，案涉工程竣工验收，工程监理单位丙公司出具的《监理基坑验收意见》，其中载明：2014年9月23日对基坑验收项目进行了复查，项目工程设计合理，施工方法基本正确，所含各分部分项工程资料齐全，相关材料、试件测试合格，施工中没有发生重大质量问题和安全事故，实测实量部分检测结果符合规范规定，观感验收合格。监理评估本工程已按国家法律法规、施工设计文件及施工合同完成，质量等级为合格。

律师点评

　　工程监理单位依法代表建设单位对施工质量实施监督，并对施工质量承担相应责任。监理单位的主要职责是对工程质量进行监督管理，以旁站、巡视和平行检验等形式，对建设工程施工开展监理工作。监理单位接受建设单位委托后，可在资质许可及授权范围内，对工程施工进度、投资、安全等事项进行监督管理、协调参建各方关系。

　　本案中的《监理基坑验收意见》是监理单位根据法律法规、专业规范、设计图纸、施工合同、施工组织计划等文件对分部分项工程进行检查验收形成的验收意见，并针对施工质量、过程资料等事项出具意见。

后因工程款纠纷，乙公司诉至法院，要求甲公司支付所欠工程款、逾期付款利息并承担诉讼费用，甲公司则提起反诉，称案涉工程存在支护桩错位（平面位置偏移）等质量问题。

【鉴定情况】

本案中，甲公司主张案涉工程存在支护桩错位（平面位置偏移）等质量问题，甲公司举出：①委托丁设计研究院2015年12月16日作出的《测绘成果报告》；②监理单位丙公司于2015年12月15日出具《关于某广场基础支护桩平面位置偏移的说明》，其中载明，根据测量结果发现有9段支护桩位置向基坑内偏移，影响后续正式工程平面布置，造成建筑物需向内缩小，减少房屋建筑面积。该结论与监理单位丙公司2014年9月23日出具的监理基坑验收意见不一致。乙公司对甲公司单方委托丁设计研究院作出的《测绘成果报告》不予认可。

律师点评　　《最高人民法院关于民事诉讼证据的若干规定》第四十一条规定：
"对于一方当事人就专门性问题自行委托有关机构或者人员出具的意
见，另一方当事人有证据或者理由足以反驳并申请鉴定的，人民法院应予准
许。"以此而言，允许当事人单方委托专业机构进行检测，但另一方当事人有证
据反驳并且申请鉴定的，人民法院将依法启动司法鉴定程序。本案中，甲公司
虽然提供了单方委托专业机构所出具的材料，证明案涉工程存在桩位偏差，但
这与工程监理单位丙公司出具《监理基坑验收意见》质量等级为合格的表述相
互矛盾。

　　针对双方工程质量争议，一审法院于2018年6月委托某建筑工程质量检测中
心开展质量鉴定。2018年10月，鉴定机构向一审法院回函表示，案涉基坑支护段
目前已回填，部分主体结构已修建至±0.00标高，针对委托鉴定事项，可以实施
以下内容：对案涉基坑支护桩施工质量部分是否满足国家标准及设计文件要求进
行鉴定，对桩位与设计图纸要求桩位平面偏差量进行鉴定。无法实施以下内容：
①案涉基坑支护桩施工质量部分内容是否符合国家标准、设计文件及施工合同约
定；②案涉基坑支护桩如存在质量问题，对损失进行鉴定；③案涉基坑支护桩如
存在质量问题，对原因及责任进行鉴定。因建筑工程质量检测中心无法实施鉴定
内容是一审法院对质量争议以及原因、责任、损失赔偿等进行裁判的重要依据，
如鉴定机构不能作出该方面的鉴定结论，就不能满足案件审理的需要，于是一审
法院终止了鉴定程序。

律师点评　　由于案涉基坑支护段目前已回填，部分主体结构已修建至±0.00
标高，检测单位的工作条件已不存在。本案当中法院启动鉴定工作，
归根结底是为了查明是否存在质量问题，以及如存在质量问题，原因是什么、
责任如何进行划分。然而，鉴定单位明确答复无法对前述事项进行鉴定，导致
了鉴定程序的终止。

　　此外，导致鉴定终结的常见情形还包括：①与鉴定工作有关的单位（个
人）不配合检验，经释明后仍拒不配合的；②鉴定过程中撤诉或者调解结案
的；③鉴定过程中出现新证据足以证明相关事实情况。

【一审阶段法院观点】

甲公司提出乙公司施工的案涉基坑支护桩工程存在支护桩错位（平面位置偏移）的问题。

因甲公司举出单方委托丁设计研究院作出的《测绘成果报告》，乙公司不认可；而且该工程监理单位丙公司于2014年9月23日出具的监理基坑验收意见与其在2015年12月15日出具基础支护桩平面位置偏移的说明结论不一致；一审法院委托建筑工程质量检测中心开展质量鉴定也未能作出鉴定结论，因此对案涉工程是否存在质量问题尚处于事实不清的状态，故本案对甲公司反诉请求第三项、第四项在本案中不作处理，甲公司可另案讼争。

> 律师点评　　根据民事诉讼"谁主张，谁举证"的一般原则，当事人对自己提出的主张有责任提供证据予以证明，当事人如未能履行举证义务，将承担举证不能的法律后果。在本案中，由于缺少关键证据来证明是否存在质量问题的基本事实情况，导致后续无法认定质量问题产生原因及责任承担主体。法院对甲公司关于乙公司施工质量问题的诉请"不作处理"，保留了甲公司另行起诉的诉权，是对当事人诉讼权利的一种保护。

【二审阶段法院观点】

二审法院维持了一审判决。

【本案小结】

由于建设工程质量纠纷涉及诸多专门性问题，因此鉴定工作对于相关案件的处理而言，其重要性是不言而喻的。但是现实情况千差万别，因种种因素不能开展鉴定工作的情况并不罕见。本案中，是否还可以通过其他途径来证明案涉工程存在桩位偏差等质量问题，可以尝试从以下方面考虑：

第一，对能鉴定的事项申请开展鉴定工作，所得出的结论能否结合其他证据材料来判断质量问题产生原因和归责对象。本案中鉴定单位表示"案涉基坑支护桩如存在质量问题，对原因及责任进行鉴定"无法实施，但是"对案涉基坑支护桩施工质量部分是否满足国家标准及设计文件要求进行鉴定，对桩位与设计图纸要求桩位平面偏差量进行鉴定"可以实施，是否可以尝试对可实施部分开展鉴定，并结合其他证据材料来探究原因、责任。

第二，是否可以对甲公司单方面提供的《测绘成果报告》进行验证。案涉工程于2014年9月30日竣工验收，《测绘成果报告》则是于2015年12月16日作出，形成于竣工验收之后。虽然乙公司对该成果报告不予认可，但现场是否还有验证该成果报告的现场条件仍是可以考虑的。

第三，是否可以申请其他鉴定单位或专家辅助人发表意见。虽然本案鉴定单位阐明了可以实施和不能实施的工作内容，但仍可以考虑申请其他鉴定单位或专家辅助人结合本案情况针对案涉工程鉴定事项发表意见，尽可能争取查明事实情况。

❓ 问题22：桩位偏差后如何在总包人和分包人之间划分责任？

【判决出处】

法院：福建省宁德市中级人民法院

案号：（2023）闽09民终49号

名称：许某、甲公司建设工程施工合同纠纷

【案情概况】

2020年8月19日，A市B街道C村民委员会（以下简称"C村委会"）作为发包人与甲公司作为承包人签订《建设工程施工合同》一份，约定C村委会将案涉工程发包给甲公司施工，工程内容包括地基基础及配套设施工程等（以施工图纸为依据，具体以工程量清单为准）。之后，甲公司作为甲方与许某作为乙方签订《桩机劳务合同》一份，合同开头约定甲公司将案涉工程的预应力高强钢筋混凝土管桩工程劳务施工发包给许某施工。

许某于2020年9月下旬进场施工，施工过程中甲公司陆续向许某提供了桩位总平面图、各幢楼的桩位平面图。2021年许某施工完成后，案涉工程被发现存在1号、2号、4号、5号、7号、9号、11号、13～16号、20号楼桩位反向问题，导致基桩工程验收不合格，案涉工程的建设、监理、设计、勘察、施工等单位于2021年8月6日召开专题会议，决定对桩基偏位问题进行返工重做。此后甲公司对上述问题进行了返工重做，产生分部分项工程费、措施项目费、设计变更费、补桩静载、动测费等损失合计2168132元。该返工工程现已完工。2022年5月23日，甲公司就本案诉至一审法院。

现实当中存在施工单位承揽到工程后进行转包或肢解后违法分包的情况，本案当中甲公司即是如此，甚至于肢解分包的对象是根本不可能具备施工资质的个人。由于个人不具备施工资质，也没有相应的技术力量，导致实际施工后发生了桩基偏位问题，甲公司作为总包方返工重做，后续又将分包方许某诉至法院，要求其承担相关费用。

建设工程质量纠纷不仅可能发生于发包方和承包方之间，也可能发生在承包方与分包方或实际施工人之间，本案的情况即属于后者。无论是违法分包的承包人甲公司，还是没有资质的实际施工人许某，对于桩基偏位其实都存在过错：甲公司作为行业内的企业明知许某没有资质却将自己承揽到的地基基础等工程分包给许某，许某作为个人没有施工资质和技术力量却进行施工工作，出现了桩基偏位的情况。如何在两者之间划分责任，则需要考虑多种因素，本案一审酌定甲公司、许某按4:6比例对桩位偏差损失承担过错责任，二审则改判为甲公司、许某按7:3比例承担责任，相应的理由我们可以进行思考。

【一审阶段法院观点】

关于出现本案桩位偏差的过错在哪一方的问题。庭审中，双方均确认造成桩位偏差的原因在于管桩施工中的测量放样错误。双方签订的《桩机劳务合同》虽认定无效，但其中约定的条款可作为认定双方过错的依据之一。

根据该合同的约定，在进行测量放样的工序前，甲公司的职责主要包括：提供图纸；将现场水准点和坐标控制点书面提供给许某，并进行现场校验。实际中，甲公司已向许某提供桩位平面图，虽无直接证据体现甲公司有按约定提供水准点和坐标控制点，但甲公司、许某均确认出现桩位偏差的原因并不是上述点位错误；因此从上述合同约定来看，桩位的测量放样不属于甲公司职责范围。那是否属于许某职责？上述合同中关于许某职责的内容虽无明确约定包含桩位的测量放样，但合同约定的许某承包方式是包打桩设备、包工、包质量，包安全，工程价格实行包干，一般意义讲该内容较为笼统，应结合现实情况予以认定许某相应的承包内容。

　　许某申请的证人张某系进行上述工序的人员之一（根据甲公司、许某当庭陈述后期另有一人亦从事测量放样工作），其证言对认定测量放样事实有重要作用。该证人当庭陈述在其施工时，其是代表乙方施工，甲公司是处于甲方地位，虽然其还陈述其是直接受雇于"夏某"（具体名字不清），其不认识许某，基于其当时属于兼职从事上述测量放样工作，不认识实际雇主具备合理性；而在本案桩基施工现场乙方就是许某。因此，综合案涉《桩机劳务合同》中关于双方权利义务的约定情况及证人张某的上述证言足以推定测量放样工作属许某职责范围。至于证人陈述其是因甲公司的现场人员无法打开图纸才在上述现场人员的要求下进行套图（测量放样的前期工作），由于在这之前甲公司已将正确的桩位图纸发送给许某，因此是否存在上述情况并不影响测量放样工作的职责认定。基于在许某职责范围内出现错误，许某理应对此产生的损失承担过错赔偿责任。

　　管桩施工工程是专业性较强的工程，这也是之所以对组织施工的单位作资质要求的重要原因之一，施工单位的资质包括专业技术人员、技术设备、管理水平等，本案中之所以会出现桩位施工的测量放样错误，许某不具备专业施工资质是重要原因，而甲公司明知许某无资质，仍将管桩施工工程分包给许某，且综合上述证人当庭的当庭陈述并结合日常习惯可确认许某进行的现场测量放样工作是需要甲公司现场人员进行确认的；因此甲公司对管桩施工工程出现的桩位偏差问题亦存在过错。综上所述，一审法院酌定甲公司、许某按4:6比例对桩位偏差形成的损失2168132元承担过错责任，即许某应赔偿给甲公司1300879元。

　　律师点评　　本案一审酌定甲公司、许某按4:6承担责任，之所以许某相较于甲公司承担了更多的责任，可以基于判决内容从以下两方面进行解读：

　　第一，双方的合同约定。双方的合同约定了许某是以包打桩设备、包工、包质量、包安全的方式承接工作，桩基偏位显然是出现了质量问题，与包质量的约定相悖，虽然双方合同无效，但在划分责任时仍可作为参考依据。

　　第二，图纸的发送情况。甲公司曾将正确的桩位图纸发送给了许某，但是在许某施工后却出现了桩基偏位，图纸正确但实施出现了问题，许某应当承担更多的责任。

【二审阶段法院观点】

《最高人民法院关于审理建设工程施工合同纠纷案件适用法律问题的解释（一）》第六条规定："建设工程施工合同无效，一方当事人请求对方赔偿损失的，应当就对方过错、损失大小、过错与损失之间的因果关系承担举证责任。损失大小无法确定，一方当事人请求参照合同约定的质量标准、建设工期、工程价款支付时间等内容确定损失大小的，人民法院可以结合双方过错程度、过错与损失之间的因果关系等因素作出裁判。"甲公司作为案涉工程的总承包人，是确保案涉工程质量合格的最主要责任人，许某二审提供的项目部岗位职责、《建筑地基基础工程施工质量验收标准》GB 50202—2018等证据亦印证了此点，而甲公司违法肢解分包又未尽到质量管理和监督职责，案涉工程出现桩位反向的错误，甲公司对此具有重大过错。许某作为无资质个人，不具有桩基施工专业技术水平及管理水平，也未配备相应技术人员，其违法承包案涉工程，亦具有过错。但根据查明且双方无争议的事实，案涉工程桩位反向的原因是套图错误导致放样错误，证人张某陈述其是放样人员之一且自述帮他人套图，其二审明确陈述并非受雇于许某，本案亦无其他证据可证明双方有明确约定套图、放样属许某的职责范围，故现有证据无法认定套图错误导致放样错误的直接原因在于许某。

综合以上，比较双方过错程度，甲公司应对桩位反向的后果承担更大的责任，据此，本院酌情认定甲公司自行承担70%责任，许某承担30%责任。许某对此上诉部分有理，一审对本案过错的认定确有不当，本院依法予以纠正。

律师点评

相较于一审判决，二审判决认定甲公司应承担更多的责任，二审判决书中对于相关的理由已经作出了较为详细的阐述，主要包括：首先，甲公司是工程质量合格的最主要责任人，但作为专业的施工企业却违法肢解分包又未尽到质量管理和监督职责，具有重大过错；其次，现有的证据无法认定是因为许某的原因造成了套图错误并引起放样错误。

除此之外，还有以下因素也可以进行考虑：

第一，合同约定的工作范围。甲公司和许某所签合同约定了是将劳务施工分包给许某，以劳务施工而言，案涉工程包括桩位确定在内的技术工作应由甲公司负责，虽然双方又约定了许某是以包打桩设备、包工、包质量、包安全的方式承接工作，但前提仍然是劳务施工的范围内，因此甲公司作为总包方、技术负责方和管理者，应当承担更多的责任。

第二，建筑市场的管理。甲公司作为施工企业，在承揽工程后本应依约自行施工或依法进行分包，但在本案中其却将工程肢解分包给没有施工资质的个人许某，甲公司违法直接分包是导致后续桩基偏位的根本性原因，如果甲公司在出现质量问题后却无须承担责任或者仅承担一小部分责任，会不会对其他企业的经营行为产生影响呢？我们认为，建筑市场的正常秩序也应当纳入责任划分应考虑的范围。

【本案小结】

本案中，针对承包人甲公司要求桩机劳务实际施工人许某承担质量维修损失的诉请，法院依据事实情况，结合双方过错酌情认定承担比例。根据《最高人民法院关于审理建设工程施工合同纠纷案件适用法律问题的解释（一）》第六条的规定，建设工程施工合同无效，一方当事人请求对方赔偿损失的，应当就对方过错、损失大小、过错与损失之间的因果关系承担举证责任。损失大小无法确定，一方当事人请求参照合同约定的质量标准、建设工期、工程价款支付时间等内容确定损失大小的，人民法院可以结合双方过错程度、过错与损失之间的因果关系等因素作出裁判。

在实践中，违法分包的情形时有发生。承包人违法分包建设工程与他人签订的建设工程施工合同，一般都会认定无效。由于合同无效，则关于质量问题所作的约定也往往属于无效约定。这就对如何在承包人、违法分包人等之间就质量问题划分责任增加了难度。本案中，承包人甲公司在明知实际施工人为不具备施工资质的个人，仍将案涉劳务工程进行分包，其过错责任被认为大于分包人（实际施工人）。当然在实务中也发生过，分包人隐瞒虚报资质后承接到工程。此时，分包人过错就可能大于承包人，承包人则就分包时核查不严格承担过错责任。因此，在合同无效时，如何划分承包人与实际施工人之间的责任需要结合案件情况，区别对待。

关于对违法分包行为的处罚，《建筑法》第六十七条明确规定，承包单位将承包的工程转包的，或者违反本法规定进行分包的，责令改正，没收违法所得，并处罚款，可以责令停业整顿，降低资质等级；情节严重的，吊销资质证书。《建设工程质量管理条例》第六十二条也规定，违反本条例规定，承包单位将承包的工程转包或者违法分包的，责令改正，没收违法所得，对勘察、设计单位处合同约定的勘察费、设计费25%以上50%以下的罚款；对施工单位处工程合同价款0.5%以上1%以下的罚款；可以责令停业整顿，降低资质等级；情节严重的，吊销资质证书。以此而言，当违法分包行为发生后再进行责任划分时，承包单位有可能被认定为承担较大的责任。

第2章　钢筋混凝土结构

2.1 钢筋保护层厚度不足

【名词解释】

结构构件中钢筋外边缘至构件表面范围用于保护钢筋的混凝土的厚度不满足要求。

【规范条文】

《混凝土结构设计规范》（2015年版）GB 50010—2010

8.2.1 构件中普通钢筋及预应力筋的混凝土保护层厚度应满足下列要求：构件中受力钢筋的保护层厚度不应小于钢筋的公称直径 d ……

问题23：钢筋保护层厚度不足是否属于主体结构质量问题？

【判决出处】

法院：山东省青岛市中级人民法院

案号：（2022）鲁02民再398号

名称：甲公司、乙公司建设工程施工合同纠纷

【案情概况】

甲公司与乙公司于2005年2月23日签订《建设工程施工合同》，合同约定：甲

公司将其开发建设的某居住区25～30号楼及地下车库工程发包给乙公司施工；开工日期2005年3月1日，竣工日期2005年8月20日，合同价款16784663.28元。合同附件3《房屋建筑工程质量保修书》约定由承包人承包的工程出现的质量返工、维修均在保修范围内；保修期约定，地基基础工程和主体结构工程为设计文件规定的该工程合理使用年限；质量保修责任约定，对于涉及结构安全的质量问题，应当按照《房屋建筑工程质量保修办法》的规定，立即向当地建设行政主管部门报告，采取安全防范措施，由原设计单位或具有相应资质等级的设计单位提出保修方案，承包人实施保修；保修费用约定，由造成质量缺陷的责任方承担。

工程完工后，乙公司因保修金支付纠纷诉至法院，要求甲公司支付保修金并承担利息诉讼费用；甲公司则提起反诉，要求乙公司承担维修费用、反诉诉讼费、鉴定费。

律师点评

　　法院在阐述已查明事实时较为详细地提到了双方在《房屋建筑工程质量保修书》当中的约定，特别是地基基础工程和主体结构工程的保修期为设计文件规定的该工程合理使用年限。如果出现质量问题的部分被认定为属于地基基础或主体结构，那么该约定将作为判断是否须承担责任的主要依据之一。

【鉴定情况】

　　针对甲公司反诉的质量问题，乙公司认为非主体结构问题，早已经过质量保修期，也认为非系自己施工原因造成。对此，甲公司申请司法鉴定，一审法院依法委托丙建筑设计公司对甲公司所提出的漏钢筋问题是否为主体工程、如果是主体工程则其维修方案是否合理进行鉴定，该鉴定机构于2020年12月31日作出QDSJYJD-13820号鉴定意见书。对于甲公司所提出的漏钢筋问题是否为主体工程，该鉴定意见书认为：依据《建筑工程施工质量验收统一标准》GB 50300—2001附录B表B.0.1的规定，案涉工程钢筋外露属于主体结构。该鉴定意见书还对漏筋问题提出了处理建议。

律师点评　　　鉴定单位认定案涉工程钢筋属于主体结构的主要依据是《建筑工程施工质量验收统一标准》GB 50300—2001附录B的相关规定，也可以理解为，外露的钢筋本身应处于主体结构的混凝土当中，因此是主体结构的一部分。

现实当中导致钢筋外露的原因包括混凝土振捣不到位、钢筋保护层不达标、混凝土硬化前受外力破坏，以及采用的混凝土质量不符合标准、坍落度小等。钢筋外露在空气中易被氧化腐蚀，形成安全隐患。

外露钢筋位置不同，采用的修复方式会有差异，比如对于顶板出现了漏筋，可以对外露的钢筋先进行除锈，然后再将顶板部位剔凿后，采用强度等级较高的水泥砂浆作抹灰处理；又比如对于如柱底部的漏筋，则可清理柱底部松动的混凝土，然后用比原强度等级高的混凝土填塞压实。

2021年3月22日，上述鉴定机构作出QDSJYJD-02321号鉴定意见书，对一审委托的"①漏钢筋问题的形成原因；②若存在多种原因，其中有施工原因，则施工原因所占比例"进行鉴定。鉴定意见及处理建议为：案涉工程外露钢筋保护层厚度及钢筋锈蚀造成保护层隆起的位置钢筋保护层厚度为3～5mm，严重不符合施工设计图纸"板的钢筋保护层厚度15mm"及《混凝土结构工程施工质量验收规范》GB 50204—2002表5.5.2，钢筋安装位置的允许偏差和检验方法受力钢筋板保护层厚度±3mm"的要求和规定；从渗漏部位没有出现钢筋锈蚀造成保护层脱落，而其两侧钢筋保护层脱落部位的保护层厚度仅3～5mm，以及较大面积钢筋保护层未出脱落来看，造成钢筋外露的原因为钢筋保护层远小于施工设计图纸要求和不符合《混凝土结构工程施工质量验收规范》GB 50204—2002规定，与其潮湿虽有关系，但如果在满足施工设计图纸要求和《混凝土结构工程施工质量验收规范》GB 50204—2002规定的情况下，不会出现现有现浇板板底钢筋外露现象。

乙公司对于丙建筑设计公司出具的上述两份鉴定异议书均提出了异议。针对乙公司的异议，丙建筑设计公司作出了书面答复：①按照《建筑工程施工质量验收统一标准》GB 50300—2001，案涉工程属于主体结构。②虽经施工验收，但是涉案工程现状不满足规范要求。③案涉工程问题就是施工质量问题，符合《建筑工程施工质量验收统一标准》GB 50300—2001的规定。④我单位出具的鉴定意见书仅涉及钢筋保护层的问题，现有钢筋锈蚀导致混凝土钢筋保护层脱落的，属于工程施工质量问题，且并非全部钢筋都出现施工质量问题。⑤案涉工程分为两次鉴定，其收费标准符合国家收费标准。

　　《最高人民法院关于民事诉讼证据的若干规定》第八十条规定："鉴定人应当就鉴定事项如实答复当事人的异议和审判人员的询问。当庭答复确有困难的，经人民法院准许，可以在庭审结束后书面答复。人民法院应当及时将书面答复送交当事人，并听取当事人的意见。必要时，可以再次组织质证。"以此而言，当事人提出异议属于对鉴定意见进行质证的环节，如果当事人确有异议，应在该环节尽可能充分提出，维护自身的诉讼权益。

【一审阶段法院观点】

　　甲公司反诉的质量维修费用应否支持问题。本案出具的三份鉴定意见，系本案按法定程序依法委托作出，鉴定机构和参与鉴定人员具有相应资质，程序合法，鉴定机构按照国家标准、行业规范和双方合同约定相关内容，对案涉"漏钢筋"质量问题认定为建筑主体结构问题、造成质量问题的成因分析判定、维修方案的鉴定内容并无不当，维修造价鉴定是根据该维修方案、对质量问题所在部位局部维修所作出，前述鉴定内容并无不当。乙公司抗辩的系甲公司维护管理原因造成、钢筋外露问题不存在安全隐患不影响结构安全不需要如此维修、维修造价是对全部钢筋进行维修等理由不成立，不予采信，并对该三份鉴定意见予以采用。关于鉴定费用，三份鉴定共计鉴定费用245000元，鉴定机构对此回复称其收费标准符合国家收费标准，乙公司虽提出异议，认为鉴定费用不应超过造价的2%，但本案并非工程造价鉴定，乙公司并未提出具体有效的抗辩依据，对乙公司该抗辩理由不予采信。该鉴定费用应按"败诉方负担"原则进行处理。

　　工程验收合格并不免除义务人在质保期内承担质量保证义务。乙公司作为案涉工程的总承包单位，对其承包工程承担质保期内质量保证义务，既是法定义务，也是双方合同约定义务，乙公司抗辩称所在住宅已销售，产权转移至各业主名下，甲公司主体不适格，该抗辩理由无法律依据，不应支持。案涉建设工程虽经竣工验收达十五六年，但经鉴定"漏钢筋"问题为主体结构存在质量问题，保修的期限应当按照保证建筑物合理寿命年限内正常使用的期限。故乙公司对甲公司反诉的质量问题负有质保维修义务。鉴于乙公司在本案的抗辩理由，应由乙公司承担该维修费用，由甲公司安排维修。

律师点评

钢筋外露是否涉及主体结构的质量问题，是判断施工单位是否需要承担责任的主要依据。鉴定单位的鉴定意见书认为案涉工程钢筋外露属于主体结构质量问题，并且属于工程施工质量问题。法院对鉴定单位的意见予以采纳，对乙公司的抗辩理由则未予支持。

【二审阶段法院观点】

涉案工程主体出现质量问题，应当维修至符合国家规范和合同约定，乙公司主张钢筋外露问题不存在安全隐患、不影响安全结构，因此对碳纤维加固提出异议，没有事实及法律依据，不予采纳。

【再审阶段法院观点】

二审判决作出后，乙公司向上级人民法院申请再审，上级人民法院作出裁定，指定原二审法院再审本案，原二审法院另行组成合议庭审理后维持原二审判决。

【本案小结】

本案因工程保修金而起，历经一审、二审、申请再审和再审阶段，并且进行了质量鉴定、维修方案鉴定和造价鉴定。乙公司诉请要求甲公司支付保修金及利息计为20余万元及诉讼费，甲公司反诉要求乙公司支付维修费用90余万元及反诉诉讼费、鉴定费。一审判决则要求乙公司承担90余万元维修费用，扣除保修金后仍有70余万元，另外还要承担本案产生的鉴定费用20余万元。可以认为乙公司在本案中的诉讼结果对其是较为不利的。

现实当中，发包人欠付保修金、承包人起诉要求支付保修金的案件是较为常见的。根据本案情况，承包人在确定起诉前建议可以从以下方面进行考虑：

第一，明确承接的工程是否存在保修事项。施工单位作为承包人，在要求支付保修金时可能会忽视是否还有保修事项未完成，甚至不顾发包人此前已提出的保修要求。这种情况下一旦起诉，对方则很有可能提起反诉，案件的不确定因素将增加，自身的诉请金额甚至于被抵消或反而要支付对方维修费用。

第二，判断质量问题是否涉及主体结构。主体结构的保修期相较于其他部分的保修期可能要长数十年，承包人相对也承担更多的义务和责任。如果未能判断质量问题是否发生于主体结构即起诉，无疑将面临更多的风险。

第三，考虑对方反诉的金额和鉴定的费用。以本案为例，维修和鉴定费用远超保修金，甚至鉴定费用与保修金相差不多，起诉反而可能面临得不偿失的局面，对于此类费用的金额，可以先行估算，以作为决策的参考。

2.2　钢筋强度不足

【名词解释】

钢筋强度实测值不满足要求。

【规范条文】

《混凝土结构工程施工质量验收规范》GB 50204—2015

5.2.1　钢筋进场时，应按国家现行相关标准的规定抽取试件作屈服强度、抗拉强度、伸长率、弯曲性能和重量偏差检验，检验结果应符合相应标准的规定。

问题 24：钢筋检验合格后又出现质量问题是否需要承担责任？

【判决出处】

法院：上海市浦东新区人民法院

案号：（2015）浦民一（民）初字第 7168 号

名称：甲公司与乙公司建设工程合同纠纷

【案情概况】

2011 年，甲、乙两公司签订《上海甲公司新建 1 号厂房工程施工合同》，约定由甲公司将位于某工业园区内的新建 1 号厂房工程发包给乙方乙公司施工。承包范围为施工图中全部内容，承包方式为包人工、包材料、包质量、包工期、包安全，工程质量一次性 100% 验收合格，合同价款 2252 万元。

2011 年 2 月 26 日，系争工程开工。2014 年 3 月 17 日，管理部门出具案涉工程《建设工程竣工验收备案证书》。2014 年 5 月 7 日，案涉房屋取得房地产权证。

后因工程款纠纷，乙公司将甲公司诉至法院，要求判令甲公司向其支付工程款 18954323 元并支付利息；甲公司则提起反诉，认为乙公司并未按照设计要求使用合格的钢筋，未按设计要求施工，1～5层楼板厚度及钢筋均不符合设计要求，不但导致墙体、屋面变形渗水，且该厂房承重未达到设计要求，无法实际使用，因此反诉要求乙公司赔偿修复加固费用300万元、可得利益损失等损失费用。

律师点评

　　本案是一起较为典型的建设工程施工合同纠纷，乙公司作为施工单位向法院起诉，要求建设单位甲公司向其支付工程款。甲公司则基于工程质量问题，反诉要求乙公司承担相应责任。

　　在此需要提及本案一审阶段的一个细节：甲公司根据抽样情况主张案涉工程仅有20%的钢筋合格。对此观点鉴定人员表示，以抽样结果判断钢筋合格比例没有意义，鉴定单位根据检测的钢筋强度，在加固方案中增加强度，以达到设计要求。

　　实际上，抽样检测是一种在建设工程质量鉴定当中经常采用的方式方法，检测结果对于判断是否存在质量问题、存在哪些质量问题具有重要的指标意义。但是，从技术角度而言，抽样检测的结果本身只是针对抽样的样本，其当然可以作为判断是否存在质量问题的依据，也可以作为出具维修方案的参考，但并不能直接以抽样检测的结果来认定未经检测构件的具体情况。

【鉴定情况】

　　因双方对工程质量存在争议，法院委托丙设计院公司对案涉新建1号厂房的主体结构安全性以及渗漏水质量问题进行鉴定。2016年4月11日，丙设计院公司出具司法鉴定意见书（以下简称"质量鉴定书"），结论为：①系争房屋主体结构存在的施工质量缺陷包括梁、板钢筋保护层厚度不符合规范要求；楼、屋面板厚度不符合设计要求；房屋抽检范围内的3层至屋面层梁底部受力钢筋直径/2～6层柱受力钢筋直径/2至屋面层板受力钢筋直径及梁／柱箍筋直径，不符合规范要求；抽检试样中钢筋直径为10mm、12mm、16mm、20mm、22mm、25mm的钢筋重量偏差（偏轻）不符合规范要求；抽检试样中的板钢筋下屈服强度及抗拉强度不符合规范要求。②根据系争房屋上部结构承载力验算复核结果，由施工质量缺陷导致局部梁、柱及板面钢筋配置面积不满足规范要求，系争房屋主体结构安全性不能满足原设计要求。③系争房屋屋面构造及填充墙根部做法不满足建筑原设计要求，屋面及各层南北侧空调板易积水，多处墙根部、窗周围及部分顶部墙面存在渗漏痕迹；

6层南北外墙顶部与混凝土框架梁脱开，上述问题及墙体渗漏主要与施工质量缺陷有关。

双方当事人对"质量鉴定书"基本无异议，但乙公司要求鉴定单位明确房屋能否正常使用，甲公司亦要求明确"主体结构安全性不能满足原设计要求"的含义。为此，鉴定单位当庭表示：施工质量不满足原来的（设计）要求，会使房屋的安全性和可靠度降低，应当按国家规定或原来（设计）要求进行加固、修复，使其达到国家规定或原来的（设计）要求。2016年5月9日，本院组织双方就"质量鉴定书"质证时，乙公司明确表示不同意进行修复，为此，双方要求进行修复方案鉴定和修复费用鉴定。

律师点评

之所以将本案称为一起较为典型的建设工程施工合同纠纷案件，也在于本案一审阶段的鉴定事项相对较为全面：基于乙公司关于工程款的诉讼请求，进行了案涉工程造价鉴定；基于甲公司关于工程质量问题的反诉问题，进行了工程质量、修复方案和修复费用三项鉴定。因本书主旨及篇幅等原因，在本文中仅列明案件质量鉴定部分内容，其余不再赘述。关于本案质量鉴定事项，以下事项可予以关注：

第一，关于修复方案和修复费用两项鉴定的启动条件。案涉工程已通过竣工验收，取得了《建设工程竣工验收备案证书》，此后出现质量问题，乙公司作为施工单位对于质量问题应依法依约履行保修义务，但乙公司明确表示不同意进行修复，因此需要通过修复方案和修复费用鉴定，由其他有相应资质的单位进行维修，乙公司则需根据法院生效判决结果承担赔偿维修费用的责任。

第二，关于工程质量责任由何引起、由谁承担的问题。本案当中"质量鉴定书"明确指出"上述问题及墙体渗漏主要与施工质量缺陷有关"，也即案涉工程质量问题主要因施工质量缺陷引起，这为法庭进行裁判提供了依据。当然，现实中也有鉴定结论仅涉及质量问题具体情况，而未载明具体原因，这种情况下法庭可能会要求鉴定单位进行补充说明，也可能会视情况直接综合进行判断。

第三，关于双方当事人对"质量鉴定书"的意见。乙公司要求鉴定单位明确房屋能否正常使用，其出发点可能在于如果房屋虽存在质量问题，但可以正常使用，那么不使用所造成的相应损失则应由甲公司自行承担；甲公司要求明确"主体结构安全性不能满足原设计要求"的含义，其出发点可能在于如果主体结构的安全性不足以满足正常使用的要求，那么甲公司要求乙公司赔偿损失会有更为充分的依据。而鉴定单位的意见则指出案涉工程经过修复后可以达到原有要求，也可以理解为按要求修复后能正常使用。

【一审阶段法院观点】

案涉工程已经竣工验收合格，且开工至今已超过三年，甲公司应当支付工程款。工程总价款经过造价鉴定为21954323元，双方的争议在于是否应扣除钢筋差价。本院认为，工程造价应按实际工程量确定，按竣工图纸计算的钢筋价格和按实际使用规格计算的钢筋价格的差价1330266元属于原告没有施工投入的部分，该部分显然不能计取工程款，乙公司关于经加固修复后已达到设计要求故不同意扣除钢筋差价的理由不能成立。乙公司在工程中已使用的钢筋，应予计取工程款。质量鉴定单位亦明确单纯根据抽样判断钢筋是否合格的比例没有实际意义，通过加固方案弥补原钢筋强度不足后，达到设计要求，因此甲公司关于仅有20%钢筋合格故要求扣除80%钢筋价格的意见，亦无依据，本院不予采纳。扣除已付工程款，甲公司还应支付剩余工程款17624057元。

律师点评

一审判决甲公司还应向乙公司支付剩余工程款。判决甲公司向乙公司支付工程款是有条件的：一方面，案涉工程虽有质量问题，但经修复后可以正常使用；另一方面，乙公司应根据判决承担案涉工程的修复费用。在此需要着重指出的是，有的建设单位会认为如果出现工程质量不符合设计要求的情况，那么其可以此作为理由拒付施工单位工程款。但是从本案一审判决而言，建设单位是否应支付工程款、施工单位是否应承担质量问题赔偿责任可以结合案件实际情况分别进行判断。

关于钢筋工程款应如何确定，也是本案一审判决可以关注的事项之一。双方都主张了对于自身更加有利的观点，乙公司作为施工单位主张应按竣工图计算价款，甲公司作为建设单位主张按合格率付款，不符合设计要求的钢筋不计算价款。而法庭采用的方式为按实际工程量进行计算，在乙方须承担修复费用的情况下，法庭采用的方式对于双方均较为公平。

案涉房屋虽经竣工验收合格，但经鉴定存在施工质量缺陷，造成主体结构安全性不满足原设计要求以及墙体渗漏水，乙公司应承担相应的保修责任。乙公司主张钢筋是经过甲公司及监理委托检验合格后使用，故钢筋引起的工程质量问题责任在甲公司。本院认为，乙公司提供的检测报告是对钢筋质量的抽样检测，不能说明乙公司实际使用的钢筋与检测报告抽检的钢筋一致。而且本案房屋主体结构不符合要求是楼板厚度、钢筋保护层厚度、钢筋配置、钢筋间距、钢筋重量偏差、钢筋力学性能等多方面的施工质量缺陷造成，因此原告该抗辩不能成立。

律师点评

《建设工程质量管理条例》第二十九条规定："施工单位必须按照工程设计要求、施工技术标准和合同约定，对建筑材料、建筑构配件、设备和商品混凝土进行检验，检验应当有书面记录和专人签字；未经检验或者检验不合格的，不得使用。"因此，即使钢筋经过甲公司及监理委托检验合格，乙公司作为施工单位仍应依法进行检验并有完善的书面手续。乙公司作为专业的施工单位却出现承揽的工程钢筋不符合要求的情况，其以钢筋经过甲公司及监理委托检验合格作为抗辩理由未被法庭采纳。

【本案小结】

在本案中，主要想讨论分析的问题是：在钢筋抽样检验报告出具后，是否可豁免提供主材的当事人的责任。

实务中，主材进场使用前需要经过检查。以钢筋为例，进场前需先核查原材料的产品质量证明书、挂牌等证明材料，观察钢筋平直度、是否存在锈污等质量问题，最后完成现场取样，并形成钢筋抽样检验报告。一般在抽样检验合格，承包人才能正常使用钢筋。但抽样的结果只针对样品本身，并不能以此认为其他钢筋也必然检测合格。

施工所需钢筋、混凝土等主材的质量往往直接影响工程的质量安全。当发生质量问题时，法院会偏重查明客观事实本身，而非仅仅依据施工过程中一些程序性的文件直接作认定。在本案中，若施工单位所提供的钢筋确存在质量问题，根据《民法典》第八百零一条规定："因施工人的原因致使建设工程质量不符合约定的，发包人有权请求施工人在合理期限内无偿修理或者返工、改建。经过修理或者返工、改建后，造成逾期交付的，施工人应当承担违约责任。"承包人需要承担相应法律责任。

同样，如出现质量问题的材料属于甲供料，根据《民法典》第八百零三条的规定："发包人未按照约定的时间和要求提供原材料、设备、场地、资金、技术资料的，承包人可以顺延工程日期，并有权请求赔偿停工、窝工等损失"，承包人也有权要求发包人依法赔偿相应损失。

2.3 钢筋锈蚀

【名词解释】

钢筋由于水分和氧气等的电化学作用而产生的腐蚀现象。

【规范条文】

《混凝土结构工程施工质量验收规范》GB 50204—2015

5.2.4 钢筋应平直、无损伤，表面不得有裂纹、油污、颗粒状或片状老锈。

问题25：工地存放钢筋锈蚀的责任如何划分？

【判决出处】

法院：湖南省长沙市中级人民法院

案号：（2020）湘01民初1287号

名称：甲公司、乙公司等建设工程施工合同纠纷

【案情概况】

2013年12月25日，甲公司（发包人）与乙公司（承包人）签订了建设工程施工补充合同，约定由乙公司承建甲公司2号标段工程，建筑面积约151744.6m²。承包范围为发包人确认的施工图纸范围内（除发包人另行分包的分项工程）的土建、安装、装饰等全部工程内容。

2014年5月29日的A广场第十二次监理例会会议纪要中，监理单位提出案涉工程地下室负一层1-P/1-20框架柱存在严重质量问题，以及混凝土浇捣过程中碎混凝土未清除、更换了设计要求钢筋规格等施工问题。2014年6月9日，监理单位以3-01号地下室出现多处严重质量问题为由，对乙公司项目部下达了工程暂停令，

要求其于2014年6月9日暂停该工程施工。

律师点评　一般而言，监理单位基于以下情况可以通知要求施工单位暂停施工：①建设单位要求暂停施工且符合暂停施工要求的；②施工单位不符合条件擅自施工的；③施工单位拒绝项目监理机构管理的；④施工单位违反法规要求和工程建设强制性标准的；⑤施工存在重大质量、安全事故隐患或已经发生质量、安全事故的。就本案而言，监理单位如认为现场存在严重质量问题，除了要求施工单位暂停施工，还应及时通知建设单位，并视具体情况按规定向行政监管部门报告。

2016年2月3日，甲公司与乙公司签订了施工现场移交及相关事项处理协议书，约定：①双方同意解除施工补充合同及备案合同。②在乙公司与各出租方协商一致的情况下，甲公司同意接收乙公司原租赁的现场部分机械设备及全部架管、扣件、顶托、轮扣式脚手架等租赁物。

2017年1月18日，甲公司与丙公司签订了建设工程施工合同，约定将未完成的96366.26m²建筑面积部分承包给丙公司继续施工，计划开工日期2017年1月18日，计划竣工日期2018年10月7日。2017年6月25日，甲公司与丙公司签订了补充协议，约定甲公司向丙公司支付2号楼、3号楼钢筋除锈费66000元和1号楼钢筋除锈费77250元。

律师点评　钢筋生锈后会减小钢筋截面有效面积，影响钢筋的强度，导致力学性能退化。如将锈蚀的钢筋直接用于施工，易导致钢混结构产生裂缝，甚至导致混凝土保护层脱落。钢筋锈蚀还会使钢筋与混凝土之间形成一层疏松隔离层，影响粘结力。因此在浇筑混凝土之前，需要对钢筋进行除锈，并按要求重新检测钢筋屈服点、抗拉强度等重要指标。本案中，甲公司向丙公司支付除锈费用后又在诉请中要求乙公司承担。

后甲公司将乙公司等诉至法院，诉讼请求包括了要求乙公司赔偿因停工、延误工期造成的财务成本及管理费用增加、建安成本增加的损失，支付逾期办理移交及验收手续的违约金并赔偿损失等，其中也包括除锈损失费用。

【一审阶段法院观点】

关于除锈费用损失。甲公司主张乙公司完成的案涉部分工程因长期停工导致钢筋生锈，其为此向丙公司支付了钢筋除锈费，故钢筋除锈费应认定系涉案工程逾期完工给甲公司造成的损失。对此，本院认为，工程停工只是导致钢筋生锈的一个条件，更重要的是判断停工期间对已完工工程的保护措施是否得当。本案中，乙公司于2016年5月30日将涉案项目现场移交给甲公司后，新的施工单位丙公司直至2017年1月18日才进场施工，期间如保护措施不当，亦足以导致钢筋生锈。而甲公司在与乙公司办理现场移交时，并未提出钢筋当时已经出现生锈的情形，也未提供充分证据证明移交时钢筋已经生锈及其严重程度，故对甲公司在本案中主张的钢筋除锈费用损失，本院不予支持。

> **律师点评**
>
> 甲公司向乙公司主张除锈费用的主张之所以没有被支持，是因为无法证明钢筋锈蚀的原因在于乙公司。一般而言，即使监理单位要求施工单位暂停施工，但现场材料仍由施工单位继续保管，但本案中，甲公司又委托丙公司进场施工，并且此前曾与乙公司进行现场移交。甲公司、乙公司在现场移交时没有共同确认钢筋锈蚀的情况，更不可能就锈蚀确定原因。根据民事诉讼举证责任的分配原则，甲公司无法证明钢筋锈蚀在乙公司移交时即已存在，其将承担举证不利的后果。

【本案小结】

本案当中各方对于钢筋除锈费用的争议焦点在于由谁承担相应费用，看似并不复杂，但如果进行梳理，则可以归纳为以下三个环节，三个环节的问题都明确后，争议也就迎刃而解。

第一，钢筋锈蚀的原因是什么。是由于钢筋本身存在质量问题，还是由于保管工作存在问题，又或者是两者兼而有之；有没有可能是由于工期延误过长导致了锈蚀情况加重、明显超出预期。

第二，钢筋锈蚀的损失如何确定。除了本案中甲公司主张的除锈费用，如果因钢筋锈蚀导致了工期延误等问题，也可以考虑纳入钢筋锈蚀所造成的损失一并主张。

第三，钢筋锈蚀的责任应由哪方来承担。钢筋从出厂到进入施工场地，再到浇筑进混凝土中，历经了供应商、施工方等环节，如果类似本案当中存在退场、移交等情况，还会涉及发包方、移交后的施工方等主体。在钢筋锈蚀原因和损失确定后，具体的责任方即可依法确定。

现实当中，不仅是本案所涉钢筋锈蚀，其他材料、设备、施工界面等在退场移交时也可能引发纠纷争议，本案的裁判观点在处理相关事宜时可作为参考，尤其是交接手续的完善、齐备，更是重中之重。

问题26：结构中钢筋锈蚀的责任如何划分？

【判决出处】

法院：辽宁省大连市中级人民法院

案号：（2021）辽02民终5255号

名称：甲公司与乙公司建设工程施工合同纠纷

【案情概况】

1994年3月25日，甲乙双方签订《建设工程施工合同》GF—91—0201，约定工程内容为土建、室内给水排水、水暖、电照及预埋工程。1994年12月10日，该工程由双方办理竣工验收，认为全部工程质量标准符合设计要求，可以交付使用。当时案涉工程使用现场搅拌混凝土，混凝土所用的水泥、水由甲方供应，石子和砂由乙方供应。钢筋由甲方供应。

2019年8月24日，案涉工程某业主屋顶混凝土板塌落。因存在严重安全隐患导致无法居住，甲公司与顶层7户业主对业主的装修损失进行评估，经评估，房屋装修重置全价评估总价值为398420元。2019年8—10月期间，甲公司与7户业主分别签订了《协议书》，并根据协议书的约定向7户业主实际支付业主装修现存价值、恢复装修施工相关误工费等各项费用。

2019年10月24日，甲公司向乙公司邮寄《小区52号楼顶层屋顶脱落问题维修通知书》，要求其至案涉工程现场进行勘察、维修并支付赔偿金，乙公司于当日收到该通知。

后甲公司诉至法院，要求乙公司向其支付案涉工程屋顶质量问题维修费用、因工程维修造成的顶层房屋装修恢复损失等各项费用。

本案纠纷的起源在于业主的屋顶混凝土板塌落，案涉工程的开发单位甲公司在处理相关纠纷后即联系施工单位乙公司，要求其到现场勘察、维修并支付赔偿金，后又将乙公司诉至法院。

案涉工程质量问题涉及主体结构，具体表现为混凝土、钢筋等质量问题，因此一审法院在查明事实情况时对相关材料来源予以了关注，确认了案涉工程钢筋及混凝土所用水泥、水由甲公司供应，石子和砂由乙公司供应，该事实情况是案件当事人进行抗辩的重要依据，法庭在作出裁判时也对此进行了综合考虑。

【鉴定情况】

在本案审理过程中，甲公司于2019年11月20日向一审法院提出鉴定申请。一审法院于2019年12月3日送鉴，A市中级人民法院司法技术处经摇号确认鉴定机构为A市建筑工程质量检测中心有限公司（以下简称"建质检"）。在鉴定过程中，甲公司于2020年4月14日向一审法院提出请求建质检回避并重新选择鉴定机构的申请，理由为"建质检系案涉工程施工时主要建筑材料和混凝土砂浆强度的检测单位，与本案有利害关系，足以影响其作出客观公正的鉴定意见"。为此，建质检于2020年4月24日退鉴。甲公司为此支付2000元初勘费，以及22000元鉴定费。

《民事诉讼法》第四十七条规定："审判人员有下列情形之一的，应当自行回避，当事人有权用口头或者书面方式申请他们回避：……（二）与本案有利害关系的……前三款规定，适用于书记员、翻译人员、鉴定人、勘验人。"这是甲公司申请鉴定机构回避的主要法律依据。现实当中对于鉴定机构申请回避的情况并不多见，能够得到准许的数量相对而言只会更少。本案当中回避理由能够成立的原因是第一次选定的鉴定机构是案涉工程施工时的检测单位，这也让我们对于何谓法律意义上的利害关系有了直观的了解。

需要指出的是，建设工程类案件当中如果当事人需要对鉴定机构提出回避申请，有两点应予以关注：第一点是如认为存在依法可申请回避的理由须尽早向法庭提出；第二点是尽可能地为回避申请提供证据材料。在此提供一个案例，具体案号为"（2019）最高法民申5826号"，再审申请人提出鉴定机构存在应当回避而未回避的情况，对此最高人民法院认为，双方当事人在原审中对于鉴定机构的资质、鉴定程序均未提出异议，再审申请人对《鉴定意见书》的一审质证意见为认可其真实性、合法性，现申请再审称本案鉴定机构的法定代表人与某公司的委托诉讼代理人为父子关系，但其未能就本案鉴定人存在法定回避情形进行举证，其该项再审申请理由无事实依据，依法不能成立。该案例凸显了前述两个关注点的重要性。

一审法院随即通知原告、被告双方重新选择鉴定机构，双方当事人于2020年5月11日协商确定鉴定机构为戊建设科学研究院有限责任公司（省工程质量检测中心）（以下简"戊建科院"）。一审法院于2020年5月26日再次送鉴，A市中级人民法院司法技术处确认鉴定机构为戊建科院。2020年8月18日，A市中级人民法院将戊建科院出具的检验报告（NO.SF2020Q010）反馈一审法院。检验报告的内容表明：7层屋面混凝土宏观观感质量较差、表面较酥松，直观表现为现场钻取芯样试件时芯样不易成形及在加工过程中易产生缺陷。经取样后送试验室进行试验，混凝土现龄期抗压强度推定值为11.2MPa，不满足设计图纸混凝土强度等级C20的要求。经现场取样，对7层（屋面）梁、板混凝土氯离子含量进行检测，检测的3个轴线位置的7层（屋面）梁，氯离子含量分别为3.33%、2.62%、4.39%；检测的3个轴线位置的7层（屋面）板，氯离子含量分别为4.81%、4.22%、2.78%，均超过最大氯离子含量要求（0.30%），且氯离子含量超标较大，超标7~15倍。同时，构件存在开裂、挠度超出限值、混凝土保护层厚度不符合要求、构件截面尺寸不符合要求等工程质量问题。建议将7层屋面板（梁、板）拆除，重新施工。

案件审理过程中，双方当事人均对戊建科院出具的检验报告提出异议，戊建科院均予以回复。后甲公司于2020年12月22日申请鉴定人及有专门知识的人出庭，对鉴定机构采用弹性分析法确定维修后的屋面承载力是否符合规范的问题提出异议，并提出根据其委托的设计单位按照塑性法的计算，认为维修后的屋面板的承受力符合国家规范。戊建科院亦派员出庭，接受相关质询并作出答复：弹性分析法是最普通、最基本的分析法，所以我们采用了这种分析法。混凝土连续梁和连续单向板可采用塑性内力重分布法。本工程是双向板，并且在报告中对采用弹性分析法进行计算后进行了说明，即8-10-E-F板承载力超出范围但未超过10%，如不存在混凝土强度等级低的情况，不足以引发屋面板塌落。

律师点评

本案一审阶段，甲公司还申请鉴定机构出庭，鉴定机构也派出工作人员出庭接受质询、作出答复。对于鉴定人出庭事宜，《民事诉讼法》第八十一条规定："当事人对鉴定意见有异议或者人民法院认为鉴定人有必要出庭的，鉴定人应当出庭作证。经人民法院通知，鉴定人拒不出庭作证的，鉴定意见不得作为认定事实的根据；支付鉴定费用的当事人可以要求返还鉴定费用。"作为确定案件基本事实的法定证据形式之一，鉴定意见对案件裁判结果往往具有重要的影响。实践中当事人有时会对鉴定意见提出质疑，这就需要鉴定人出庭对鉴定意见作出科学合理的解释。而且鉴定人是否能够出庭作证对于鉴定意见能否被用作认定事实的根据也起着决定性的作用。因此，作为建设工程类纠纷的当事人，如果对于鉴定意见有意见，可以通过申请鉴定人出庭这一形式行使自己的权利。

【一审阶段法院观点】

关于乙公司是否应当承担赔偿责任及责任比例问题。一审法院认为，依据《合同法》第二百八十二条规定："因承包人的原因致使建设工程在合理使用期限内造成人身和财产损害的，承包人应当承担损害赔偿责任。"本案中，甲公司主张乙公司承担损害赔偿责任，需要证明损害后果的发生原因在于乙公司。

根据戊建科院出具的检验报告（NO.SF2020Q010）的鉴定意见来看，案涉房屋屋面板塌落原因主要在于钢筋锈蚀及混凝土强度等级低，次要原因为7层屋面维修导致的荷载变化、屋面存在渗漏的环境因素，且被检测的案涉房屋7层（屋面）梁、板构件存在开裂、构件截面尺寸不符合规范要求、挠度超出限值、混凝土保护层厚度不符合规范要求、钢筋间距不符合规范等问题。而钢筋锈蚀的主要原因又在于混凝土中的氯离子含量超标、混凝土强度低、保护层厚度不符合规范要求。

首先，混凝土主要是由水泥、石子、砂和水四种原料通过一定配比后混合搅拌而成，其中水泥、水是由甲公司提供，石子、砂是由乙公司提供，而现场搅拌是由乙公司完成，故乙公司应当对混凝土的质量负责。关于乙公司提出混凝土中氯离子超标与甲公司提供的水有关，但根据《水质试验报告》来看，水中氯离子的含量为225.79mg/L，符合混凝土搅拌的用水标准，而检验报告中记载的案涉房屋屋面板混凝土的氯离子含量为2.62%～4.81%，超标7～15倍，明显高于水中的氯离子含量，对于水氯离子超标，乙公司未能提供证据予以证明，故对其主张不予采信。

其次，案涉房屋屋面板的混凝土是乙公司在施工现场自行根据混凝土配合比把四种原材料称量混合、搅拌、运输、浇筑、振捣完成，整个过程中均是由乙公司负责实施，任何环节出现问题或者施工不规范都可能会导致混凝土的强度等级低，进而直接影响混凝土的承受压力，因此乙公司应对混凝土强度等级低承担主要责任。

再次，混凝土保护层是结构构件中钢筋外边缘至构件表面范围用于保护钢筋的混凝土，如果保护层厚度不满足规范要求，不能有效地保护钢筋，也会增加钢筋锈蚀的可能性。屋面板中的混凝土主要承受压力，钢筋主要承受拉力，两者需要共同工作以满足工程结构的使用要求，而钢筋锈蚀即产生了锈胀裂缝及材料劣化，使其截面面积减小，力学性能退化，降低构件的承载力，故混凝土的保护层厚度不符合规范要求的主要责任亦应在于乙公司。

最后，乙公司施工过程中，甲公司及监理单位均应派人在场，并享有对施工现场以及工程质量、使用的材料等行为进行监督、检查以及纠正的权利，工程竣工后也是经过了甲公司等多方单位验收合格，故一审法院综合考虑本案的实际情况以及双方当事人的过错程度，酌定乙公司承担80%的赔偿责任，甲公司承担20%的赔偿责任。

律师点评

本案一审判决对于案涉工程质量问题施工单位乙公司承担80%的赔偿责任，建设单位甲公司承担20%的赔偿责任。乙公司承担主要责任的主要理由包括：第一，混凝土由乙公司现场搅拌，乙公司应对混凝土质量负责；第二，对于水氯离子超标是否与甲公司有关，乙公司未能提供证据佐证，其主张不予采信；第三，混凝土保护层厚度不满足规范要求，可能导致钢筋锈蚀，主要责任也在于乙公司。甲公司承担次要责任的主要理由包括：第一，甲公司及监理均应派员驻场并对工程质量进行监督检查；第二，案涉工程已通过甲公司在内的多方验收。以此而言，在工程质量确实存在问题的情况下，施工单位如需证明质量问题与己无关或自身只需承担次要责任，一般需要承担更多的举证责任。

【二审阶段法院观点】

一审法院考量双方当事人在案涉屋面板塌落中的过错责任，认定乙公司与甲公司分别承担80%、20%的责任，并无不当。

本案一审判决后，甲公司和乙公司均提起上诉，最终二审判决驳回上诉，维持原判。乙公司的上诉理由包括了案涉工程进入质保期后甲公司或其委托的第三方进行过防水施工，故屋面渗漏导致钢筋锈蚀不应由乙公司承担责任，对此上诉理由二审法院未予采纳。现实当中，有的工程在投入使用后会进行改建等施工活动，如果此后发生了质量问题，施工单位也往往会以此作为抗辩的理由。但就本案而言，在综合各方面事实能够确定施工单位为工程质量问题主要责任方的情况下，建设单位或第三方曾进行改建等施工活动作为质量问题的抗辩理由较难成立。

【本案小结】

案涉工程出现屋顶混凝土塌落的情形，存在安全隐患。造成质量问题的主要原因是钢筋锈蚀及混凝土强度等级低。本案焦点问题之一是查明工程质量问题与责任主体之间的关联性。因案涉工程的钢筋和混凝土主材均为甲供材，如系材料本身出现质量问题的，则甲方承担责任的可能性更大。根据《最高人民法院关于审理建设工程施工合同纠纷案件适用法律问题的解释（一）》第十三条的规定："发包人具有下列情形之一，造成建设工程质量缺陷，应当承担过错责任：……（二）提供或者指定购买的建筑材料、建筑构配件、设备不符合强制性标准……"发包人将对建筑材料本身的质量负责。但案涉工程的质量问题并非由材料本身导致的。至少在庭审中，未有直接证据可证明钢筋和混凝土主材本身存在质量问题。法院通过对施工工序及环节等客观事实的查明，综合认定质量责任主体。

考虑到混凝土的辅材、混合搅拌、浇筑振捣等工作由乙公司负责，法院认定施工单位乙公司对混凝土质量承担主要责任。由于混凝土的质量问题，导致钢筋外露，发生锈蚀，降低钢筋的承载力。在混凝土和钢筋受力都受到影响的情况下，最终造成屋顶混凝土塌落。鉴于此，乙公司需对屋顶混凝土塌落承担主要责任。

此外，甲公司在施工过程中需与监理单位共同实施监督检测工作，在工程完工后还承担组织竣工验收等工作，其对工程质量的把关也应承担一定的责任。鉴于上述情况，法院最终认定乙公司与甲公司分别承担80%、20%的责任。

2.4 钢筋间距不符合要求

【名词解释】

绑扎钢筋网长、宽，绑扎钢筋骨架长、宽、高，纵向受力钢筋间距、排距，箍筋横向钢筋间距等不符合要求。

【规范条文】

《混凝土结构工程施工质量验收规范》GB 50204—2015

5.5.3 钢筋安装偏差及检验方法应符合表5.5.3的规定……

钢筋安装允许偏差和检验方法　　　　　　　表5.5.3

项目		允许偏差（mm）	检验方法
绑扎钢筋网	长、宽	±10	尺量
	网眼尺寸	±20	尺量连续三档，取最大偏差值
绑扎钢筋骨架	长	±10	尺量
	宽、高	±5	尺量
纵向受力钢筋	锚固长度	±20	尺量
	间距	±10	尺量两端、中间各一点，取最大偏差值
	排距	±5	
纵向受力钢筋、箍筋的混凝土保护层厚度	基础	±10	尺量
	柱、梁	±5	尺量
	板、墙、壳	±3	尺量
绑扎箍筋、横向钢筋间距		±20	尺量连续三档，取最大偏差值
钢筋弯起点位置		20	尺量
预埋件	中心线位置	5	尺量
	水平高差	+3，0	塞尺量测

注：检查中心线位置时，沿纵、横两个方向量测，并取其偏差的较大值。

问题27：约定不承担保修责任是否有效？

【判决出处】

法院：最高人民法院

案号：（2021）最高法民终1054号

名称：甲公司、乙公司等建设工程施工合同纠纷

【案情概况】

2014年5月28日，甲公司（甲方）与乙公司（乙方）签订《建设工程施工合同》，甲公司将某交易市场建设工程发包给乙公司，双方对权利义务、质量与验收、合同和价款等内容进行约定。协议签订后，乙公司进场施工。2014年12月9日甲公司支付220万元，2014年12月19日支付100万元。

2015年10月9日，双方签订《合同解除协议书》，约定：由于甲方建设资金不足无法按照合同约定支付工程款，致使合同无法履行；甲方的违约行为已造成工程延误，且给乙方造成了巨大的经济损失，双方经充分协商同意终止履行；双方对乙方已完成工程及停止施工部分进行确认；《合同解除协议书》同时约定：已完工程经验收后，乙方交付甲方，双方办理交接手续。以上工程交付后即视为合格。若第三方施工后出现任何质量问题，乙方不承担任何责任。

2016年11月7日，双方签订《协议书》，其中约定：乙方承揽范围内的工程已完工，但尚未竣工验收，乙方协助该工程的竣工验收，自相关五方单位签字盖章通过验收后20日内向甲方提交乙方承建完成项目的全部工程验收资料，该协议生效后，乙方不再承担保修责任；如因乙方不提交项目的竣工资料，甲方有权拒付剩余1000万元工程款并不承担逾期付款的违约责任；本工程质量以《建筑法》《建设工程质量管理条例》相关法律、法规的规定，以及甲、乙双方签订的《建设工程施工合同》相关条款为依据等。

甲、乙两公司约定在相关条件成就后，乙公司不再承担工程的保修责任。该约定能否豁免乙公司的保修义务，是本案的主要争议焦点

之一。

意思自治是双方签订合同的前提之一，在不违反法律强制性的规定时，当事人出于意思自治的约定应成为各方履行权利义务的依据。但对于工程行业而言，工程的质量安全不仅关系到各方当事人的权益，还与社会公共利息直接相关，《建筑法》等法律法规对于工程质量安全也有诸多强制性规定。因此在司法实践中，涉及工程质量安全的事实认定、法律适用和责任划分，不仅需要考虑当事人之间的意思自治，还要注重法律法规的强制性规定和社会公众利益。

2017年12月19日，某律师事务所就工程存在质量问题及暂不支付剩余工程款事项向乙公司发出《律师函》，要求乙公司收到此函后于2017年12月30日前予以答复并积极完成该工程的质量整改，协助竣工验收及提供验收资料，如逾期，则甲公司将暂不支付剩余工程款且不承担违约金，并保留通过法律诉讼等方式要求乙公司承担工程质量责任及赔偿损失。

律师点评

甲、乙两公司在《协议书》当中约定了乙公司承揽范围内的工程已完工，但尚未竣工验收，乙公司协助该工程的竣工验收，自相关五方单位签字盖章通过验收后20日内向甲公司提交乙公司承建完成项目的全部工程验收资料，该协议生效后，乙方不再承担保修责任。以此而言，即使不考虑国家法律法规的强制性规定，从双方约定角度而言，乙公司不承担保修责任是附条件的，包括了协助竣工验收、提交全部验收资料。而根据律师函的内容，乙公司协助竣工验收及提供验收资料的义务并未履行完毕，不承担保修责任的条件本身并未成就。

因工程款纠纷，乙公司诉至法院，要求甲公司支付工程款、赔偿违约金、承担诉讼费用等。甲公司则提起反诉，要求乙公司赔偿质量问题整改费用并承担诉讼费用。

【鉴定情况】

一审法院委托丙建筑工程质量检测站对案涉防尘网工程质量进行鉴定，2019年2月25日其出具《鉴定意见书》，鉴定意见1载明案涉工程有四处不合格，分别为：①所测的50根混凝土柱的箍筋间距合格点率为68%，不符合《混凝土结构工程施工质量验收规范》GB 50204—2015的要求，判定混凝土柱箍筋间距不合格；②所测的50根混凝土柱的垂直度合格点率为66%，不符合《混凝土结构工程施工质量验收规范》GB 50204—2015的要求，判定混凝土柱垂直度不合格；③开挖的32个混凝土基础明显可见刷沥青冷底子油的痕迹，未见沥青胶泥涂层，与设计不符，判定混凝土基础防腐做法不符合设计要求；④所测的50根混凝土柱的构件截面尺寸合格点率为40%，不符合《混凝土结构工程施工质量验收规范》GB 50204—2015的要求，判定混凝土柱的构件截面尺寸不合格。

　　　　根据鉴定单位所出具的《鉴定意见书》，案涉工程的质量问题不仅包括了箍筋间距，还涉及地基基础。

鉴定意见2载明，现场施工的该批次钢管直径检验批合格、钢管壁厚检验批合格、所测的50个预埋件螺栓外径均符合规范及检验批要求。鉴定意见3载明，该批次壁厚大于4mm钢管焊缝超声波无损检测合格。

【一审阶段法院观点】

施工单位依法应对施工的建设工程质量负责。乙公司以2016年11月7日签订的《协议书》中约定"该协议生效后，乙方不再承担保修责任"为由拒绝履行整改义务，一审法院认为，该《协议书》虽有"该协议生效后，乙方不再承担保修责任"的约定，但协议第六条亦约定："本工程质量以《建筑法》《建设工程质量管理条例》相关法律、法规的规定及甲、乙双方签订的《建设工程施工合同》相关条款为依据等"，案涉工程验收之前甲公司已实际使用了该工程，使用过程中发现案涉工程部分钢架管子开裂，贯穿性裂纹、脱落、锈蚀等，质量安全隐患显露。经鉴定，案涉工程存在混凝土柱箍筋间距不合格、混凝土柱垂直度不合格、混凝土基础防腐做法不符合设计要求及混凝土柱的构件截面尺寸不合格等地基基础工程质量问题，依据《建筑法》第六十条和《最高人民法院关于审理建设工程施工合同纠纷案件适用法律问题的解释》第十三条的规定，乙公司对案涉地基基础工程存在的质量问题应承担整改责任。

律师点评

一审法院注意到，甲、乙两公司除了约定在满足一定条件后免除乙公司的保修责任，还约定了工程质量以《建筑法》《建设工程质量管理条例》相关法律、法规的规定及双方签订的《建设工程施工合同》相关条款为依据。而《建筑法》《建设工程质量管理条例》等法律法规对于工程保修有较为系统、严格的规定，要求施工单位依法履行保修义务、承担保修责任。因此，双方的约定不仅与法律法规的强制性规定相抵触，其本身也自相矛盾、难以成立。

【二审阶段法院观点】

二审法院认为乙公司就案涉地基基础工程存在的质量责任并未免除，本案二审维持原判。

【本案小结】

工程保修是行业内招标投标、签订合同和实际履行都要面对和处理的事项，相关法规和示范条款对于施工单位而言更是耳熟能详。本案甲、乙公司自行对保修事项进行约定的情况也并非个例，免除保修责任的条款是否能够成立在本案法院判决和律师点评中都已阐明，在此不再赘述。

实践当中，当事人除了约定免除保证责任，还有约定保修期的情况。《建设工程质量管理条例》第四十条规定："在正常使用条件下，建设工程的最低保修期限为：（一）基础设施工程、房屋建筑的地基基础工程和主体结构工程，为设计文件规定的该工程的合理使用年限；（二）屋面防水工程、有防水要求的卫生间、房间和外墙面的防渗漏，为5年；（三）供热与供冷系统，为2个采暖期、供冷期；（四）电气管线、给排水管道、设备安装和装修工程，为2年。其他项目的保修期限由发包方与承包方约定。建设工程的保修期，自竣工验收合格之日起计算。"那么当事人自行约定保修期是否有效，我们认为可以分两种情况进行考虑：

一种是约定的保修期比最低期限长。这种情况原则上是可以的，因为《建设工程质量管理条例》第四十条规定的是正常使用条件下的最低保修期限，当事人可以约定更长的期限，这属于意思资质的范畴。当然，过长的保修期限可能会对施工单位较为不利，履行时易引发争议，或从技术等角度不具备可行性，这也是在拟制合同时应予以考虑的。

另一种是约定的保修期比最低期限短。《建设工程质量管理条例》第二条规定："凡在中华人民共和国境内从事建设工程的新建、扩建、改建等有关活动及实施对建设工程质量监督管理的，必须遵守本条例。"质量保修期限属于行政法规的强制性规定，当事人约定的质量保修期限短于《建设工程质量管理条例》规定的最低保修期限的，应当适用《建设工程质量管理条例》的规定。

问题28：合同终止后是否仍需对质量问题承担责任？

【判决出处】

　　法院：上海市松江区人民法院

　　案号：（2021）沪0117民初13972号

　　名称：甲公司与乙公司建设工程施工合同纠纷

【案情概况】

　　2013年12月2日，甲公司（发包人）与乙公司（承包人）签订施工合同一份，约定工程名称、工程内容、开竣工日期等事项。2015年11月30日，甲公司作为权利人取得案涉工程的房地产权证。

　　在甲公司取得房地产权证的前后，甲乙两公司之间因案涉工程质量问题产生争议，主要集中在混凝土强度、结构安全、渗漏等方面，并多次就质量问题互致信函、签署文件。

　　2016年9月19日某研究院房屋质量检测站出具案涉工程1号、2号生产车间结构检测与评估报告一份，载明：委托单位为甲公司。结论与建议指出存在的质量问题包括：2号车间未达到设计要求混凝土强度；1号、2号车间部分混凝土柱、梁纵筋实测规格小于设计值；1号车间二层现浇楼板厚度偏薄；部分框架柱承载力不满足要求等质量问题。2016年10月9日，甲公司将该报告交付乙公司，乙公司法定代表人在签收单上签字。

　　2018年1月24日，甲乙两公司签订调解协议书一份，确认签字后施工合同就此终止。

　　本案当中，甲公司作为原告，诉讼请求主要包括要求乙公司赔偿屋面防水修复损失、支付工程质量修复费用、赔偿工程质量鉴定费等；乙公司作为反诉原告，诉讼请求主要包括要求甲公司支付工程款。

律师点评

　　本案当中，双方就案涉工程的质量问题多次互致信函并签署文件，这不仅仅起到了通知的作用，还主张了权利、进行了抗辩、固定了事实和证据，具体包括了2015年1月26日乙公司向甲公司发具的工程回复函、2015年1月27日乙公司向甲公司发具的回复函、2015年7月27日乙公司向甲公司发具的工作函、2016年3月10日双方形成的《新厂房房屋质量维修备忘录》、2016年4月26日甲公司向乙公司发具的告知函、2016年10月10日甲公司向乙公司发具的告知函、2018年1月24日双方签订的调解协议书等。前述文书在本案一审判决书中逐一进行了列明，成为法庭确定基本事实、划分各方责任的重要依据。

　　当前的信息交流日趋线上化和电子化，形式也多种多样，图片、视频、语音等都可以作为信息的载体，这也不可避免地会影响到企业及其工作人员的业务往来和争议解决交流方式。在此需要指出的是，工程质量纠纷涉及方方面面，信息量较大，传统的发出信函、签订协议较为正式，并且能够对权利、义务、责任、主张等事项进行较为详细的罗列、阐明，如果应用得当仍然可以是各方进行交流的最主要形式之一。

【鉴定情况】

　　2021年6月，质量鉴定单位出具的第2020-59-1号、第2020-59-2号、第2020-59-3号鉴定意见书载明案涉工程1号、2号楼存在的质量问题包括：部分混凝土柱、梁的纵筋直径小于原设计要求；部分混凝土梁柱箍筋直径小于原设计要求；部分楼板钢筋直径小于原设计要求；1号楼一层柱、二层梁和屋面梁混凝土抗压强度，2号楼的混凝土梁柱抗压强度均小于原设计C30的要求；房屋主体结构主要存在混凝土梁斜向贯穿开裂、楼板切角裂缝、混凝土浇筑不密实等损坏现象，主要与施工缺陷等因素有关；以及其他质量问题。案涉工程3～6号楼存在的质量问题包括：外墙内、外侧墙面填充墙与框架梁柱界面处开裂渗漏水、外墙面（混凝土梁外侧）粉刷空鼓开裂渗漏水等损坏现象；4号和5号生产车间窗间墙构造柱与框架梁连接处普遍开裂；房屋外墙渗水开裂等损坏现象主要与施工缺陷、材料收缩和温差变形等因素有关；房屋屋面渗漏水主要与屋面防水存在缺陷和使用维护不当等因素有关；以及其他质量问题。

　　质量鉴定单位于2021年11月18日出具了"〔2021〕第52号"公函，载明第2020-59-1号、第2020-59-2号鉴定意见书表3-30中，第5项"混凝土梁支座处斜向开裂"、第7项"混凝土梁柱配筋不足",以及"沪房检站函〔2021〕第47号"文件中"混凝土浇筑不密实的构件"属于主体结构质量问题。关于混凝土梁柱箍筋间距,质量鉴定单位回复的意见书中描述"多数混凝土梁柱箍筋间距基本符合原设计要求"没有错误。

律师点评

　　在建设工程质量纠纷案件中,主体结构与其他部分在保修期限、处理方式、责任划分等方面都可能有所区别。出现质量问题的部分是否属于主体结构也就往往成为各方的争议焦点和法庭的关注重点。本案当中,是由质量鉴定单位专门出具文件,说明哪些属于主体结构质量问题。

　　本案质量鉴定单位的鉴定意见还对质量问题的成因进行了说明,主要包括了施工缺陷、材料收缩、温差变形、使用维护不当等情况。当然,质量问题的成因并不能与质量责任的划分之间画等号,就本案而言,甲乙两公司的责任承担还需要考虑到法律规定、合同约定、双方过错等各方面的因素。

【一审阶段法院观点】

　　甲、乙两公司所签订的建设工程施工合同系双方当事人真实意思表示,未违反法律、行政法规的强制性规定,应为合法有效,双方均应恪守,乙公司按约负有维修义务。然而在2018年1月24日,双方签订调解协议时,已明确就前述合同相关内容达成调解,合同就此终止,故双方的权利义务包括合同约定的维修责任等经双方协商一致已经终止,甲公司主张乙公司承担屋面防水修复损失及主体结构以外的质量问题的修复损失,无合同依据,本院不予支持。但主体结构的质量问题,不仅是承包人即乙公司的合同义务,亦是法定义务,故即使合同终止,因该质量问题引发的纠纷,乙公司仍应承担相应责任。现鉴定意见明确案涉房屋目前存在的部分损坏现象属于主体结构质量问题,乙公司也不同意修复,故甲公司诉请乙公司支付主体结构质量问题修复费用并无不当,本院予以支持。

律师点评

　　《建筑法》第五十八条第一款规定:"建筑施工企业对工程的施工质量负责。"第六十条第一款规定:"建筑物在合理使用寿命内,必须确保

第2章 钢筋混凝土结构 143

地基基础工程和主体结构的质量。"《建设工程质量管理条例》第四十条第一款规定："在正常使用条件下，建设工程的最低保修期限为：（一）基础设施工程、房屋建筑的地基基础工程和主体结构工程，为设计文件规定的该工程的合理使用年限……"因此，一审判决认为即使双方已通过调解终止了施工合同，但对主体结构质量问题进行维修既是约定义务，也是法定义务，在乙公司不同意修复的情况下，应由其承担修复费用。

对于防水修复损失及主体结构以外其他质量问题的修复损失，一审判决认为在双方合同终止的情况下于法无据，未予支持。除了这一理由外，还可以从以下方面进行考虑：一方面，案涉工程已于2015年取得房地产权证，在本案讼争时间段可能已超出了法定或合同约定的保修期限；另一方面，鉴定意见当中指出相关质量问题的成因包括了材料收缩、温差变形、使用维护不当等情况，可能也不宜直接归责于作为施工单位的乙公司。

【本案小结】

法院对本案的判决兼顾了当事人双方的真实意思表示和法定义务。由于本案当事人约定合同终止，故而合同中关于工程质量维修义务的约定也同时终止，施工单位不再履行约定的维修工作。但法院认为，对于工程主体结构等尚在法定保修期内的质量问题，施工单位还是需要依法承担质量保修义务。

工程质量维修一般可分两个阶段，即整改和保修。在工程竣工验收完成之前，对质量的维修属于"整改"范畴；当工程竣工验收完成进入保修期后，对质量的维修纳入"保修"范畴。对于工程的整改责任，一般按照承发包双方的约定来划分，最终通过工程竣工验收来达到对工程质量的管控。对于保修责任，除了依照双方的约定外还需要遵守《建设工程质量管理条例》等法律法规的相应规定。故而保修义务也属于法定义务。对此，《最高人民法院关于审理建设工程施工合同纠纷案件适用法律问题的解释（一）》第十七条中也强调，发包人返还工程质量保证金后，不影响承包人根据合同约定或者法律规定履行工程保修义务。本案中，案涉工程已办理产权证，一般认为已经通过了工程的竣工验收。在竣工验收合格后，工程质量出现问题，可依法适用保修责任的相关规定，故施工单位仍需在设计文件规定的合理使用年限内，对地基基础工程和主体结构工程履行保修义务。

2.5 未按规定进行箍筋加密

【名词解释】

箍筋加密属于结构抗震构造措施，根据抗震等级的不同，箍筋加密区设置有相应要求。

【规范条文】

《建筑与市政工程抗震通用规范》GB 55002—2021

5.4.2 钢—混凝土组合框架结构、钢—混凝土组合抗震墙结构、部分框支抗震墙结构、框架—抗震墙结构抗震构造应符合下列规定：1 各类型结构的框架梁和框架柱的潜在塑性铰区应采取箍筋加密等延性加强措施……

问题29：箍筋未加密是否属于主体结构不合格？

【判决出处】

法院：山东省青岛市中级人民法院

案号：（2018）鲁02民终10226号

名称：苗某与甲公司商品房预售合同纠纷

【案情概况】

2012年12月6日，苗某与甲公司签订两份《商品房预售合同》，合同乙方为苗某（房屋买受人），合同甲方为甲公司（房屋出卖人）。两套房屋规划用途均为商业。两份合同第十七条均约定，如主体结构不符合本合同附件三约定的标准，乙方有权单方面解除合同。第十八条约定，房屋交付后，乙方认为主体结构不合格的，可以委托本市有资质的建筑工程质量检测机构检测，经核验，确属主体质量不合格的，乙方有权单方面解除合同。第十九条约定，乙方行使本合同条款中约定的单方面解除本合同权利时，应书面通知甲方，甲方应当在收到乙方的书面通知起60天内将乙方已支付的房价款（包括利息，利息按中国人民银行公布的同期存款利率计算）全部退还乙方，并承担赔偿责任，赔偿金额为总房价款的0.5%，在退还房价款时一并支付给乙方。

> **律师点评**　　本案原告苗某、被告甲公司在《商品房预售合同》中对于合同解
> 除作了不同的约定：第十七条约定如主体结构不符合合同附件三约定
> 标准，乙方有权单方面解除合同；第十八条约定确属主体质量不合格的，乙方
> 有权单方面解除合同。双方发生讼争后，从常理推测，原告苗某可能倾向于第
> 十七条，被告甲公司可能倾向于第十八条。

2014年12月23日，苗某办理了房地产权证。因房屋质量纠纷，苗某诉至法院，诉讼请求包括要求解除与甲公司签订的两份《商品房预售合同》、甲公司返还购房首付款等。苗某、甲公司一致确认，涉案两套房屋现均处于正常使用中，由苗某对外租赁。

苗某主张，案涉两套房屋框架柱无箍筋加密区，不符合《混凝土结构施工图 平面整体表示方法制图规则和构造详图（现浇混凝土框架、剪力墙、框架—剪力墙、框支剪力墙结构）》03G101—1的要求，属于主体结构质量不合格；提交某鉴定技术咨询有限公司于2017年4月21日出具的专家辅助意见书一份予以证明。该意见书载明，涉案房屋在实际建设施工中不符合设计要求，存在建设质量问题。

> **律师点评**　　本案的《专家辅助意见书》当中的"专家"与《民事诉讼法》"专门
> 知识的人"有所不同。《民事诉讼法》第八十二条规定："当事人可以申
> 请人民法院通知有专门知识的人出庭，就鉴定人作出的鉴定意见或者专业问题
> 提出意见。"根据该规定，"专门知识的人"是在诉讼过程中依当事人申请由法
> 院通知对鉴定意见或者专业问题提出意见，而本案"专家"是在诉讼程序之外
> 由一方当事人委托就专门问题出具意见，其意见被一方当事人作为证据提交。

甲公司则提交建设工程竣工验收备案证一份，证明案涉房屋已经A市城乡建设委员会工程验收部门竣工验收合格并备案，不存在主体质量问题。

对于涉及房屋的工程质量纠纷，一方当事人主张工程已竣工验收合格并已备案，以此来抗辩对方当事人质量问题的情况是较为常见的。对此一般会认为：如通过质量鉴定等方式发现工程确实存在质量问题，则竣工验收备案不能对抗这一客观事实。在建设工程竣工验收备案之前，建设单位、勘察单位、设计单位、施工单位、监理单位五方单位已完成竣工验收，具体包括现场验收和资料验收等环节。但由于隐蔽工程的存在和行业实际情况，竣工验收根本无法像针对性的质量鉴定一样对所有部位展开验收，因此即使验收合格经过备案，在发现质量问题后以此进行抗辩也较难得到支持。

苗某对建设工程竣工验收备案证真实性无异议，但对证明事项有异议，称该备案证上载明，系单位工程质量竣工验收备案证明，不免除参与各方的质量责任。

【鉴定情况】

苗某申请对涉案两套房屋框架柱箍筋加密区是否加密，是否符合设计及施工规范要求，框架柱箍筋加密区未加密是否属于主体结构质量问题的范畴进行鉴定，法院依法委托某建筑工程司法鉴定所对申请事项进行鉴定，该所现场检测后出具的鉴定意见表明：所检钢筋混凝土框架柱未按照设计要求对箍筋加密区进行箍筋加密，既不符合设计及《混凝土结构施工图　平面整体表示方法制图规则和构造详图（现浇混凝土框架、剪力墙、框架—剪力墙、框支剪力墙结构）》03G101—1要求，也不满足《混凝土结构工程施工质量验收规范》GB 50204—2015的规定，在一定程度上削弱了结构的抗震性能。

根据鉴定意见内容，箍筋加密不符合设计要求及验收标准，箍筋间距过大等质量问题削弱了结构的抗震性能。但该鉴定意见书没有对主体结构是否质量合格作出判断。法院在审理过程中对这一问题也着重进行了审理和判断。

【一审阶段法院观点】

本案争议焦点为苗某单方解除合同的条件是否成就。《最高人民法院关于审理商品房买卖合同纠纷案件适用法律若干问题的解释》第九条规定："因房屋主体结构质量不合格不能交付使用，或者房屋交付使用后，房屋主体结构质量经检验确属不合格，买受人请求解除合同和赔偿损失的，应予支持。"本案中，根据司法鉴定意见书，本案所涉商品房钢筋混凝土框架柱未按设计要求对箍筋加密区进行箍筋加密，在一定程度上削弱了结构的抗震性能。该鉴定意见书未对主体结构质量是否合格作出书面认定，鉴定人员出庭接受质询称，该属于主体质量问题，但可修复，且修复不是特别复杂。本院认为：①法律规定或双方合同约定的作为合同解除条件的"主体结构不合格"，均隐含合同履行不能之意，即一方根本违约，导致另一方合同目的不能实现，而本案中，虽然框架柱属于房屋主体，其框架柱加密区未按规定加密，属于主体质量问题，但主体质量问题涵盖一般质量缺陷、结构局部损伤以及主体结构不合格等多种不同程度的主体问题，鉴定报告指出的本案存在质量问题的框架柱加密区仅为框架柱顶部约780mm的范围，且该区域未按规定进行箍筋加密的问题可以修复，因此，本院认为，该问题尚未达到主体结构不合格的程度，即本案的合同目的可以实现。②涉案房屋已交付并办理产权登记手续，且原告业已使用收益多年，框架柱箍筋加密区未按规定加密问题，并未给原告对房屋的正常使用产生实际影响。③框架柱加密区未按规定加密，对结构的抗震性能产生一定影响，而被告当庭表示愿意修复以使其满足抗震性能的要求。

综上所述，本院认为，框架柱加密区未按规定加密不构成原告解除合同的条件，原告苗某的诉讼请求本院不予支持。

律师点评

　　现实当中可能会存在一种误区，即认为涉及主体结构的质量问题都较为严重。其实不然，以本案所涉箍筋未加密的质量问题为例，鉴定人员出庭接受质询称，该情况属于主体质量问题，但可修复，且修复不是特别复杂。因此，即使质量问题涉及主体结构，也可以按严重程度进行划分、分别处理。本案一审法院认为主体质量问题涵盖一般质量缺陷、结构局部损伤以及主体结构不合格等多种不同程度的主体问题，这一观点是符合工程行业实际的。

【二审阶段法院观点】

苗某要求解除合同、返还已付购房款及利息、支付违约金并赔偿相关损失等诉讼请求无事实及法律依据，原审判决予以驳回，并无不当。因涉案房屋经鉴定确认其主体结构存在相关质量问题，在一定程度上削弱了房屋结构的抗震性能，甲公司作为房屋出卖人，应及时对上述房屋主体结构质量问题进行修复，以恢复其因此被削弱的房屋结构的抗震性能。而且，案涉两套房屋经鉴定确认其主体结构存在相关质量问题，导致双方为此发生诉讼，故甲公司应承担涉案房屋质量问题鉴定费用并承担部分诉讼费用。

律师点评　　一审法院对于苗某解除合同、返还款项等诉请不予支持，并且判令鉴定费由苗某承担。二审法院则认为，案涉房屋箍筋未加密的情况经司法鉴定确认存在，甲公司作为房屋出卖人应对交付的房屋质量负责，因此鉴定费用和部分诉讼费用应由甲公司承担，二审法院据此改判，符合法理和情理，符合公平正义的原则。

【本案小结】

因工程质量纠纷引起的案件种类多样，涉及案由不仅包括了建设工程施工合同纠纷，还可能涉及买卖合同纠纷、商品房预售合同纠纷、财产损害赔偿纠纷等，本案即是一例。《最高人民法院关于审理商品房买卖合同纠纷案件适用法律若干问题的解释》第九条规定："因房屋主体结构质量不合格不能交付使用，或者房屋交付使用后，房屋主体结构质量经核验确属不合格，买受人请求解除合同和赔偿损失的，应予支持。"之所以该规定强调"主体结构质量经核验确属不合格"，可从以下方面进行解读：

第一，对于房屋主体结构是否合格，应当经过法定程序。无论是行政主管部门依职权进行检验，还是法院依法开展司法鉴定，都属于核验的形式。房屋主体结构是否合格属于专业问题，仅通过表象难以甄别判断，因此核验程序是完全必要的，只有查明了事实情况才能够依法裁判。

第二，房屋主体结构合不合格有严格的界定标准。房屋主体结构质量问题也有轻重之分，只有少数主体结构质量问题可以被认定为主体结构不合格，大部分的房屋主体结构质量问题都可以通过维修而不是退房来解决问题。如果形象地描述主体结构不合格的质量问题，那就是严重地影响了房屋正常使用、严重地威胁到了生命财产安全。

由于商品房本身的特点，一旦出现主体结构不合格的质量问题，很可能影响到的就不是一家一户,因此对于相关质量问题的判断需要严格根据法律法规和技术规范,前述最高人民法院相关规定正是体现了这一导向。

2.6 混凝土蜂窝、孔洞、麻面、露筋、夹渣

【名词解释】

蜂窝一般指构件的混凝土表面因缺浆而形成的石子外露酥松等缺陷。孔洞一般指混凝土中超过钢筋保护层厚度的孔穴。麻面一般指混凝土表面因缺浆而呈现麻点、凹坑与气泡等缺陷。露筋一般指构件内的钢筋未被混凝土包裹而外露的缺陷。夹渣一般指混凝土中夹有杂物且深度超过保护层厚度的缺陷。

【规范条文】

《混凝土结构工程施工质量验收规范》GB 50204—2015

8.2.1 现浇结构的外观质量不得有严重缺陷……

8.2.2 现浇结构的外观质量不应有一般缺陷……

问题30:在不具备条件的情况下如何确定维修费用?

【判决出处】

法院:新疆维吾尔自治区喀什地区中级人民法院

案号:(2020)新31民终861号

名称:甲公司与乙公司建设工程施工合同纠纷

【案情概况】

2010年11月15日,甲公司与乙公司签订了建设工程合同,约定由乙公司为甲公司施工建设水泥熟料生产线,合同约定"工程未经竣工验收或竣工验收未通过发包人的发包人不得使用,发包人强行使用的,由此发生的质量问题及其他问题,由发包人承担责任"。工程竣工后,甲公司在未竣工验收的情况下于2012年5月投入使用。

2017年10月,甲公司发现乙公司施工的生料均化库筒仓出现破损等情况,甲

公司随即通知乙公司相关人员到现场进行查看并委托丙工程检测鉴定有限公司对乙公司施工建设的水泥熟料生产线——生料均化库的可靠性进行鉴定。经过鉴定，丙工程检测鉴定有限公司出具了（2017-10-820）号《鉴定报告》，评定为"甲公司日产5000t新型干法水泥熟料生产线——生料均化库的可靠性等级为三级，即不符合国家现行规范的可靠性要求，影响整体安全，应采取措施进行加固处理；北侧、东侧及南侧标高31m处筒壁存在严重隐患，应立即采取措施"。

律师点评

　　相对而言，实践当中建设工程施工合同纠纷主要涉及的工程类型为房屋建筑类，这可能是由于房屋建筑类工程基数相对较大、日常生产生活出现频率较高等原因。《建设工程质量管理条例》第二条第二款规定："本条例所称建设工程，是指土木工程、建筑工程、线路管道和设备安装工程及装修工程。"以此而言，本案所涉水泥熟料生产线也属于建设工程的范畴，受《建设工程质量管理条例》等相关法规所规制。

　　本案事实部分有两点可以予以关注：第一点是甲公司在发现案涉工程出现破损等质量问题后即通知作为施工单位的乙公司；第二点是甲公司在诉前单方面委托了专业机构对案涉工程的可靠性进行了检测，相关报告有影响整体安全、存在严重隐患等表述。前述两点情况是后续认定事实和划分责任的重要参考依据。

【鉴定情况】

　　2018年8月3日，原告申请对工程质量及整改措施进行鉴定，法院委托丁工程项目管理有限公司对案涉水泥熟料生产线——生料均化库的工程质量及整改措施进行鉴定，检验意见为：经我机构现场勘验，该案涉工程筒仓支撑内柱截面尺寸满足设计要求；实测该工程支撑内柱及筒壁的混凝土抗压强度均满足设计要求（混凝土强度检测已避开混凝土缺陷区域）；实测该工程支撑内柱的纵筋数量符合设计要求，钢筋布置数量满足设计要求；实测该工程筒壁外侧钢筋间距不满足设计要求，钢筋布置数量满足设计要求；实测该工程筒壁纵向钢筋间距满足设计要求；实测该工程筒壁外侧钢筋保护层厚度不满足设计要求；该工程筒壁混凝土存在漏筋、蜂窝、疏松、裂缝、麻面等混凝土质量缺陷，涉及东北侧、东侧、东南侧筒壁，竖向钢筋出现弯曲变形。依据《混凝土结构工程施工质量验收规范》GB 50204—2015的要求，案涉工程外观质量缺陷中纵向受力钢筋漏筋、构件主要受力部位混凝土蜂窝、疏松、裂缝属严重缺陷，影响建筑物结构性能及使用安全。依据《混凝土结构工程施工质量验收规范》GB 50204—2015的要求评定，该案涉工程外观质量中的主控项目均出现严重缺陷，即不符合国家现行标准规范的安全性要求，应整改处理后重新验收。该公司还出具了整改措施鉴定意见。

2018年9月11日，当地安全生产监督管理部门对甲公司进行安全生产检查，检查结果为："经检查，你单位60m高的生料均化库存在严重安全隐患，责令立即整改，限期30天内完成"。

为此，2018年9月12日原告与戊建筑加固工程有限公司签订《生料库加固工程施工合同》，合同约定甲公司生料库加固工程由戊建筑加固工程有限公司施工完成，约定固定总价款为1800000元，建设工期为60天，工程完工后，原告给戊建筑加固工程有限公司支付工程款1802000元。

律师点评

建设工程质量纠纷如果有较大可能存在质量问题且有案件当事人须承担相应责任，则相应的鉴定工作一般可以分为三个主要步骤：第一步是鉴定是否存在质量问题、存在哪些质量问题；第二步是对于存在的质量问题需采取哪些具体的维修措施；第三步是对已经确定的维修措施进行价格评估。本案当中，法院委托的鉴定单位提出了检验意见、出具了整改措施，但对于整改措施并没有进行造价评估鉴定。甲公司直接委托专业机构对案涉工程进行了加固，并先行支付了工程款。这是本案相较于其他案件的特殊之处，也是法庭在确认乙公司须承担费用具体金额时需要考虑的基本事实。

【一审阶段法院观点】

乙公司是否应当对该工程承担民事责任。根据《最高人民法院关于审理建设工程施工合同纠纷案件适用法律问题的解释》第十三条"建设工程未经竣工验收，发包人擅自使用后，又以使用部分质量不符合约定为由主张权利的，不予支持；但是承包人应当在建设工程的合理使用寿命内对地基基础工程和主体结构质量承担民事责任"的规定，本案中的案涉工程经鉴定机构鉴定，该工程的"外观质量中的主控项目均出现严重缺陷，即不符合国家现行标准规范的安全性要求"，明确了该案涉工程主体工程存在质量问题，因此乙公司应当承担案涉工程维修加固的民事责任。乙公司以甲公司在未经竣工验收的情况下，私自使用该工程，由此发生的质量及其他问题，应该由原告承担的抗辩理由没有法律依据，该院不予采信。

根据《合同法》第一百一十九条"当事人一方违约后，对方应当采取适当措施防止损失的扩大；没有采取适当措施致使损失扩大的，不得就扩大的损失要求赔偿。当事人因防止损失扩大而支出的合理费用，由违约方承担"的规定，本案中，甲公司多次与乙公司协商，要求乙公司对该工程进行维修加固，但乙公司迟迟未予答复，甲公司为了防止安全事故的发生及损失的扩大，根据当地安全生产监督管理部门的整改要求，对涉案工程进行了维修加固，所支出的维修加固费用应当由乙公司承担。

律师点评

案涉工程存在未经竣工验收即投入使用的情况，因此本案所涉质量问题是否属于主体结构质量问题即成为判断乙公司是否需要承担责任的重要因素之一。一审法院根据鉴定单位的"外观质量中的主控项目均出现严重缺陷，即不符合国家现行标准规范的安全性要求"等意见，结合本案其他基本事实情况，认定案涉工程存在主体结构的质量问题，应由作为施工单位的乙公司承担相应责任。

由于在发现质量问题后甲公司多次联系乙公司要求进行维修而乙公司没有给予答复，乙公司的行为构成了违约，法院因此适用原《合同法》第一百一十九条，认为甲公司维修案涉工程所支付的维修费用属于因防止损失扩大而支出的合理费用，应由违约方乙公司最终承担甲公司所支付的费用。现行的《民法典》也有相应的规定。

【二审阶段法院观点】

上诉人乙公司请求依法改判或发回重审的上诉理由不能成立，本院不予支持。

律师点评

本案中法院在没有案涉工程整改措施费用鉴定意见的情况下，根据甲公司所支付的加固维修费用等情况确定了乙公司的赔偿数额。但并不能以此认为在遇有工程质量纠纷时，要求对方承担已支付维修费用的诉请都能够得到支持。本案有其较为特殊之处：一方面，一审法院两次委托专业机构对维修费用进行评估，却都被退回，未能正常开展对整改措施的造价评估鉴定工作；另一方面，当地安全生产监督管理部门为杜绝安全隐患，要求对案涉工程在限定时间内进行整改，甲公司先行维修有较为充分的依据和现实需要。以此而言，如遇有工程质量问题，建议相关单位还应具体问题具体分析处理。

【本案小结】

案涉质量问题涉及漏筋、蜂窝、疏松、裂缝、麻面等混凝土质量缺陷，影响建筑物结构性能及使用安全。出现此类质量问题往往由施工单位的原因引起。其成因包括：混凝土的原材料及配合比不准确，混凝土搅拌时间控制不当，施工工艺选择不当，施工时未综合考虑环境气温等因素。此类混凝土质量问题不仅影响混凝土的外观，事实上还降低了混凝土结构的强度以及耐腐蚀性能，造成主体结构安全隐患。

本案中，建设单位为减少损失、控制风险，对现场质量问题自行整改。然而这无形中破坏了现场，若建设单位在维修前、维修时、维修后等各阶段未对现场作证据固定，则容易导致维修工作量无法确定，整改维修所需合理费用难以进行评估。本案中，法院在两次委托专业机构对维修费用进行评估，但都无法正常开展造价评估鉴定工作的情况下，以建设单位委托加固单位而支出的维修费用作为施工单位赔偿标准，属于自由裁量的体现。

在出现质量问题后，当事人能及时、合理地固定现场往往对纠纷争议的解决有重大的影响力。在实务中，建议尽可能以司法鉴定来确定质量问题以及损失大小。但司法鉴定一般都在诉讼阶段，且前期需履行选择委托鉴定单位以及相关程序，较为繁琐。故而很难做到质量问题一发生，司法鉴定可同步启动。但有些工程质量问题的整改维修刻不容缓，如本案所涉主体结构质量安全的问题，或者如漏水、漏电等直接影响使用的问题等。对此，当事人应该具备一定的证据固定意识和能力。对于现场证据固定，一般可从以下方面着手：

第一，委托公证机构进行现场公证，或委托第三方作现场见证。

第二，委托具备工程质量安全检测等资质的专业机构对现场进行评估，包括对质量问题成因进行分析、维修整改费用进行评估等内容。

第三，建设单位可以书面发函的方式，及时通知施工单位进行维修，必要时可通过律师函等方式发送。

第四，及时申请证据保全。因情况紧急，在证据可能灭失或者以后难以取得的情况下，当事人或利害关系人可以在提起诉讼或者申请仲裁前向证据所在地、被申请人住所地等有权限的人民法院申请保全证据。

❓ 问题31：楼顶部位出现露筋的质保期如何确定？

【判决出处】

法院：山东省青岛市中级人民法院

案号：（2022）鲁02民终10855号

名称：甲公司、乙公司建设工程施工合同纠纷

【案情概况】

2013年9月4日，甲公司（发包人）、乙公司（承包人）约定乙公司总承包甲公司开发的7～9号楼及地下室建设。2014年5月15日，甲公司、乙公司签订《建设工程施工合同》及附件工程质量保修书。

2016年6月20日、7月20日，甲公司、乙公司及勘验单位、设计单位、监理单位分别对案涉7号楼、8号楼、地下车库及9号楼进行了竣工验收。涉案工程在平度市城建档案馆的竣工验收备案证载明，案涉工程的竣工验收日期为2016年8月26日。

2020年1月10日，乙公司向法院起诉甲公司，要求甲公司支付其工程保修金292万余元及逾期付款利息20余万元，甲公司在该案审理过程中提起反诉，要求乙公司支付质量维修费用，但启动质量问题鉴定后，甲公司未及时交纳鉴定费，一审法院视为其放弃鉴定申请，对其反诉未予合并审理。2020年10月28日，一审法院作出"（2020）鲁0283民初376号"民事判决书，认定案涉工程属于必须招标的工程项目，甲公司、乙公司2013年9月4日签订的补充协议，以及中标之后于2014年5月15日签订备案的建设工程施工合同，均违反法律的强制性规定，属无效合同。判决：甲公司支付乙公司涉案工程质量保证金292万余元及利息，驳回乙公司的其他诉讼请求及甲公司的反诉请求。甲公司不服提起上诉，2021年1月25日，青岛市中级人民法院作出"（2021）鲁02民终810号"民事判决书，判决驳回上诉、维持原判。

律师点评

在施工合同无效的情况下，施工单位是否需要承担质量保修义务？

对于这一问题，无论是《建筑法》《建设工程质量管理条例》等行业法律法规，还是最高人民法院的司法解释，均未作出明确、有针对性的规定。《民法典》第七百九十三条第一款规定："建设工程施工合同无效，但是建设工程经验收合格的，可以参照合同关于工程价款的约定折价补偿承包人。"实践当中无论合同当事人是否涉诉，在建设工程验收合同的前提下，大多会按照或参照合同支付款项，其中就包括保修金。以此而言，根据权利和义务对等的原则，既然收取了保修金，当然应当履行保修的义务。但是履行保修义务的方式也将根据资质情况有所不同：如果是施工单位且有相应资质，可以由其自行履行保修义务，对出现的质量问题进行维修；如果是没有相应资质的施工单位或实际施工人，则依法其不能进行有资质要求的保修工作，而应由有相应资质的单位进行维修，对应费用由其承担。

2021年3月2日，甲公司向一审法院起诉乙公司，要求乙公司赔偿维修费用330万元及利息，案号为：(2021)鲁0283民初2592号。因鉴定时间过长，甲公司申请撤回该案诉讼后重新立案，新案件继续按程序鉴定、审理。2022年1月18日，一审法院作出"(2021)鲁0283民初2592号"民事裁定书，准许甲公司撤回起诉。2022年1月26日，甲公司再次诉来一审法院，即为"(2022)鲁0283民初1202号"案件。

【鉴定情况】

甲公司就工程质量等事项向法院申请进行司法鉴定，对于具备鉴定条件的申请事项，鉴定单位开展了工作，提供了意见书等材料。具体情况包括：

甲公司提交乙公司施工质量问题汇总表，认为涉案工程存在以下质量问题：①7号楼每户均出现墙体裂纹。②8号、9号楼每户均出现墙体裂纹。③换热站大面积渗水、漏水。④电梯井渗水严重。⑤大门西侧门卫室主体结构开裂。⑥车库顶板有渗漏痕迹。⑦屋顶送风管存在渗漏痕迹。⑧楼梯间墙体存在裂缝现象。⑨车库坡道墙体存在裂缝。⑩公共区域返潮、渗水导致腻子开裂。⑪屋面出现裂缝、钢筋外漏。甲公司申请司法鉴定，申请事项为：①依法对上述汇总表中第1、2、5、8、9、11项是否属于主体工程或地基工程保修范围内，第3、4、6、7、10项是否属于防水工程保修范围内进行鉴定。②依法对第1项鉴定申请中属于工程主体工程或地基工程保修范围内、防水工程保修范围内的项目是否存在质量问题进行鉴定。③针对第2项鉴定意见中存在的质量问题出具质量修复方案。④根据第2项鉴定出的质量问题及第3项质量修复方案鉴定进行修复费用鉴定。

律师点评

　　通过施工质量问题汇总表，发包人对现场质量问题进行了分类。

　　发包人还申请要求鉴定单位将质量问题按主体结构或地基基础、防水工程等类型进行分类，其目的在于进一步明确所提质量问题对应的保修期，因为双方约定地基基础、主体结构工程为设计文件规定的工程合理使用年限，屋面防水工程、有防水要求的卫生间、房间和外墙面的防渗为5年。从甲公司的角度而言，申请对可能出现质量问题的工程部位进行分类，有利于确认是否存在保修义务和后续责任划分。

　　2021年12月28日，鉴定单位出具质量问题及修复方案司法鉴定意见书，针对楼顶地面裂缝、露筋等情况的鉴定意见为：楼顶地面裂缝是屋顶地面做法的40mm厚细石混凝土保护层开裂，露筋是保护层中的钢筋网露筋。保护层裂缝、露筋不满足《屋面工程质量验收规范》GB 50207—2012第4.5.10条的要求。维修方案：对楼面表面混凝土保护层沿裂缝开展方向剔凿出宽20mm、深25mm的梯形槽，清理干净，剔凿时应注意不要破坏下面的防水层及分界缝位置的防水卷材，然后用聚合物防水砂浆填塞充实，表面抹平，并养护。露筋处，剔除钢筋露筋长度、宽50mm、深25mm范围的混凝土，对原钢筋除锈后，用聚合物砂浆填塞密实，表面抹平，并养护……

　　甲公司对上述鉴定意见书没有异议。乙公司对上述鉴定意见书的真实性没有异议，但对其证明事项不认可。乙公司不申请鉴定人员作出书面补充说明，也不申请鉴定人员出庭接受质询。一审法院询问乙公司是否同意按照鉴定意见书出具的质量问题及修复方案就涉案工程主体、地基、防水工程存在的质量问题进行修复，乙公司明确表示不同意修复。

律师点评

　　乙公司明确表示不同意对质量问题进行修复的逻辑在于认为质量问题并非由于其施工所造成，且修复方案仅为建议，不能作为最终实施意见，因此不同意修复，因为同意修复可能意味着自认为是由于其原因导致了相应的质量问题。

因上述鉴定意见书未区分主体工程、地基工程、防水工程。2022年1月10日，甲公司申请上述鉴定机构出具书面补充意见。

2022年3月1日，鉴定单位针对要求区分主体工程、地基工程、防水工程的申请出具书面意见，答复如下：①法院转来的委托书中鉴定内容第1项为"依法对申请人申请事项中第1、2、5、8、9、11项是否属于主体工程或地基工程保修范围内，第3、4、6、7、10项是否属于防水工程保修范围内进行鉴定"。对此，我单位曾发函明确："保修范围属于合同执行范畴，不属于建筑工程质量鉴定内容，故无法鉴定。"②根据《建筑工程施工质量验收统一标准》GB 50300—2013（以下简称"标准"）中的划分标准，按附录B划分意见书中鉴定项目如下：A.地下室渗水、漏水。与外墙、主楼范围以外的顶板渗漏属于标准附录B中地基与基础分部的地下防水子分部工程；其他位置渗漏现象、渗漏痕迹存在于抹灰层和面层，属于建筑装饰装修分部工程的抹灰子分部和涂饰子分部工程。B.楼顶地面裂缝、露筋等情况。属于屋面分部中的基层与保护子分部工程。C.楼梯间、电梯厅墙体裂缝情况。属于建筑装饰装修分部中的抹灰子分部工程。D.地上主楼楼梯间、电梯厅等公共区域墙面返潮、腻子脱落等情况。属于建筑装饰装修分部中的抹灰子分部工程。E.7号楼住户室内墙面渗漏、发霉等情况。属于建筑装饰装修分部中的抹灰子分部工程。F.小区北大门西侧门卫室。该项鉴定中分三部分。第一是门卫室东侧面，地面与东立面花岗岩面层之间有沉降高差，属于地基与基础分部中土方子分部工程；第二是北立面墙体沉降裂缝属于主体结构分部中的砌体结构；第三是台阶破损属于室外工程。

甲公司对鉴定机构的书面答复没有异议。乙公司提出如下质证意见：①回复中的"A.地下室渗水、漏水。与外墙、主楼范围以外的顶板渗漏属于标准附录B中地基与基础分部的地下防水子分部工程"内容与本案无任何关联性。②函中"F.小区北大门西侧门卫室……"内容与乙公司无任何关系。因为该条中所述小区北大门西侧门卫室不在乙公司施工承包合同范围内。③对鉴定单位答复的其他问题无异议。甲公司认为乙公司的第一条意见不成立，认为地下防水工程属于地基与基础工程的组成部分，鉴定机构的答复意见有理有据。

【一审阶段法院观点】

《民法典》第八百零一条规定，因施工人的原因致使建设工程质量不符合约定的，发包人有权请求施工人在合理期限内无偿修理或者返工、改建。经过修理或者返工、改建后，造成逾期交付的，施工人应当承担违约责任。《建设工程质量管理条例》第四十条规定，房屋建筑的地基基础工程和主体结构工程的最低保修期限为设计文件规定的该工程的合理使用年限，防水工程的最低保修期限为5年，装修工程等的最低保修期限为2年；建设工程的保修期，自竣工验收合格之日起计算。第四十一条规定，建设工程在保修范围和保修期限内发生质量问题的，施工单位应当履行保修义务，并对造成的损失承担赔偿责任。本案中，甲公司、乙公司签订的补充协议与备案的建设工程施工合同虽然无效，但双方在工程质量保修书中约定的涉案工程的质量保修期限，与上述条例规定相符，对双方当事人具有法律约束力。案涉工程于2016年6—8月分别通过了单体验收和综合验收，2021年3月2日甲公司起诉乙公司赔偿质量修复费用时，涉案工程的装修工程等保修期限已届满2年，甲公司要求乙公司赔偿装修等工程的质量修复费用，一审法院不予支持。案涉工程的主体、地基、防水工程的质量保修期限未届满。经鉴定机构鉴定，主体、地基、防水工程确实存在质量问题并出具修复方案，乙公司对上述质量问题拒绝修复，甲公司要求乙公司赔偿主体、地基、防水工程质量修复费用，符合法律规定，一审法院予以支持。

律师点评　　一审法院将甲公司要求乙公司承担责任的质量问题发生部位按是否在保修期范围内进行了划分：对于在保修期范围内的，认定乙公司应承担责任；对于在保修期范围外的，对于甲公司的诉请则不予支持。

【二审阶段法院观点】

案涉楼顶地面裂缝、露筋系在屋面防水层上方，应属建筑装饰装修范围，不属于地基、主体、防水工程，应适用装修工程质量保修期的规定，即2年。因甲公司并未提交证据证明该质量问题发生于质量保修期内，且其请求乙公司承担质量保修责任的时间已超出该保修期限，故本院对此修复费用不予支持。

律师点评

鉴定单位主要是根据《建筑工程施工质量验收统一标准》GB 50300—2013来划分相关质量问题是否属于地基基础、主体结构、防水工程或装修工程。对于楼顶地面裂缝、露筋问题所属分部分项工程的类别，二审法院根据鉴定意见书并结合常识判断，认为施工部位在屋面防水层上方，应属于装饰装修范畴。鉴于当事人约定装修工程的保修期为2年，二审法院最终判断楼顶地面出现裂缝、露筋的部位属于装修工程，在诉讼时已经超过保修期，相应的修复费用不予支持。

【本案小结】

甲、乙两公司纠纷因乙公司向甲公司要求支付保修金而起，历经数个案件、多年时间。案件当中，各方对于鉴定事项都充分发表了意见，有以下三点可以关注：

第一，关于申请鉴定的事项。一般而言，其涉及建设工程质量鉴定，主要包括三种类型：质量问题鉴定、维修方案鉴定、维修费用鉴定。甲公司除了前述三种主要类型，还提出了对质量问题发生部位所属类别的鉴定，要求明确是否属于地基基础、主体结构、防水工程等。虽然鉴定单位回复"保修范围属于合同执行范畴，不属于建筑工程质量鉴定内容，故无法鉴定"，但还是根据《建筑工程施工质量验收统一标准》GB 50300—2013对鉴定工程部位的分部类型进行了说明，一定程度上有利于法院和当事人进行判断。甲公司提出鉴定事项的相应思路可以参考。

第二，对于鉴定意见书提出意见。本案当中，双方当事人都对鉴定意见书较为充分地发表了意见：甲公司因鉴定意见书未区分主体工程、地基工程、防水工程，申请鉴定单位出具书面补充意见；乙公司也提出了多项质证意见和不认可的理由。虽然乙公司不申请鉴定人员作出书面补充说明、不申请鉴定人员出庭接受质询的行为值得商榷，但相较于某些案件当中当事人对鉴定意见书鲜少发表意见，本案甲、乙两公司提出意见较为充分，能够更加有效地维护自身权益。

第三，鉴定意见书和常识判断的结合。鉴定意见书虽然能针对专门性的问题出具专业意见，但毕竟不能代替裁判者作出裁决，也不可能解决审判中出现的所有问题。本案当中，二审法院通过楼顶地面出现裂缝、露筋的部位是在屋面防水层上方还是下方，来判断工程具体类型，进而明晰责任主体，这一思路对于类似案件的当事人而言值得借鉴。

问题32： 对于混凝土麻面等质量问题如何划分各方责任？

【判决出处】

法院：浙江省高级人民法院

案号：（2013）浙民提字第136号

名称：甲公司、乙公司、丙公司建设工程施工合同纠纷

【案情概况】

2007年3月28日，甲公司将厂房一幢及餐厅活动中心一幢承包给乙公司施工，双方签订《建筑工程承包合同书》一份。合同签订后，乙公司依约进场施工。

2008年11月15日，甲公司发函告知乙公司，其已按约支付了工程款（不包括工程质量事故扣款部分）以及施工质量多处达不到要求，要求从速整改。

为了建造上述建筑工程，甲公司与丙公司签订《商品混凝土购销合同》两份，约定由丙公司向甲公司供应商品混凝土，同时对商品混凝土的强度等级、单价、使用水泥的品牌、单价及付款时间等进行了约定。后双方在履行合同过程中发生纠纷，丙公司诉至法院，要求甲公司支付货款，而甲公司提出丙公司提供的混凝土不符合约定，存在质量问题等才未支付货款。案经一审、二审程序，对货款部分进行了判决，未对质量问题进行审查处理。

2009年2月12日，甲公司向一审法院提起本案诉讼，请求：①乙公司和丙公司共同承担工程返工、加固费用600000元，工期延误损失207500元（从2007年12月1日起计至2009年1月20日，2009年1月21日至加固验收合格完工期延误仍按每日500元计算）。②丙公司向甲公司提供《预拌混凝土》GB/T 14902—2003及《混凝土强度检验评定标准》GBJ 107—1987有关资料和合格证。③由乙公司和丙公司共同承担本案诉讼费用。

律师点评　混凝土构件表观、强度等质量纠纷是建设工程质量纠纷案件的常见类型之一。一般而言，这类案件的当事人为建设单位和施工单位。如果是建设单位和混凝土供应单位关于混凝土质量的纠纷，则相对而言更多的

是按照买卖合同纠纷来进行处理。本案为建设工程施工合同纠纷，一审被告不仅有施工单位，还包括混凝土供应单位，这是本案的特殊之处。

【鉴定情况】

在案件审理过程中，因甲公司申请，一审法院委托相关鉴定机构进行了鉴定。丁鉴定所对甲公司5号厂房、餐厅地下室工程的质量进行鉴定并出具鉴定检验报告书，鉴定结论如下：

（1）主体结构工程：5号厂房、餐厅地下一层结构构件的混凝土强度均满足设计要求。结构外观质量检查，对5号厂房地下一层和餐厅地下室一层具备检查条件的结构外观质量进行检查，检查结果如下：①5号厂房地下一层的墙体在距墙根地面约500mm处（施工缝）普遍存在不同程度墙体胀模、露筋、麻面等现象；餐厅地下一层部分构件存在混凝土麻面、疏松和露筋等外观缺陷。造成该缺陷的主要原因是模板固定不牢固和施工扰动，以及施工过程中振捣不到位和混凝土养护不及时。②餐厅地下一层部分墙体存在竖向裂缝、5号厂房地下一层的墙体普遍存在不同程度的竖向裂缝，裂缝宽度为0.15～0.4mm。部分裂缝处可见钢筋，钢筋保护层薄。5号厂房地下一层的墙面未见设置后浇带，不符合设计要求及《混凝土结构设计规范》GB 50010—2002的相关规定要求。墙面未设置后浇带，混凝土构件尺寸过长时容易出现开裂。混凝土收缩、钢筋保护层偏低和部分构件墙体水平钢筋间距过大共同影响所致。③5号厂房地下一层和餐厅地下一层的顶板板底大面积裂缝，呈龟裂状。根据裂缝出现的位置、走向和形态特征分析，造成该类裂缝的主要原因是环境温度和混凝土收缩共同影响所致。建议采取措施进行封闭处理。

（2）地下防水工程：①地下室墙体、底板所取混凝土芯样的抗渗能力均达到抗渗混凝土S6的等级要求。②混凝土墙面存在竖向裂缝，裂缝宽度普遍超过0.2mm，不符合《地下工程防水技术规范》GB 50108—2001第4.4.6条的规定；5号厂房的混凝土墙面存在多处钢筋外露锈蚀、蜂窝、胀模等外观质量缺陷，不符合《地下工程防水技术规范》GB 50108—2001第4.1.10条的规定。

后因甲公司要求鉴定机构明确相关鉴定结论，丁鉴定所于2011年8月1日作出答复："未提供各批商品混凝土的检验报告等相关材料，不能判定所使用原材料的相关性能指标。"

本案一审阶段对于工程质量进行了鉴定，鉴定结果表明案涉工程存在混凝土麻面、疏松和露筋等外观缺陷以及裂缝、钢筋外露锈蚀、蜂窝、胀模等情况。一审阶段的被告包括施工单位和混凝土供应单位，因此除了明确案涉工程是否存在质量问题外，还要查明导致前述情况的原因，鉴定结果对此表述为模板固定不牢固、施工扰动、施工过程中振捣不到位和混凝土养护不及时、环境温度和混凝土收缩等。以此而言，施工单位对于案涉工程质量问题是需要承担责任的，但混凝土供应单位是否存在责任，在未提供各批商品混凝土检验报告等相关材料的情况下则较难判断，这就需要法庭在综合考虑各方面情况后进行认定。

在建设工程质量纠纷案件当中，由于涉及较多的专业问题，因此鉴定单位所出具的鉴定意见往往会对案件裁判起到较为重要的作用。但是由于事实和技术等多方面的原因，鉴定工作也有可能具有局限性。以本案而言，对于混凝土供应单位是否应对混凝土裂缝等质量问题承担责任，由于缺乏检验报告等相关资料，鉴定单位较难从技术角度进行分析，但这并不代表混凝土供应单位就可以免责，其未能提供本应由其提供的检验报告本身即存在过错，本案的相关判决也表明其需要为案涉工程质量问题承担责任。

戊建科院于2012年3月26日出具甲公司的厂房及餐厅的地下室工程处理方案各一份。己咨询公司于2012年9月3日作出甲公司厂房及餐厅工程造价鉴定报告。庚价格事务所于2012年6月8日出具关于房屋租金价格鉴定结论。

本案鉴定事项具体包括四项：质量问题鉴定、整改方案鉴定、整改方案造价评估鉴定以及租金损失鉴定。之所以提出租金损失鉴定，主要原因在于建设单位甲公司认为质量问题影响到了其对案涉工程的正常使用，产生了较大的损失，因此要求施工单位乙公司、混凝土供应单位丙公司进行赔偿。

【一审阶段法院观点】

甲公司的损失应由乙公司、丙公司承担连带赔偿责任。

【二审阶段法院观点】

因无法分清乙公司、丙公司本案中的责任，故两公司应对本案的质量问题互负连带责任。

> **律师点评**　本案一审和二审判决均认为施工单位乙公司和混凝土供应单位丙公司应对案涉工程的质量问题承担连带责任，而之所以是连带责任，主要是由于丙公司未提供混凝土检验报告，导致通过鉴定程序未能查清质量问题是哪一方所导致。

【提审阶段法院观点】

关于涉案工程存在的部分质量问题造成的原因及其相关责任问题。根据《鉴定检验报告书》及回复函记载，涉案工程三个部分存在质量问题：①主体结构工程部分；②地下防水工程部分；③渗漏水问题。

案涉地下部分工程因施工不当造成上述诸多质量问题，作为施工单位乙公司应当承担相应的责任。至于发包方甲公司向丙公司购买的混凝土用于案涉工程，其质量是否符合合同要求及应否担责问题，在买卖双方签订的两份《商品混凝土购销合同》中对丙公司提供的商品混凝土有明确的约定，即：①其提供的商品混凝土应符合《预拌混凝土》GB/T 14902—2003及《混凝土强度检验评定标准》GBJ 107—1987的要求。②商品混凝土送货到现场后，甲公司应对坍落度当场进行检测，并按规定取样试验。③如甲公司对产品质量有异议应书面提出，对坍落度的异议应在交货时提出，对混凝土强度的异议以交货后的相关权威部门检测为准。如甲公司未按规定期限提出书面异议，则视为所交商品混凝土产品质量符合合同规定。④丙公司在接到甲公司书面异议后，应及时与甲公司共同确认，并协商处理。然从双方实际履行情况看，丙公司在将混凝土运到施工现场交付甲公司时，甲公司现场有监理人员接收，其理应依约对混凝土的坍落度进行当场检测，并按规定取样试验，索要合格证。但现有证据表明，甲公司收货时对丙公司交付的混凝土质量并未提出异议，怠于行使质量检验权，其对因混凝土质量导致工程质量问题也应承担一定的责任。

通常情况下，混凝土成型过程是水泥材料发生化学反应的过程，而对成型后的混凝土质量只能通过对混凝土的强度等级、抗渗性能等指标进行评定，而混凝土配合比、原材料性能指标直接关乎混凝土质量是否合格，且事后只能采取检查相关资料的方式确定，故鉴定机构要求丙公司提供施工记录、混凝土合格证及各批次商品混凝土的检验报告，但其未能提供，致使鉴定机构不能判定丙公司提供的混凝土质量是否合格，而涉案部分工程实际出现裂缝是不争的事实。且混凝土质量直接影响工程质量，故在丙公司不能证明其所供混凝土不存在质量问题的情况下，其对诉争工程的质量问题，亦应承担部分责任。案涉工程存在的质量问题需整改修复和加固，乙公司、丙公司、甲公司均负有责任，故应共同承担造价鉴定报告所确定的该项费用。二审判决由乙公司和丙公司承担连带责任缺乏法律依据。

关于原判酌定甲公司的损失由丙公司和乙公司共同连带赔偿是否合理问题。二审法院认为，根据甲公司资金被占用情况并结合本案案情，酌情确定乙公司、丙公司连带赔偿甲公司损失300万元。本院认为，由于案涉地下工程存在的质量问题，甲公司的5号厂房、餐厅楼未能通过竣工验收，至今也未能启用，给甲公司造成的损失客观存在。二审法院根据本案的实际情况，酌定损失数额为300万元基本得当，本院予以认同，但根据前述分析，因造成甲公司损失，三方均有责任，故本院确定三方平均分担该损失。

律师点评

本案历经基层人民法院一审、中级人民法院二审和省高级人民法院提审，最终从由施工单位乙公司、混凝土供应单位丙公司就案涉工程质量问题向建设单位甲公司承担责任改判为前述三方平均分担损失。对于为什么改判为三方平均分担损失，省高级人民法院在提审判决书当中已详细阐述。原《民法总则》第一百七十八条第三款规定："连带责任，由法律规定或者当事人约定。"《民法典》第一百七十八条第三款也是内容相同的条款。以此而言，一审和二审判决认定施工单位乙公司、混凝土供应单位丙公司须就案涉工程质量问题承担连带责任应有法律规定或者合同约定作为依据，但无论是《建筑法》还是《建设工程质量管理条例》，都没有要求施工单位和混凝土供应单位向建设单位承担质量问题连带责任的规定，并且从本案基本事实情况而言，三方也未就连带责任进行约定，这也是一审、二审判决在提审阶段被纠正的重要原因之一。

【本案小结】

工程出现质量问题后，一方当事人请求对方赔偿损失的，法院一般会根据双方的约定及各方的过错、损失大小、过错与损失之间的因果关系等因素进行裁判。本案中建设单位甲公司主张施工单位与材料供应商就质量问题承担连带责任，但事实上案涉质量问题甲公司也存在一定的过错。所涉混凝土系甲供料，且混凝土送货到现场后，甲公司未就混凝土质量提出异议，怠于行使质量检验权，其对质量问题应承担相应责任。

对于施工单位和材料供应单位的责任认定，法院原判决承担连带责任。然而连带责任需要合同约定或法律规定。就案涉工程质量损失承担上，施工单位与材料供应商并不存在承担连带责任之约定或法定前提。由此，法院最终认定施工单位与材料供应商就质量问题各自承担赔偿责任。

法院如此裁判的基础是案涉部分工程实际出现裂缝的事实，形成原因可能是施工单位未按照规定配合搅拌或施工，或是混凝土本身存在质量问题。混凝土作为工程建设中的常规主要材料，在使用之前一般需要经过严格的检测，会形成一系列施工过程中的资料。在预拌混凝土进入施工现场时，施工单位应当会同工程监理对进场的每一车预拌混凝土进行交货验收，同时需要核查预拌混凝土发货单、预拌混凝土合格证等等文件；混凝土在进场后还需要由施工单位进行混凝土的坍落度检测，并形成书面混凝土坍落度现场检测记录；若坍落度不能满足规范要求的，施工单位还需及时向监理单位反馈；待混凝土交货验收合格后，才可实施浇筑。此外，在混凝土浇筑过程中，还需由施工单位对浇筑部位取样并制作试块，以备检测。若施工单位未能依法向法院举证上述证明材料，则可能会被认定未按照规定实施材料检测工作，存在过错。

作为混凝土供应商，在提供商品混凝土时一般还需要同步提交预拌混凝土合格证、混凝土配合比设计报告、混凝土开盘鉴定、预拌混凝土质量证明书、原材料及添加剂的检验报告等证明质量合格的证明文件，同时所供混凝土需通过现场检测及抽样检测。否则，混凝土供应商在无法证明其产品符合标准的情况下，法院可以酌情认定其对已经发生的质量问题承担相应责任。

问题33： 对于混凝土夹渣等质量问题如何划分各方责任？

【判决出处】

法院：贵州省黔南布依族苗族自治州中级人民法院

案号：（2020）黔27民终3764号

名称：甲公司与高某坡等建设工程施工合同纠纷

【案情概况】

2016年9月30日，原告甲公司（甲方）与被告高某坡（乙方）签订《A酒店主体施工劳务合同》，将A酒店主体工程（含内外墙普通抹灰粉刷）发包给乙方施工。合同约定：施工内容为基础工程、主体工程、地下室及±0.00标高以上主体和内外墙，普通抹灰粉刷以图纸为准。同时双方还对付款方式、工期、工程质量要求及甲方的义务及权利进行了相应约定。

甲公司将工程发包给没有资质的个人施工，这一行为构成了违法发包。违法发包，具体是指建设单位将工程发包给个人或不具有相应资质的单位、肢解发包、违反法定程序发包及其他违反法律法规规定发包的行为。《建筑法》第六十五条规定："发包单位将工程发包给不具有相应资质条件的承包单位的，或者违反本法规定将建筑工程肢解发包的，责令改正，处以罚款。"因此，甲公司的行为违反了国家法律的禁止性规定，一旦发生工程质量纠纷，甲公司很可能被认定为须就违法发包等行为承担相应的过错责任。

2017年4月8日，高某坡与何某台签订《钢筋工施工劳动合同》，与覃某堂签订《模板工施工劳动合同》。

《房屋建筑和市政基础设施工程施工分包管理办法》第八条第二款规定："严禁个人承揽分包工程业务。"根据该条款，承包人不得是自然人个人，这主要是为了确保工程质量，保护建筑工人安全，维护建筑市场秩序。该条款的主要法律渊源则是《建筑法》第十二条："从事建筑活动的建筑施工企业、勘察单位、设计单位和工程监理单位，应当具备下列条件：（一）有符合国家规定的注册资本；（二）有与其从事的建筑活动相适应的具有法定执业资格的专业技术人员；（三）有从事相关建筑活动所应有的技术装备；（四）法律、行政法规规定的其他条件。"第十三条："从事建筑活动的建筑施工企业、勘察单位、设计单位和工程监理单位，按照其拥有的注册资本、专业技术人员、技术装备和已完成的建筑工程业绩等资质条件，划分为不同的资质等级，经资质审查合格，取得相应等级的资质证书后，方可在其资质等级许可的范围内从事建筑活动。"

就本案而言，高某坡作为没有资质的个人，在承揽到工程后又将部分工作分包给同样是个人的何某台、覃某堂，显然违反了前述法律法规，相应合同应属无效。

合同签订后，何某台、覃某堂进场施工。2018年2月12日，高某坡向何某台出具内容为"今欠何某台A酒店钢筋工班组工资总计贰拾万元整，于2018年5月25日前一次性付清"的欠条，向覃某堂出具内容为"今欠覃某堂A酒店模板工班组工资总计叁拾叁万元整，于2018年5月25日前一次性付清"的欠条，甲公司在该两份欠条上作为保证人签章，并承诺公司额外补助何某台和覃某堂。

律师点评　甲公司将工程发包给没有资质的个人高某坡，对高某坡分包给何某台、覃某堂的情况亦明知，这在各方责任如何划分时会被纳入考虑的范围之内。

2018年5月28日，高某坡以"已完成工程主体结构分部工程工作，经自检已达到工程质量要求，具备验收条件"为由向甲公司提出主体结构分部工程竣工验收申请，该公司同意进行初验；同年7月30日，双方形成主体结构外观质量验收记录。后双方因房屋修复问题发生纠纷，原告为此提起本案之诉。

【一审阶段法院观点】

原告甲公司因A酒店主体工程施工需要，于2016年9月30日与被告高某坡签订的《A酒店主体施工劳务合同》，其名为劳务合同，实为建设工程施工合同，由于高某坡作为个人没有建筑施工资质，为此双方签订的《A酒店主体施工劳务合同》因违反国家法律的强制性规定，属无效合同，由于无效的合同自始没有法律约束力，故原告主张解除与被告高某坡签订《A酒店主体施工劳务合同》，于法无据，一审法院不予支持。

> **律师点评**
>
> 无效或者被撤销的民事法律行为自始没有法律约束力。本案所涉甲公司与高某坡的施工劳务合同依法被认定为无效合同，自始至终没有法律约束力，因此不存在解除一说。解除合同的必要前提之一在于合同生效，甲公司解除合同的主张于法无据，未得到支持。

关于案涉房屋修复费用的具体数额以及该费用应当由谁承担的问题。本案在诉讼过程中，经一审法院委托鉴定机构进行鉴定，案涉房屋的修复费用在价格评估基准日的评估价格为977657元，原告甲公司及被告何某台、覃某堂对此无异议，被告高某坡除提出评估结论书中的其他费（含措施费、项目费、规费、税费）没有明细，不知哪一项具体是多少而有异议外，对其他部分没有异议，鉴于评估结论书中的其他费金额明确，未列明明细并不影响评估价格，故一审法院确认涉案房屋的修复费用为977657元；至于该费用应由谁承担的问题，因原告明知高某坡作为个人没有建筑施工资质而将涉案工程发包给高某坡，存在过错，依法应与高某坡各自承担相应的民事责任，故综合本案实际，酌情确定由双方各承担50%的责任即488828.50元。

同时，由于原告在本案中表示不对工程质量进行鉴定，而工程存在质量问题有可能是多方原因造成，因此无法确定本案系何某台和覃某堂班组劳务施工质量不合格造成，故原告要求被告何某台、覃某堂承担赔偿责任，证据不足，一审法院不予支持。

律师点评　原告甲公司在本案一审程序中明确表示不对工程质量进行鉴定，其逻辑在于：何某台、覃某堂对于鉴定机构出具修复费用未提出异议，高某坡除了提出评估结论书中的其他费（含措施费、项目费、规费、税费）没有明细，对其他部分也没有异议；因此，各方均对于案涉工程有质量问题须进行修复其实基本观点是一致的，至于具体的责任划分，因为案涉工程具体由高某坡、何某台、覃某堂实施，在该事实明确的情况下也可以判断。

【二审阶段法院观点】

二审期间，上诉人甲公司向本院提交《征询意见申请书》，要求鉴定机构对作出的价格评估结论书中《价格评估明细表》所载明需要修复的项目进行说明。2020年12月3日，本院依法要求鉴定机构对前述《征询意见申请书》的内容进行回函。2020年12月24日，本院依法调查质证，组织各方当事人对回函发表意见，并要求鉴定机构评估人员张某某出庭接受质询。调查质证中，上诉人高某坡自认混凝土配比是其现场配比；被上诉人何某台自认混凝土垫块工序由其负责，且该道工序起到水泥保护层的作用，以防止钢筋外露；被上诉人覃某堂自认剪力墙和模板清理工程由其负责。

律师点评　在二审过程中，高某坡、何某台、覃某堂对于各自的工作内容进行了自认，有利于法院根据《价格评估明细表》等材料、结合本案基本事实情况对各方责任作明确的划分。

上诉人高某坡是案涉工程的实际承包人，而被上诉人何某台和覃某堂则是案涉工程中钢筋、模板工程的具体分包人。根据《建筑法》第二十九条第二款"建筑工程总承包单位按照总承包合同的约定对建设单位负责；分包单位按照分包合同的约定对总承包单位负责。总承包单位和分包单位就分包工程对建设单位承担连带责任"的规定，分包人何某台、覃某堂与承包人高某坡就分包工程对上诉人甲公司承担连带责任。

甲公司将案涉工程分包给不具有施工资质的上诉人高某坡，存在过错，对案涉工程所需的修复费用，一审法院综合本案实际，酌情确定由双方各承担50%的责任，并无不当。

案涉工程修复费用977657元，上诉人甲公司自行承担488828.50元，上诉人高某坡承担488828.50元，并承担鉴定费22500元，共计511328.50元，其中，被上诉人何某台在其分包钢筋工程所产生修复费用112520.98元范围内与高某坡承担连带责任，被上诉人覃某堂在其分包模板工程所产生修复费用215494.97元范围内与高某坡承担连带责任。

律师点评

一审法院认为，由于甲公司未申请进行质量鉴定，无法确定案涉工程质量问题是否与何某台、覃某堂工作质量有关，因此甲公司要求何某台、覃某堂承担赔偿责任证据不足，不予支持。

二审法院进一步查明了高某坡、何某台、覃某堂的各自工作内容，认为何某台、覃某堂在各自工作范围内均存在质量问题，应分别就工作范围和高某坡向甲公司承担连带责任，因此对一审判决作出改判。

【本案小结】

本案涉及在出现混凝土夹渣等质量问题后如何在发包人、承包人（实际施工人）、劳务分包人之间划分责任、确定赔偿金额，并且二审法院还对一审判决作出改判，并详细说明过程、阐释理由，可以参考。关于本案，有以下两点可以关注：

第一，当事人对于维修费用评估报告可以在上诉和二审阶段继续提出意见。本案当中，维修费用评估报告是法院认定质量问题赔偿金额的基本依据，虽然承包人（实际施工人）提出的异议未被采纳，劳务分包人提出未提出异议，但由于一审法院对于甲公司要求两劳务分包人承担维修费用的诉请未予支持，甲公司在二审阶段提出意见，要求鉴定机构对《价格评估明细表》所载明需要修复的项目进行说明。鉴定机构据此作出回函，结合承包人（实际施工人）、劳务分包人的自认，二审法院作出改判，要求两劳务分包人在实际工作范围内和承包人（实际施工人）承担连带责任。甲公司对维修费用评估报告提出意见的行为更好地维护了合法权益，可以借鉴参考。即使对鉴定机构出具的鉴定意见书金额没有异议，仍可根据一审判决情况和自身诉求在二审阶段继续提出意见，以争取进一步查明事实情况。

第二，如果能通过其他途径查明事实情况，可不申请对于质量问题进行司法鉴定。一旦涉及建设工程质量纠纷，当事人往往会申请质量鉴定。相较于造价鉴定，质量鉴定可能耗时更长,并且由于难以还原施工过程中的事实情况,引起质量问题的原因较难查明、责任较难划分,这就会给当事人造成讼累。本案当中,因结合当事人自认即可判断质量问题责任,作出判决,这种情况就无须再进行质量司法鉴定。当然,我们提出这一点也并非鼓励凡遇工程质量纠纷即不顾事实情况规避司法鉴定,当事人还应充分考虑诉请、案情、专业问题、诉讼风险等事项后进行决策。

2.7 混凝土裂缝

【名词解释】

混凝土表面、内部出现裂缝。

【规范条文】

《建筑结构检测技术标准》GB/T 50344—2019

4.5.8 混凝土结构工程的裂缝应按现行行业标准《建筑工程裂缝防治技术规程》JGJ/T 317判定裂缝的原因。

4.5.10 混凝土结构的裂缝应按现行行业标准《建筑工程裂缝防治技术规程》JGJ/T 317的规定,进行下列识别和判定:

1 施工阶段裂缝与使用阶段裂缝的识别;

2 使用阶段裂缝开裂原因的判定。

问题34: 发现混凝土裂缝等质量问题如何及时提出?

【判决出处】

法院:最高人民法院

案号:(2020)最高法民终1225号

名称:甲公司、乙公司建设工程施工合同纠纷

【案情概况】

2008年8月31日,发包人甲公司与承包人乙公司签订《施工协议》,约定由乙公司承包某地块A区1～4号楼、16～37号楼,共26栋楼工程;承包内容为土建、

水、电、暖。

2010年9月2日，甲公司与乙公司签订《建设工程施工合同》，约定乙公司承包某地块A区80～86号楼及地下室工程，工程总建筑面积约114777m²，框剪结构，16～24层。承包范围为施工图的全部内容。

甲公司与乙公司还签订一份《某地块D区18～21号楼补充施工协议》，约定乙公司承包某地块D区18～21号楼工程。

后乙公司因工程款纠纷将甲公司诉至公司，主要诉请包括：①判令甲公司支付工程款98036021.9元。②判令甲公司承担逾期支付工程款利息（以98036021.9元为基数从逾期付款日计算至付清款项之日止）。③判令乙公司对案涉工程在欠款范围内享有建设工程价款优先受偿权。④本案的诉讼费用均由甲公司负担。

律师点评 本案当中乙公司作为施工单位以甲公司欠付工程款为由提起诉讼，并且在诉请中主张享有对案涉工程的建设工程价款优先受偿权。甲公司应诉后主张乙公司所承建的案涉工程存在质量问题，以此作为抗辩乙公司要求支付工程款的主要理由之一，但是甲公司在本案中并未就其所称的质量问题提起反诉，仅以答辩的形式要求乙公司进行保修、赔偿损失或承担其他责任。

【一审阶段法院观点】

关于案涉工程是否存有质量问题，甲公司认为，案涉工程A区1～4号楼、16～37号楼，D区18～21号楼自2014年1月起，即存在外墙保温板脱落，消防疏散楼梯不符合设计要求，室内地面混凝土裂缝、空鼓，卫生间防水无砂浆保护层，屋面混凝土保护强度不足，地下室，地下室漏水等严重质量问题催告，乙公司至今仍未履行维修责任。对此，一审法院认为：第一，从甲公司提供的证据看，《工程质量整改通知单》《督促函》《违约责任告知函》《告知函》《关于重申D区地下室施工要求的函》《工作联系函》以及现场照片均没有乙公司盖章或工作人员签字确认。乙公司对上述证据的真实性提出异议，一审法院对其真实性无法确认。第二，甲公司主张从2014年1月起发现案涉工程存有质量问题。2014年1月至2014年9月期间，甲公司与乙公司关于案涉工程款结算问题正进行会议协商及对账工作，但甲公司对工程质量问题并未提交会议议程。第三，甲公司在2015年至2016年向乙公司支付工程款期间，对工程质量亦未提出过任何异议，其付款行为与质量问题的抗辩相矛盾。第四，案涉工程均已竣工并交付，甲公司在2014年4月8日《工作联络函》中自认案涉工程于2012年10月交付给甲公司，按照一审庭审中甲公司自认交付时间2013年11月8日起计算，已过最长5年的质保期。综上所述，对甲公司有关工程存有质量问题的证据及抗辩意见、扣除质保金的主张，一审法院不予采信。

律师点评

　　2000年，建设部发布《房屋建筑工程质量保修办法》，第九条规定："房屋建筑工程在保修期限内出现质量缺陷，建设单位或者房屋建筑所有人应当向施工单位发出保修通知。施工单位接到保修通知后，应当到现场核查情况，在保修书约定的时间内予以保修……"但是甲公司未能举证证明在保修期内曾通知乙公司对案涉工程进行保修，因此其关于质量问题及扣除质保金等相应主张未得到法庭的采信。

【二审阶段法院观点】

　　关于质保金是否应予扣除的问题，甲公司主张案涉工程部分区域存在诸多质量问题，乙公司拒不履行维修义务的行为已经构成违约，甲公司有权拒付案涉工程款5%的质保金，具体金额为4969151.819元。《最高人民法院关于审理建设工程施工合同纠纷案件适用法律问题的解释》第十一条规定："因承包人的过错造成建设工程质量不符合约定，承包人拒绝修理、返工或者改建，发包人请求减少支付工程价款的，应予支持。"第十三条规定："建设工程未经竣工验收，发包人擅自使用后，又以使用部分质量不符合约定为由主张权利的，不予支持；但是承包人应当在建设工程的合理使用寿命内对地基基础工程和主体结构质量承担民事责任。"本案中，甲公司主张存在施工质量问题，但其提交的《工程质量整改通知单》《督促函》《违约责任告知函》《告知函》《关于重申D区地下室施工要求的函》《工作联系函》等均系甲公司单方出具，部分无乙公司盖章或工作人员签字，部分有签字但无法证明系乙公司的工作人员所签认。因此，一审法院认定在乙公司不予认可的情况下，上述证据材料的真实性无法确认，无法证明乙公司拒不履行维修义务，并无不当。另外，甲公司主张从2014年1月起即发现案涉工程存有质量问题，但在2014年1—9月甲公司与乙公司就案涉工程款结算问题进行会议协商及对账工作期间，以及2015—2016年向乙公司支付工程款期间，甲公司始终未对工程质量提出过任何异议，且甲公司自认交付时间为2013年11月8日，已超过最长5年的质保期。因此，甲公司关于应从工程款数额中再扣除4969151.819元质保金的上诉理由，缺乏事实依据，本院不予支持。

律师点评

2000年，建设部发布《房屋建筑工程质量保修办法》，第十二条规定："施工单位不按工程质量保修书约定保修的，建设单位可以另行委托其他单位保修，由原施工单位承担相应责任。"从当前的实践情况而言，即使工程交付后在保修期内出现了由于施工单位原因引起的质量问题，且施工单位未能依法依约进行保修，建设单位也不能直接拒付所有的质保金，一般应当根据所承担的维修金额来确定。如果少于质保金金额，剩余部分仍需要支付；如果多于质保金金额，施工单位不仅得不到质保金，还需要承担超出部分的款项。

【本案小结】

通过对本案的分析，可以发现出现工程质量问题后，当事人应该及时提出索赔申请或主张违约责任。

工程索赔是项目管理的重要环节。在建设工程施工合同履行过程中，合同当事人因非自身原因受到经济损失或权利损害时，可以根据法定或约定的依据，按照相关程序向对方主张权利。实务中，承发包双方往往会在施工合同中约定索赔流程及期限：如《建设工程施工合同》GF—2017—0201通用条款第19.3条"发包人的索赔"，以及《建设项目工程总承包合同》GF—2020—0216通用条款第19.1条"索赔的提出"等示范文本条款均对发起工程索赔的流程及期限作出了详尽的约定。诸多示范文本之所以都有相关约定，其目的还是希望当事人在索赔事件发生后，能依据较为规范的发起程序，通过提供完善的索赔申请及资料，及时主张自身权利。同时，为了避免怠于索赔，影响现场证据的固定，上述示范文本还约定了提起索赔期限。施工过程中的及时索赔，是当事人保护自身权益的有效措施。

当出现工程质量问题时，除了通过索赔的方式主张权利外，当事人还可以依据法律规定或双方约定，主张责任方承担违约责任。导致违约的事由一般仅限于对方违约，这是违约责任和索赔的区别之一。相比之下，索赔事由的范围较违约更广。索赔事由除了对方违约外，还可能因不可抗力、国家政策、市场波动、法律变动等等非当事人原因导致。然而当工程质量发生问题时，如能确定系承包人施工原因导致的，则发包人可根据《最高人民法院关于审理建设工程施工合同纠纷案件适用法律问题的解释（一）》第十二条等规定要求承包人承担法律责任。

 **问题35**：是否能以另案判决作为判断混凝土裂缝责任的依据？

【判决出处】

法院：上海市第二中级人民法院

案号：（2013）沪二中民二（民）终字第937号

名称：甲公司与乙公司建设工程施工合同纠纷

【案情概况】

2005年9月6日，甲公司与乙公司签订《施工承包合同》一份，约定由乙公司承建甲公司新厂区工程，双方就工程款已经结清。案外人丙公司是项目混凝土供应商，2005年10月14日，甲公司（购买方）与丙公司（销售方）签订《上海预拌混凝土购销合同》一份。

在甲公司、乙公司合同履行过程中，乙公司施工的7号车间混凝土楼板梁出现裂缝质量问题。2006年6月20日，丙公司向甲公司发出《有关裂缝情况和修补的预案》，主要内容为"2006年6月11日在贵工地施工了7号车间楼板梁"。2006年6月13日下午，丙公司品质部接到工地电话，称楼面出现裂缝，2006年6月14日和6月15日，丙公司去工地了解情况，丙公司认为结构主体不应存在质量问题，是否有质量问题有待设计院最后确认，并提出三种修补方案供甲公司参考。

2006年7月，甲公司委托丁建科院对甲公司车间二层8～13轴板梁裂缝检测，该院于7月21日出具检测报告。结论为本工程的混凝土收缩裂缝严重，主要有以下原因：①粉煤灰掺量偏高；②混凝土强度偏高；③施工时混凝土性能不良和加水；④养护措施不到位。2006年8月29日，戊建科院发展公司出具了施工方案，施工方案记载委托单位为丙公司。之后，丙公司对梁板裂缝采用环氧树脂灌缝进行封闭处理，未采取其他修补措施。但甲公司与丙公司之间的争议未解决。

律师点评

专业机构对于混凝土裂缝检测的结论认为主要原因包括粉煤灰掺量偏高、混凝土强度偏高、施工时混凝土性能不良和加水、养护措施不到位。其中，粉煤灰掺量偏高、混凝土强度偏高这两个原因可能和材料供应商的供货质量有关。

为解决双方之争议，丙公司曾于2008年1月30日将甲公司诉至法院，案号为：（2008）青民二（商）初字第305号。

2009年11月21日，甲公司、丙公司同意就"（2008）青民二（商）初字第305号"案件撤回本、反诉，双方先自行和解，如协商不成再诉诸法院，一致同意再次诉讼时将"（2008）青民二（商）初字第305号"案件的庭审笔录、证据等作为新诉案件确认的事实。

之后，甲公司、丙公司双方协商不成，丙公司于2010年2月提起"（2010）青民二（商）初字第278号"案件诉讼。

在"（2010）青民二（商）初字第278号"案件中，法院查明：根据鉴定结论，9次记录中6次粉煤灰掺量超过20%，数值为20.1%~20.7%，略超合同标准，对此丙公司提出了种种异议。丙公司认为只要所供混凝土符合合同约定的强度要求即是符合合同要求，原审法院认为，不同配合比可以生产同一强度等级的混凝土，合同已约定了具体的质量标准，粉煤灰的含量也是判定质量是否合乎合同要求的标准之一。丙公司主张其只是供货商，至于甲公司浇捣在何处是甲公司的事情之抗辩；原审法院认为，丙公司提供的发货单和结算单上都列明浇捣部位，发货单上清楚写明浇捣位置是7号车间楼板梁，说明丙公司十分清楚这一车次混凝土浇捣到甲公司厂房的具体位置，根据合同对混凝土的质量标准适用《粉煤灰渣在混凝土和砂浆中应用技术规程》DG/TJ 08—230—2006的规定，在地面上部钢筋混凝土结构中，粉煤灰取代水泥的最大限量为20%，故丙公司提供混凝土的粉煤灰的最大限量应为20%，但最终检测结果的含量略高于合同约定，与2009年6月11日丙公司随车交付的《混凝土配合比报告》中记载混凝土粉煤灰含量为20%也稍有差异。据此，丙公司提供的混凝土不完全符合合同约定，存在一定质量问题。根据鉴定报告第二结论，在浇捣过程中存在加水的事实，但双方均否认系自己所为，该事实无法查清，无证据证明该过错责任只是丙公司单方责任。据此，原审法院酌定丙公司承担房屋修复费用500000元。

律师点评　在混凝土制作过程中，可以视情况用粉煤灰等掺合料部分取代水泥。混凝土当中掺用粉煤灰，如果使用得当，能够发挥改善和易性、抑制泌水、降低水化热等优势，但粉煤灰质量不稳定等因素也可能对混凝土的整体性和一致性造成不利影响。

　　就本案而言，丙公司提供的混凝土粉煤灰含量既超出合同约定，也超出《粉煤灰渣在混凝土和砂浆中应用技术规程》DG/TJ 08—230—2006，并且现场出现了裂缝，因此法院认为丙公司应根据过错程度承担责任。至于丙公司抗辩混凝土强度已达标即符合约定，法院未予采纳。因为混凝土的主要技术指标不仅包括了强度，还包括了和易性、耐久性等，并非只要强度达标，混凝土的质量即可以认定为合格，还要考虑其他技术指标并结合现场实际情况进行判断。

　　"（2010）青民二（商）初字第278号"案件中法院只审查了丙公司、甲公司之间的买卖合同纠纷，对于涉及施工方、监理方责任，法院未发表意见，认为如有争议，当事人可依据相关证据另行主张权利。2012年9月26日甲公司诉至原审法院，就剩余损失诉请乙公司承担，遂成本案。

律师点评　"（2010）青民二（商）初字第278号"案件的基础法律关系是买卖合同关系，而本案的基础法律关系是建设工程施工合同法律关系，因此两案是基于不同法律关系而形成的两个独立的诉讼。在"（2010）青民二（商）初字第278号"案件中，法院根据买卖合同关系这一基础法律关系，主要针对甲公司和丙公司所签订《预拌混凝土购销合同》所涉权利义务、实际履行情况、标的物（混凝土）质量等事项进行查明认定；而对于甲公司和乙公司之间的建设工程施工合同关系即使涉及，也主要是核查与买卖合同纠纷案件相关的事实情况。并且，乙公司既不是买卖合同关系当中的权利义务主体，也不是"（2010）青民二（商）初字第278号"案件的当事人，甲公司另行起诉符合法律规定。

【鉴定情况】

　　"（2008）青民二（商）初字第305号"案件中，已房屋检测站作为鉴定单位对甲公司7车间二层8～13处梁板进行了鉴定。该站于2009年4月1日出具报告，分析原因为：①所检测区域的混凝土的粉煤灰掺量偏高；②施工时混凝土坍落度问题；③养护措施不到位。结论和建议：①甲公司7车间二层东段8～13轴梁、板混凝土开裂主要是由混凝土的材料中高钙灰过高引起，另外，施工过程中的混凝土擅自加水和养护措施不到位，也加剧了楼板及梁上裂缝的开展。②经检测，该范围内的混凝土开裂情况较严重，且开裂处混凝土强度未达到设计要求的标准，目前不适合按原设计要求进行使用，需对部分结构进行补强加固处理。③根据调查，7车间二层东段8～13轴梁、板混凝土裂缝曾经由戊建科院发展公司采用环氧树脂灌缝的方式进行修补，目前原有裂缝已封闭且未再发展，但未进行结构补强。建议楼板底南北向采用型钢梁或其他有效措施进行加固。

律师点评　　对于混凝土裂缝等质量问题，鉴定机构分析的原因包括：第一，所检测区域的混凝土的粉煤灰掺量偏高；第二，施工时混凝土坍落度问题；第三，养护措施不到位。这一情况在案涉工程前后数个与质量纠纷有关的案件中都是法院在进行裁判时要重点考虑的前提。

【一审阶段法院观点】

甲公司与乙公司之间《施工承包合同》系双方当事人真实意思表示，应为合法、有效，双方均应恪守。在甲公司、乙公司合同履行过程中，乙公司施工的7号车间混凝土楼板梁出现裂缝质量问题。关于导致混凝土开裂的原因已在本案诉讼之前甲公司与案外人丙公司买卖合同纠纷相关诉讼中经法院终审查明确认：①混凝土存在粉煤灰掺量略超技术标准规定的最大限量的现象。②施工方乙公司在混凝土振捣完毕后未采取加强养护的措施。③在当天的施工过程中，因混凝土无法泵出，而存在加水现象。对此，法院结合本案双方对于"未采取加强养护措施"的诉辩意见以及先前诉讼中对于相关责任的认定、损失的确定，认为乙公司未采取加强养护措施等行为并非造成本案房屋质量问题及损失形成的主要责任方，因此法院酌情确定乙公司应负担甲公司维修费用200000元。

律师点评
　　《最高人民法院关于民事诉讼证据的若干规定》第十条规定："下列事实，当事人无须举证证明：……（六）已为人民法院发生法律效力的裁判所确认的基本事实……"以此而言，已生效判决确认的事实，在没有相反证据证明的情况下，可以作为裁判依据。

　　乙公司作为施工单位，对混凝土未采取加强养护的措施，存在一定的过错，在前案生效判决中已有相关认定。因此在甲公司向乙公司主张工程质量问题赔偿之诉中，甲公司一般无须就该情况承担新的举证责任。

【二审阶段法院观点】

　　已生效判决确认乙公司对其施工的7号车间混凝土楼板梁出现裂缝负有相关责任，现乙公司上诉主张其对施工当天混凝土无法泵出不知情且对加水不应负有责任，对该节上诉理由不予采纳。驳回上诉，维持原判。

律师点评
　　《民法典》第七百七十六条规定："承揽人发现定作人提供的图纸或者技术要求不合理的，应当及时通知定作人……"根据该规定，施工单位作为建设工程这一特定标的物的承揽人，对施工所涉图纸、技术和过程均须承担审慎注意的义务。乙公司在混凝土浇捣过程中应进行检查，在混凝土浇捣后应进行养护，换言之，在混凝土施工全过程中乙公司均应全程承担施工单位的责任，其上诉理由与此相悖，法院认为不能成立。

【本案小结】

　　本案为建设合同施工合同纠纷，发生于建设单位甲公司和施工单位乙公司之间，主要争议焦点是施工单位乙公司对于案涉工程出现混凝土裂缝等质量问题是否应承担责任。在此之前甲公司与混凝土供应商丙公司之间曾因买卖合同纠纷发生了"（2008）青民二（商）初字第305号""（2010）青民二（商）初字第278号"等案件，案件所查明的基本事实和裁判情况在本案当中也被纳入了考虑范围，特别是在"（2008）青民二（商）初字第305号"案件中进行的司法鉴定，对于判断施工单位乙公司是否应对混凝土裂缝承担责任起到了较为重要的作用。

那么另案当中形成的司法鉴定意见能否直接在本案中作为鉴定意见使用呢。有一种观点认为：鉴定意见应当是在本案审理中依法申请、形成和使用，在本案中提供另案的司法鉴定意见，只宜作为一般书证，而不应作为本案的司法鉴定意见使用。对此，我们认为另案的司法鉴定意见在满足以下条件后一定程度上在本案中可起到司法鉴定意见的作用：

第一，另案司法鉴定意见所涉工程项目与本案应当相同，并且作出意见所依据的工程实际状况和施工资料等证据材料没有发生变化。

第二，另案司法鉴定意见内容确与本案争议纠纷相关，比如：另案司法鉴定意见仅对混凝土质量问题进行了鉴定而未涉及维修方案，而本案主要就要确定赔偿金额如何承担，那么就无法直接使用。

第三，另案作出的司法鉴定意见没有效力方面的瑕疵，鉴定人应具备相应资质资格，鉴定程序符合法律规定和技术要求。

第四，本案各方当事人对于另案司法鉴定意见情况和结论知晓，即使未参与另案的审理过程，但在本案审理过程中也充分告知了相应的情况。

第五，在本案审理过程中对于另案司法鉴定意见的处理满足了程序要求，本案各方当事人依法进行了质证、发表了意见，还可以视案情进行补充调查、要求鉴定人出庭说明情况或发表书面意见。

问题36：出现混凝土裂缝等质量问题后如何划分责任？

【判决出处】

法院：江西省新余市渝水区人民法院

案号：（2019）赣0502民再3号

名称：甲公司与曹某云、刘某平等建设工程施工合同纠纷

【案情概况】

2012年10月8日，甲公司作为发包人与乙公司作为承包人签订协议约定：乙公司同意将某小区二期地下车库工程分包给曹某云，由甲公司直接向曹某云支付工程款，并与曹某云办理竣工验收、结算等事宜；乙公司收取的该项目管理费由甲公司代扣直接支付给乙公司。

2012年10月18日，甲公司与乙公司就某小区二期地下车库工程签订《建设工

程施工合同》一份，对工程相关事项进行了约定，曹某云作为乙公司委托代表人在合同上签字。同日，曹某云、刘某平与乙公司签订《工程内部承包协议》一份，约定：乙公司根据与甲公司签订的工程项目施工合同、补充协议等，以包人工、包材料、包机械、包质量、包安全、包工期、包文明施工的方式，将某小区二期地下车库工程施工全过程交给曹某云、刘某平承包，曹某云、刘某平自筹资金、独立核算、自负盈亏，承担该工程项目承包经营和施工所发生的一切税、费等各种开支费用；乙公司协助曹某云、刘某平处理有关生产经营和对外工作事宜，有义务为曹某云、刘某平提供工程所需要的相关证件、资料；乙公司同意曹某云、刘某平直接与甲公司办理竣工结算并收取工程款等。

2013年6月26日，乙公司中标某小区二期工程，并于2013年6月30日与甲公司签订关于小区21～38号楼、51号楼及地下车库工程的《建设工程施工合同》一份。小区二期地下车库工程中的21～30号、34～36号楼的地下车库工程，由曹某云实际施工，31～33号、37～38号楼的地下车库工程，由刘某平实际施工。

2015年7月30日，经甲公司与刘某平结算，刘某平施工的工程款为9347199.94元。2016年3月24日，经甲公司与曹某云结算，曹某云施工的工程款为27465551.98元。曹某云施工的工程款占案涉工程款的比例为74.61%，刘某平施工的工程款占案涉工程款的比例为25.39%。

上述工程完工后，工程梁、板出现大量裂缝，存在结构安全隐患。甲公司认为曹某云、刘某平等对此应承担责任，本案遂成讼。

律师点评

关于本案，一审法院曾作出"（2014）渝民初字第01167号"民事判决书并已发生法律效力。后一审法院决定再审本案，在作出"（2017）赣0502民再2号"民事判决后，曹某云、刘某平不服该判决、提起上诉。二审法院裁定发回重审后，一审法院另组合议庭审理本案。本案所涉争议迁延数年，涉及当事方较多，包括了发包方、承包方、实际施工人以及材料供应商，对于责任到底如何划分各方争议较大，对于相关实践工作有一定的参考意义。

从本案基本事实来看，可以发现发包方明确知晓承包方将案涉工程分包给没有资质的实际施工人进行施工，并且与实际施工人进行了结算，在法庭对各方责任进行划分时这一情况被纳入了考虑范围。

【鉴定情况】

经甲公司申请，法院委托甲公司与曹某云、刘某平、乙公司协商选定的鉴定机构对案涉工程梁、板裂缝原因进行了鉴定，鉴定意见为：顶梁、顶板大面积裂缝的形成与混凝土自身的收缩性、混凝土质量控制不严、存在施工质量问题和原材料问题、针对结构自身特点采取的裂缝控制措施不足、结构所处环境温差大以及施工过程缺乏有效监管等因素有关，是多种因素综合作用的结果。

律师点评

鉴定意见表明案涉工程的质量问题与混凝土自身的收缩性、混凝土质量把控不严等因素有关，其中也涉及原材料问题。那么原材料问题是否可以直接归责于材料供应商，对此我们认为应持较为谨慎的态度。原材料问题可能是因为原材料本身存在产品质量问题，也有可能是原材料不符合设计要求、原材料在施工现场使用或养护不当等原因，而不同的原因可能导致责任划分的不同。因此，在建设工程质量纠纷案件当中，如果当事人对于鉴定意见当中的原材料问题有不同意见，可以在质证阶段提出，要求鉴定机构对此进行说明。

【原审阶段法院观点】

甲公司起诉后，曹某云、刘某平于2014年5月22日向法院申请追加A公司、习某敏、B公司、C公司为本案第三人；甲公司于2014年7月1日向法院申请追加乙公司为本案被告，要求乙公司与曹某云、刘某平共同对甲公司工程修复、加固所造成的损失承担赔偿责任。

原审认为，本案属建设工程施工合同纠纷。本案的争议焦点为：①曹某云、刘某平、乙公司承建的工程是否存在质量问题，应否承担损害赔偿责任；②A公司、习某敏、B公司、C公司是否与曹某云、刘某平、乙公司承担连带责任。

针对第一个争议焦点，本院原审认为，曹某云、刘某平对甲公司将工程修复、加固所受损失，应承担赔偿责任；乙公司承担连带赔偿责任。又因地下车库面积大，甲公司对该工程设计的构造措施和结构所处环境及对工程缺乏有效监管，亦是造成工程质量不合格的因素，甲公司自身亦应承担相应的责任。综上所述，本院原审酌定甲公司自身承担损失的10%，曹某云、刘某平承担90%，乙公司对曹某云、刘某平造成甲公司的损失负连带赔偿责任。

本案原审判决认为关于案涉工程质量问题的责任划分，甲公司作为发包人承担10%的责任，曹某云、刘某平承担90%的责任，乙公司则承担连带责任，主要依据为最高人民法院的相关司法解释。《建设工程质量管理条例》第二十七条规定："总承包单位依法将建设工程分包给其他单位的，分包单位应当按照分包合同的约定对其分包工程的质量向总承包单位负责，总承包单位与分包单位对分包工程的质量承担连带责任。"那么在与本案类似的案件中，能否根据该条款作为认定承包人与实际施工人承担连带责任的法律依据？我们认为，该条款针对的是总承包单位和分包单位，而如果实际施工人是个人，则与该条款中的分包单位并不相同，因此一般不能直接适用。《建筑法》第六十六条规定："建筑施工企业转让、出借资质证书或者以其他方式允许他人以本企业的名义承揽工程的……对因该项承揽工程不符合规定的质量标准造成的损失，建筑施工企业与使用本企业名义的单位或者个人承担连带赔偿责任。"这一条款涵盖了单位和个人两种情况，可以视情况作为个人实际施工人出现工程质量问题后判断是否有连带责任的依据。

针对第二个争议焦点，本院原审认为，曹某云、刘某平与A公司、习某敏、B公司、C公司之间系买卖合同法律关系，与本案建设工程施工合同不属同一法律关系；故曹某云、刘某平要求上述第三人负连带赔偿责任的抗辩意见，无法可依，本院原审不予采纳；曹某云、刘某平可根据买卖合同关系另行主张。

本案当中，曹某云、刘某平要求作为第三人的材料供应商承担连带责任，法院在原审判决中未予采纳。法院认为不属同一法律关系，可以从两方面来解读：一方面，法律关系的主体不同，建设工程施工合同关系的主体一般为发包人、承包人、实际施工人；另一方面，法律关系的依据不同，建设工程施工合同关系的依据是施工合同、实际上的施工行为，买卖合同关系的依据是买卖合同、实际上的买卖行为。在本案再审判决中，对于作为第三人的材料供应商是否应承担连带责任也有类似观点。

【再审阶段法院观点】

根据甲公司与乙公司签订的《建设工程施工合同》及《补充协议》，曹某云、刘某平与乙公司签订的《工程内部承包协议》，乙公司以承包人名义从发包人甲公司承接案涉工程后，再与曹某云、刘某平签订协议，将案涉工程全交由曹某云、刘某平实际施工，且甲公司对此知情并认可，故上述合同实质是没有资质的实际施工人曹某云、刘某平借用有建筑资质的乙公司名义与甲公司签订的建设工程施工合同。

案涉工程已由曹某云、刘某平实际施工，工程完工后，工程梁、板出现大量裂缝，存在结构安全隐患。根据鉴定机构对案涉工程出现大量裂缝原因出具的鉴定意见，存在多方面原因，甲公司作为发包人在设计上针对结构自身特点采取的裂缝控制措施不足以及对施工过程缺乏有效监管，对案涉工程质量问题造成的损失，其自身应承担一定的责任，且甲公司与乙公司签订《补充协议》约定，甲公司直接与曹某云办理竣工结算并直接向曹某云支付工程款，削弱了乙公司对案涉工程质量进行监管的职责，甲公司对此存在过错，故本院酌定其对造成的损失承担15%的责任。

曹某云、刘某平作为实际施工人对混凝土质量控制不严、存在施工质量和原材料问题，本院酌定其对造成的损失承担85%的赔偿责任。

乙公司允许曹某云、刘某平以其名义承建案涉工程，并收取了管理费，根据《建筑法》第六十六条规定，乙公司依法应对曹某云、刘某平的损失赔偿责任承担连带责任，但考虑到甲公司与乙公司签订《补充协议》约定，甲公司直接与曹某云、刘某平办理竣工结算并直接向曹某云、刘某平支付工程款，削弱了乙公司对案涉工程质量进行监管的职责，甲公司对此存在过错，故本院酌定乙公司对曹某云、刘某平的损失赔偿责任承担60%的连带责任。

律师点评

本案再审判决变更了原审关于各方责任划分的比例，增加了甲公司责任承担的比例，减少了曹某云、刘某平及乙公司责任承担的比例。之所以调整了责任承担的比例，主要原因在于甲公司作为发包人对于没有施工资质的实际施工人曹某云、刘某平承揽案涉工程知情并认可，且与其直接办理结算、支付工程款。实践当中，工程由没有资质的实际施工人承揽施工的情况并不罕见，出现质量问题后如何划分各方责任也有不同的观点。我们认为，充分考虑案件实际情况，从依照法律和促进行业发展的角度出发，才能处理好这一问题，本案也给我们提供了参考依据。

【本案小结】

在本案中，出现了所谓"内部承包协议"。在所谓"内部承包"模式下，本案施工方之间的责任如何划分，是否存在连带责任一定程度取决于内部承包协议的效力及内容。对于内部承包这类特殊的承发包模式，值得探讨交流。

案涉工程中，曹某云、刘某平以所谓"内部承包"的方式从乙公司承接工程。对于"内部承包"的定性，是案件裁判的前置问题。现行法律、行政法规并未对建设工程领域中出现"内部承包"作明确定义。实务中一般认为"内部承包"是指建筑施工企业将其承包的全部或部分工程交由其分支机构或在册的项目经理等本企业职工个人承包施工，建筑施工企业对工程施工过程及质量进行管理，并在资金、技术、设备、人力等方面给予支持。

鉴于本案中曹某云、刘某平不符合内部承包的标准，而是借用乙公司的资质承接案涉工程。因此，法院从借用资质的角度出发，结合基本事实情况，依法明确各方责任。

问题37：对混凝土裂缝等问题不申请修复方案鉴定有什么后果？

【判决出处】

法院：最高人民法院

案号：（2020）最高法民终1285号

名称：甲公司、乙公司建设工程施工合同纠纷

【案情概况】

2012年5月17日，甲公司对A广场工程施工项目进行招标，此招标工程共划分为4个标段。

2012年6月1日，甲公司向乙公司发出中标通知书，乙公司为A广场工程施工

3、4标段组的中标人。

2012年7月23日，乙公司停止4标段施工。

2012年8月4日，甲公司（甲方）与乙公司（乙方）签订《遣散协议书》，因A广场项目分部开发，导致部分工程局部停工，双方就A广场4标段劳务队的遣散事宜协商：甲方于2012年8月6日将遣散费用总额252.4万元支付乙方，乙方负责于当天将所有劳务人员有序遣散；由甲方、乙方及监理单位对4标段整体结算进行确认（含4标段自购材料、设备和工具等）后支付相应工程款项，此款项待甲、乙双方对工程一揽子结算时予以扣除。甲公司与乙公司等共同对A广场4标段钢筋加工、安装工程量进行清点并于2012年8月21日形成书面汇总。

2012年11月22日，甲公司、乙公司等向工程当地质量监督站发出停工报告称，A广场3标段工程已于2012年11月10日完成本年度最后一次混凝土浇筑，在进行现场清理及越冬防护工作后，现已宣布停工。施工形象进度至地下三层顶板完。

后乙公司将甲公司诉至法院，要求甲公司支付工程款、停工损失及利息并负担诉讼费。甲公司则提起反诉，要求乙公司支付逾期完工违约金、已完工程质量不合格的修复费用及损失并负担诉讼费。

律师点评

实践当中，建设工程施工合同纠纷案件有相当数量是因施工单位要求支付工程款而起，其中又有一部分案件当中建设单位会在同案中提起反诉，提起反诉的理由主要包括：

第一，工期违约。工期是施工合同约定的基本事项，也是发包人关注的重点，工期违约则包括了节点逾期、竣工逾期等不同情形。以房地产领域而言，承包人一旦逾期，有可能给发包人造成较为严重的损失，包括但不限于多支付项目贷款利息、赔付购房人违约金等。

第二，质量问题。向发包人交付质量合格的工程是承包人最根本的义务，工程如果存在质量问题，将影响正常使用，甚至会形成安全隐患，危害到社会公众利益。

第三，其他违约。比如未按合同履行现场管理职责，按合同约定应在工程款中扣除罚金；比如未配合竣工验收，导致发包人无法正常办理竣工验收备案等手续等。

本案当中，甲公司提出的反诉即包括了前述工期违约和质量问题两项。

【鉴定情况】

一审法院依甲公司申请，依法委托某检测中心对A广场3、4标段已完工程的工程质量进行鉴定，该检测中心出具《建筑工程质量检测鉴定报告》（2019年7月），结论：①现场外露钢筋和机械连接接头丝扣锈蚀的原因是停工后未做有效保护；②室外明露现浇混凝土板局部表面掉皮、起砂的外表缺陷是长期停工反复冻融造成的；③部分现浇混凝土板存在不规则裂缝是由于混凝土收缩和温度变形或混凝土初期养护不当等原因造成的；④23/AU轴、33/AW轴独立基础及抗水板存在的横向裂缝因无施工控制资料佐证，经现场勘察推论，该裂缝疑似由于混凝土收缩或温度变形等原因造成的；⑤部分钢筋保护厚度、构件截面尺寸检测结果不符合《混凝土结构工程施工质量验收规范》GB 50204—2015要求，是由于施工原因造成；⑥本鉴定结论为鉴定基准日的现场调查和分析结果，如后续现场情况发生改变，应随时注意建筑物有无异常。

律师点评

本案鉴定结论不仅指出了质量问题，而且对于引发质量问题的原因也进行了阐明：

第一，现场外露钢筋和机械连接接头丝扣锈蚀，在于停工后未做有效保护的原因。

第二，室外明露现浇混凝土板局部表面掉皮、起砂的外表缺陷，在于长期停工反复冻融造成的原因。

第三，部分现浇混凝土板存在不规则裂缝，在于混凝土收缩和温度变形或混凝土初期养护不当等原因。

第四，23/AU轴、33/AW轴独立基础及抗水板存在的横向裂缝因无施工控制资料佐证，经现场勘察推论，疑似在于混凝土收缩或温度变形等原因。

第五，部分钢筋保护厚度、构件截面尺寸检测结果不符合规范要求，属于施工原因。

以此而言，除了第三点部分现浇混凝土板存在不规则裂缝和第五点部分钢筋保护厚度、构件截面尺寸检测结果不符合规范要求明确与施工有关外，其他质量问题并未直接明确是由于施工单位所引起，部分由客观条件引起，也可能与建设单位有关。这些情况对于建设单位在本案中是否申请后续的维修费用鉴定可能会产生影响。

【一审阶段法院观点】

甲公司请求乙公司承担已完工程质量不合格的修复费用及损失的依据。本案于2017年11月2日立案，2018年5月28日开庭，甲公司于2018年10月15日提出反诉并申请工程质量鉴定，鉴于涉案工程未竣工验收，本着减轻当事人讼累，节约司法资源的原则，依据《民事诉讼法》第一百四十三条"原告增加诉讼请求，被告提出反诉，第三人提出与本案有关的诉讼请求，可以合并审理"的规定，合并审理本案，并准许甲公司的质量鉴定申请。一审法院多次询问甲公司是否对反诉请求的修复费用一并申请鉴定，甲公司明确表示不申请。当地建设工程质量检测中心出具《建筑工程质量检测鉴定报告》后，甲公司于2019年11月22日向一审法院申请对A广场3、4标段已完工程质量问题的修复方案及费用进行鉴定，依据《最高人民法院关于适用〈中华人民共和国民事诉讼法〉的解释》第一百二十一条规定："当事人申请鉴定，可以在举证期限届满前提出。申请鉴定的事项与待证事实无关联，或者对证明待证事实无意义的，人民法院不予准许。"《最高人民法院关于民事诉讼证据的若干规定》第三十一条规定："当事人申请鉴定，应当在人民法院指定期间内提出，并预交鉴定费用。逾期不提出申请或者不预交鉴定费用的，视为放弃申请。对需要鉴定的待证事实负有举证责任的当事人，在人民法院指定期间内无正当理由不提出鉴定申请或者不预交鉴定费用，或者拒不提供相关材料，致使待证事实无法查明的，应当承担举证不能的法律后果。"一审法院依法不予准许甲公司修复费用鉴定申请。对于该项修复费用及损失，甲公司可另行解决。

律师点评

《最高人民法院关于适用〈中华人民共和国民事诉讼法〉的解释》第一百二十一条规定："当事人申请鉴定，可以在举证期限届满前提出"，而对于举证期限，该解释第九十九条第二款规定："……人民法院确定举证期限，第一审普通程序案件不得少于十五日，当事人提供新的证据的第二审案件不得少于十日。"第九十九条第三款规定："举证期限届满后，当事人对已经提供的证据，申请提供反驳证据或者对证据来源、形式等方面的瑕疵进行补正的，人民法院可以酌情再次确定举证期限，该期限不受前款规定的限制。"就本案而言，甲公司在开庭后提出反诉并申请工程质量鉴定，法院受理该反诉后，相较于本诉部分，对于反诉请求部分的举证期限是另行计算的，甲公司提出质量鉴定申请也应在期限之内。但是对于维修费用鉴定，甲公司在法院多次询问后仍表示不申请，在鉴定机构出具鉴定报告后又进行申请，超出了举证期限，法院依法未予准许，甲公司虽然仍保有诉权，但也因此承担了举证不能的不利后果。

【二审阶段法院观点】

甲公司上诉请求：①依法撤销原判决判决第二项；②依法改判原判决第二项为"甲公司赔偿乙公司停工损失1590112元"；③依法判令本案的上诉费用由乙公司承担。

二审未再对质量问题修复费用所涉事项进行审理。

因甲公司仅就停工损失提起上诉，二审阶段未对案涉工程维修费用事项进行审理。

【本案小结】

对于建设工程质量纠纷案件，鉴定一般可分为三个步骤：第一步是质量鉴定，明确案涉工程是否存在工程质量问题；第二步是维修方案鉴定，在查明存在工程质量问题的情况下确定维修方案；第三步是维修费用鉴定，计算维修费用金额。那么在实践当中以上三步是一并提出申请还是分步骤提出申请？从实践角度而言，一并提出可能更为常见，这主要是由于以下原因：

第一，符合诉讼逻辑。提出工程质量之诉，在于认为工程质量确实存在问题，并且在起诉时当事人即需承担举证责任。因此，虽然没有通过质量鉴定查清相应质量问题，但至少在有证据证明质量问题的情况下，一并提出后续的维修方案和维修费用鉴定是符合诉讼逻辑的。

第二，节约诉讼成本。工程鉴定往往时间较长，分步提出将耗费更多的时间。以本案为例，2017年11月2日立案，2018年5月28日开庭，甲公司于2018年10月15日提出反诉并申请工程质量鉴定，又于2019年11月22日申请对修复方案及费用进行鉴定，至此已有两年。过长的时间将导致诉讼成本的大幅上升，无论是对于当事人还是社会而言都并不有利。

第三，避免诉讼风险。一审法院在判决书中强调了鉴定申请提出有期限要求，甲公司申请对修复方案及费用进行鉴定因超出期限未被准许。实践当中，法院可能会明确要求当事人对于鉴定事项在规定时间内一并提出，在这种情况下如果还坚持分步提出，将面临举证不能等诉讼风险。

2.8　混凝土强度不足

【名词解释】

混凝土实测强度不满足设计要求。

【规范条文】

《混凝土结构工程施工质量验收规范》GB 50204—2015

7.1.1　混凝土强度应按现行国家标准《混凝土强度检验评定标准》GB/T 50107的规定分批检验评定。划入同一检验批的混凝土，其施工持续时间不宜超过3个月……

7.1.3　当混凝土试件强度评定不合格时，应委托具有资质的检测机构按国家现行有关标准的规定对结构构件中的混凝土强度进行检测推定，并应按本规范第10.2.2条的规定进行处理。

问题38：质量违约和工期延误都存在时如何确定责任？

【判决出处】

法院：新疆维吾尔自治区高级人民法院

案号：（2023）新民申903号

名称：甲公司、乙公司建设工程施工合同纠纷

【案情概况】

2018年9月2日，乙公司（承包人）经人介绍承包修建甲公司（发包人）开发的三层框架结构工程。乙公司拟定一份《建设工程施工合同》（示范文本），因合同总

价备案问题双方未达成一致意见。2018年9月5日，双方再次协商签订《施工补充协议》一份。

现实当中有的建设工程施工合同纠纷比较复杂，可能既涉及混凝土强度不足等质量问题的赔偿责任，又涉及工期延误的违约责任，在一方当事人主张另一方当事人应同时承担前述责任的情况下，法院会如何对各方责任进行认定，本案可供参考。

乙公司作为需方，开挖基坑前于2018年8月1日与案外人丙公司A区分公司（供方）签订《预拌混凝土购销合同》。

案涉工程于2019年3月4日取得建设用地批准书，于2019年3月12日取得建设工程规划许可证，于2019年4月1日取得建筑工程施工许可证。2019年，由于乙公司现场人员、材料管理混乱，机械设备管理不规范，被B州建设行政综合执法支队停工整改。2019年7—9月，甲公司向乙公司项目负责人廖某等发出甲方工作联系单，主要记载"钢筋未到场、木工、钢筋人员不够影响进度"。2019年8月1日，停工通知书记载"塔式起重机基础无排水设施，南侧塔式起重机基础已变形，监理对塔式起重机安装、脚手架搭设无巡视验收记录，项目经理变更无变更手续等"。

法院在对事实查明的过程中梳理了建设用地批准书、建设工程规划许可证、建筑工程施工许可证等相关情况，也就是对工程本身行政审批手续的完备性和施工作业的合法性进行审查，进而也可以此作为判断发承包双方合同是否有效的依据之一；除此之外，还列明了发承包双方工作函件往来情况和当地行政主管部门对于工地现场的停工整改情况，可以作为判断发承包双方合同是否应当解除及相应责任如何划分的参考依据。

2019年6月6日，乙公司与丁公司签订《预拌混凝土购销合同》，由该公司向乙公司供应商品混凝土，付款方式约定"月结，每月付80%，余下款项在2020年3月付清"。

发生混凝土强度不足等质量问题后，发包方会要求承包方承担质量责任，承包方往往也会提出抗辩，其中一个比较常见的理由就是混凝土属于甲供材，因此发包方（甲方）也应承担一定的责任。因此，在本案当中，工程所用混凝土是否属于甲供材也就成为需要查清的基本事实情况之一，判决文书当中对此也进行了列明。其中，承包方乙公司与案外人丙有限责任公司A区分公司（供方）所签合同虽然约定了货款由发包方甲公司承担、延期付款责任也由甲公司承担，但仅以该内容而言，并未明确混凝土属于甲供材，因为实践当中认定是否属于甲供材的关键一般在于材料是否由甲方安排提供，而不是由哪一方直接支付货款；承包方乙公司另与案外人丁公司签订了合同，约定了付款方式等内容。这两份合同都可以作为判断混凝土是否属于甲供材的依据，也是判断承包方乙公司以甲供材作为质量问题责任抗辩理由是否成立的依据。

2019年7月至2019年9月30日期间，甲公司多次向乙公司发出催工函，实际施工班组于2019年9月26日回复报告情况，主要内容为"工地没有钢筋材料不能施工，若钢筋进不来，工地所有工人无法开展相关作业，今年1～3层顶板混凝土无法浇筑，只能等来年"。2019年11月13日，乙公司施工班组人员向当地劳动保障监察大队投诉，反映问题"2019年3月施工，2019年11月停工，此间共计2648438元工资未付"，该部门立案调查处理。2019年11月22日，乙公司申请冬期停工，甲公司同意。2020年1月15日，甲公司以工程质量存在问题要求解除合同，并提起诉讼，请求解除双方《施工补充协议》，诉讼中乙公司不同意解除，该工程随即停工。

在工程实施过程中，甲公司作为发包人主张乙公司存在工程质量问题和工期延误的情况，乙公司作为承包人则主张甲公司存在材料供应不及时、欠付工资的情况，前述理由在建设工程施工合同纠纷各方提起诉请或进行抗辩时经常被提及，具体是否属实、能否作为支持观点的依据则需要法庭依法查明并综合考虑。

【鉴定情况】

在庭审中，甲公司提出对工程质量进行鉴定，经本院委托戊公司进行鉴定，于2020年9月22日出具司法鉴定意见书，鉴定结论为：①梁，经抽检，Ⅰ区二层、Ⅱ区三层、Ⅲ区二层部分梁混凝土强度不符合图纸设计；Ⅰ区、Ⅱ区、Ⅲ区中一层至三层部分混凝土梁存在蜂窝、麻面、孔洞、夹渣现象，不符合规范要求；一层轴框架存在偏移现象，不符合图纸及规范要求；Ⅰ区、Ⅱ区、Ⅲ区一层部分地梁存在开裂现象，不符合规范要求；一层轴地梁未设置，不符合图纸设计要求。②板，经抽检，Ⅱ区二层、Ⅲ区二层部分板混凝土强度不符合图纸设计要求；Ⅰ区、Ⅱ区、Ⅲ区中一层至三层部分混凝土板存在蜂窝、麻面、孔洞、夹渣现象，不符合规范要求；Ⅰ区一层、二层，Ⅱ区二层，Ⅲ区中一层至三层部分柱混凝土强度存在开裂现象，部分混凝土板底有开裂现象，不符合规范要求。③柱，经抽检，Ⅰ区一层、二层，Ⅱ区二层，Ⅲ区一、二、三层部分柱混凝土强度不符合图纸设计要求；Ⅰ区、Ⅱ区、Ⅲ区中一层至三层部分混凝土板存在蜂窝、麻面、孔洞、夹渣现象，不符合规范要求；一层轴异型柱截面呈不规则四边形，不符合图纸及规范要求。④后浇带，2～4/P～N、2～4/D～B轴间一至三层后浇带均未预留，不符合图纸设计要求。

律师点评

本案经一审法院委托进行了鉴定，鉴定单位的鉴定结论指出案涉工程存在部分混凝土结构强度不符合图纸设计要求，以及蜂窝、麻面、孔洞、夹渣等现象。在此需要指出的是，民事诉讼程序当中鉴定单位的鉴定意见所针对的是查明事实的专门性问题，结合本案情况即是鉴定单位的鉴定意见需要明确案涉工程是否存在质量问题、存在哪些质量问题、质量问题有多严重，并对此进行定性或定量陈述，至于应由哪方承担责任、承担多少责任，则在法庭的裁判范围之内。

【一审阶段法院观点】

关于甲公司同时主张的违约金、赔偿修复费用应否予以支持问题。

根据一审法院查明的事实，乙公司施工的工程完成地下施工及地上三层主体框架封顶，经鉴定存在的问题属于不符合图纸设计及规范要求，乙公司负有不可推卸的责任。甲公司主张乙公司施工的工程存在质量已构成严重违约，有事实依据，一审法院予以确认。

> **律师点评**
>
> 《建筑法》第五十八条规定："建筑施工企业对工程的施工质量负责。建筑施工企业必须按照工程设计图纸和施工技术标准施工，不得偷工减料……"就案涉工程而言，存在部分结构混凝土强度不符合图纸设计要求等质量问题，因此一审法院认定乙公司作为施工单位应承担责任。

双方签订《施工补充协议》约定竣工时间为2019年8月28日，乙公司于2019年11月22日冬期停工时只完成地上三层的封顶，显然违反了工期约定。根据《施工补充协议》违约责任条款第9.1条约定，如乙方出现《建设工程施工合同》及本补充协议前述条款中已经约定的违约责任情形时，甲方有权单方随时终止合同，并且由乙方赔偿甲方不低于合同总价10%的违约损失；第9.2条约定乙方不按照双方约定的时间进场组织施工，不能按计划履行《建设工程施工合同》及本补充协议规定，甲方有权单方随时终止合同，并且由乙方赔偿甲方不低于合同总价10%的违约损失。上述约定系双方当事人真实意思表示，对双方具有约束力。甲公司按照合同总价款15000000元的10%主张违约金1500000元，有事实依据和合同依据。

> **律师点评**
>
> 一审法院虽然认为甲公司按照合同总价款的10%主张违约金有相应的事实依据和合同依据，但并没有全额支持，而是依法根据本案事实情况酌情进行了相应调整。

乙公司辩称其使用的商品混凝土为甲公司提供的"甲供材"，质量问题应由甲公司造成。本案中，双方约定案涉工程按照每平方米1600元的单价计算工程款，应当包括商品混凝土材料费。乙公司未提供《发包人供应材料设备一览表》，无法确定甲公司向其供应商品混凝土的数量、结算、验收依据。不能证实其购买丙公司的商品混凝土是甲公司提供（或指定）的，故不能认定乙公司购买的商品混凝土属于甲公司供应。乙公司签订《预拌混凝土购销合同》，该合同签署时间为2018年8月1日，约定商品混凝土款由甲公司支付，原因是"2018年9月25日与甲公司约定"，对此甲公司不予认可，该约定时间与合同签署时间相矛盾，乙公司辩解购买的商品混凝土属于甲公司供应的理由与事实不符，本院不予支持。

《建设工程质量管理条例》第十四条第一款规定："按照合同约定，由建设单位采购建筑材料、建筑构配件和设备的，建设单位应当保证建筑材料、建筑构配件和设备符合设计文件和合同要求。"因此，乙公司作为施工单位主张是由于甲公司"甲供材"的原因导致了质量问题，因此应由甲公司承担相应责任。对此观点一审法院未予认可，主要有两点理由：第一，乙公司作为施工单位，对于进场材料应进行检验，未经检验或检验不合格的依法不得使用，因此即使"甲供材"本身存在问题，乙公司也应能在使用前的检验程序发现；第二，现有证据不足以表明案涉工程现场所使用的商品混凝土属于"甲供材"。

乙公司施工的工程存在质量违约和工期违约的事实，显然已经构成违约，甲公司主张违约金应当予以支持。根据原《合同法》第一百一十四条关于"当事人可以约定一方违约时应当根据违约情况向对方支付一定数额的违约金，也可以约定因违约产生的损失赔偿额的计算方法。约定的违约金低于造成的损失的，当事人可以请求人民法院或仲裁机构予以增加；约定的违约金过分高于造成的损失的，当事人也可以请求人民法院或仲裁机构予以适当减少"的规定，以及《最高人民法院关于适用〈中华人民共和国合同法〉若干问题的解释（二）》第二十九条"当事人约定的违约金超过造成损失的百分之三十的，一般可以认定为合同法第一百一十四条第二款规定的'过分高于造成的损失'"的规定，本案中，案涉工程需要修复的费用经鉴定机构鉴定为950242.28元，属于甲公司的实际损失，甲公司主张违约金1500000元，超过甲公司实际损失950242.28元的1.3倍，超出部分本院不予支持，综合考虑甲公司存在办理施工许可不及时、许可乙公司使用非目前市场公认公知的知名品牌商品混凝土、监理人员不在场等过错因素，一审法院酌定乙公司向甲公司承担违约金1200000元。该违约金可以补偿甲公司的实际修复费950242.28元，甲公司主张乙公司支付实际修复费950242.28元，依法不予支持。

对质量损失和工期损失的主张，一般是以独立的两诉求出现。但工期与质量很多时候是存在关联性的。如本案中，案涉工程出现质量问题后，承包人由于需要整改维修，导致工期延误。虽然当事人在签订合同时，往往会对工期违约责任与质量违约责任分开约定，但主张质量违约责任，承包人被要求承担的质量违约金弥补的是发包人因质量维修而产生的实际损失，其中也包括整改期间工期损失。从这个角度分析，此时的质量违约与工期违约存在一定的竞合。本案中，法院结合发包人的实际损失，酌情认定工期和质量违约金金额，符合当时《最高人民法院关于适用〈中华人民共和国合同法〉若干问题的解释（二）》第二十九条的规定。

【二审阶段法院观点】

二审法院认为，一审法院结合修复费用数额、工期延误实际及双方当事人的过错等本案具体情况，从平衡利益角度出发，确认乙公司向甲公司承担违约金1200000元具有事实和法律依据，对此予以确认，对乙公司和甲公司就违约金问题提出的上诉请求不予支持。

> **律师点评**
>
> 本案二审阶段甲公司、乙公司均提起了上诉，二审裁判结果为驳回上诉，维持原判。对于甲公司、乙公司就违约金所提出的上诉请求，二审法院均不予支持。二审法院所指出的维修费用数额、工期延误实际、各方过错情况、平衡利益角度等因素，可作为在多种违约情况都存在时如何判断违约责任的参考依据。

【申请再审阶段法院观点】

原审法院在认定乙公司存在施工质量违约和工期违约的情形下，依据甲公司主张的违约损失金额，结合案涉工程修复费用金额、工期延误实际以及甲公司存在的办理施工许可证不及时等过错情形，酌定乙公司向甲公司承担的违约金金额并无明显不当，甲公司的此项再审申请理由不能成立。甲公司的再审申请亦被驳回。

本案二审判决后，甲公司提起了再审申请，法院最终裁定驳回，并认为甲公司关于违约金的再审申请理由不能成立。

在当前的行业实际情况中，甲方在招标投标和合同拟制、签订阶段常处于强势地位，对于质量、工期等事项约定较高的违约金，一旦乙方施工单位提起工程款之诉，甲方有可能就质量、工期等事项提起反诉并要求承担高额违约金。本案根据法律规定、结合实际案情对于违约金酌情进行了调整，对于类似案件的代理思路和情况判断具有参考价值。

【本案小结】

在本案中，乙公司作为施工单位在质量和工期两方面均存在违约行为，甲公司作为建设单位则对于质量违约提出了要求赔偿维修费用（约95万元）的主张、对于工期违约提出了违约金（150万元）的主张。但是法院对于甲公司的前述主张并未全部支持，而是酌定乙公司向甲公司承担120万元违约金。本书认为之所以法院会作出这样的裁判，可能主要是基于以下两点考虑：

第一，法律的相关规定。本案一审裁判时仍然适用原《合同法》第一百一十四条、《最高人民法院关于适用〈中华人民共和国合同法〉若干问题的解释（二）》第二十九条等条款，违约金的计算和认定是以当事人所发生的实际损失为主要依据。目前正在施行的《民法典》仍然基本沿袭了前述规定。

第二，本案的实际情况。本案经鉴定后维修费用为约95万元，该部分损失较为明确，但是对于工期违约对甲公司所造成的损失则较难界定。事实上，如何确定工期违约所造成的损失一直是实务当中的难题。就本案而言，如判定乙公司承担120万元违约金，则既覆盖了维修费用，又另有25万元可视为工期违约金，且考虑到了甲公司本身在工程实施过程中出现的过错因素，对双方而言较为公平。

归根结底，无论是从理论角度还是从实践角度，对于违约责任的承担一般是采取"补偿性为主，惩罚性为辅"的原则，以此原则来解释一审法院在工程质量责任和工期违约责任都存在时如何确定违约责任和违约金金额，则可迎刃而解。

问题39： 同时主张违约金和损失应如何处理？

【判决出处】

法院：山东省青岛市中级人民法院

案号：（2022）鲁02民终9503号

名称：甲公司、乙公司建设工程施工合同纠纷

【案情概况】

2016年10月12日，甲公司（发包人）与乙公司（承包人）签订《建设工程施工合同》，约定由乙公司承包某工程施工，具体内容为1号楼、5号楼、地下室的土建及安装工程等。合同签订后，双方在履约过程中发生争议，乙公司向法院提起诉讼，后双方达成庭外和解撤诉。和解协议确认了截止到2019年1月4日，案涉工程已完成的工程结算值为5770万元，未完成工程量由乙公司继续施工，后续施工的工程质量、计价方式仍按2016年10月12日签订的《建设工程施工合同》执行。该协议还确认了甲公司尚欠乙公司工程款3370万元及相应的还款计划，后双方开始按该和解协议履行。

因双方在履行和解协议过程中再次发生争议，乙公司于2020年11月15日起诉甲公司，要求甲公司支付工程款476万元及逾期利息。一审法院于2021年3月19日作出判决：驳回乙公司要求甲公司支付工程款476万元及逾期利息的诉讼请求。乙公司不服一审判决，上诉后二审法院判决：驳回上诉，维持原判。

乙公司于2021年1月27日再次起诉甲公司，要求其支付剩余工程款15455080.76元及利息。一审法院于2022年2月27日作出判决：甲公司向乙公司支付工程款11255080.76元及相应利息。甲公司不服一审判决，提起上诉，当时该案正在二审审理中。

甲公司也将乙公司诉至公司，要求乙公司支付延误工期违约金、项目经理未到岗违约金、未达标准违约金、完工后罚款违约金、施工中罚款、5号楼15层屋面修复费用、施工过程中维修费、委托第三方清理垃圾费用、整改维修费共九项费用暂计13185613.87元并承担诉讼费、保全费、鉴定费等费用，遂成本案。

律师点评

甲、乙两公司就案涉工程历经多个诉讼。乙公司作为施工单位，诉讼请求主要集中在工程款。甲公司作为建设单位，诉讼请求则包括了九项费用，其中涉及四项违约金、三项维修费用。甲公司诉请列明较为详细，有利于维护自身权益，并且双方就案涉工程已进行多轮诉讼，对基本事实情况均较为了解，尽可能地列明诉讼请求，可以争取一次性解决争议事项，减轻讼累。

【鉴定情况】

诉讼过程中，甲公司申请鉴定：对已施工的全部地下室、1号楼1层和2层、5号楼所有施工工程质量进行鉴定；对不合格的施工工程出具修复方案，并按修复方案进行修复至合格所需的全部费用进行估价鉴定。一审法院于2021年6月15日对上述两项鉴定依法摇号选取了鉴定机构，对第一项质量和修复方案的鉴定即"已施工的全部地下室、2号楼1层和2层、5号楼所有施工工程质量，以及对于不合格的施工工程出具修复方案"的鉴定，选择的鉴定机构为"丙公司"。对第二项造价鉴定即"《青年城项目》已施工的全部地下室、1号楼1层和2层、5号楼所有施工工程中不合格的施工工程按修复方案进行修复至合格所需要费用"的鉴定，选择的鉴定机构为"丁公司"。

一审法院于2021年6月15日将第一项质量和修复方案的鉴定移送至"丙公司"。因乙公司对该鉴定机构的选择有异议，丙公司于2021年7月26日退回该司法鉴定委托。后双方当事人重新到场并摇号选择了鉴定机构"戊公司"，并于2021年7月27日将该鉴定移送委托。

律师点评

在法院审理案件时，确定司法鉴定机构的方式一般包括以下三种：①直接指定，法院根据规定直接指定司法鉴定机构。②协商选定，当事人协商一致后共同选定司法鉴定机构。③随机选定，通过摇号等随机方式从法院的司法鉴定单位数据库中选定司法鉴定机构。本案当中采用了第三种即随机选定的方式，乙公司作为被告则对选取的两家鉴定单位均提出了异议，其中对于质量和修复方案鉴定单位的异议被采纳，重新选取了另一家，对于造价鉴定单位的异议未被采纳。一般而言，在法院直接指定或随机选定司法鉴定机构后，会告知当事人可以在一定期限内提出异议，当事人如有异议应尽可能在期限内及早提出，避免因过期而丧失相应的权利。

戊公司于2022年1月26日作出鉴定意见书，鉴定结论为：①竣工图纸存在的问题；②施工质量问题，包括混凝土强度、现浇板负筋混凝土保护层、楼面垫层开裂、混凝土楼板裂缝、墙面抹灰空鼓、框架柱垂直度、地下室负二层车库净高、地下车库漏水、层面防水材料、地下车库填充墙的圈梁、构造柱设置及填充墙做法、层面女儿墙防水收口做法、楼梯踏步尺寸及步数、楼梯的钢筋、管道井墙体的底部做法及抹灰、层面防水保护层开裂、墙体位置偏移、混凝土墙、柱、梁表面抹灰、顶棚抹灰、对拉螺栓孔及其他。鉴定部门依据上述鉴定结果及工程现状，对相应的质量问题作出了修复方案。甲公司为此支付鉴定费128.55万元。

律师点评

本案鉴定事项另有两点可以关注：

第一，对于图纸质量同样可以进行鉴定。工程质量鉴定不仅包括对工程实体质量的鉴定，还包括对图纸质量的鉴定。图纸是否符合规范标准、是否能达到设计要求等都可以作为鉴定事项，具体到竣工图纸中，还可以通过鉴定来核查竣工图纸是否与现场实际情况相符。

第二，对于鉴定费用。一旦涉及鉴定，对应费用的缴纳和承担是当事人必须要面对的事项。本案当中，甲公司的诉请金额为1000余万元，支付的鉴定费为100余万元，该笔鉴定费最终将由法庭根据裁判结果在当事人之间进行分配，无论对于哪一方都是不菲的开支。以此而言，建议各方之间对于质量纠纷尽可能达成一致，包括对无争议的部分不列入鉴定事项，也包括由施工单位自行或聘请专业机构进行维修，这样有利于更快地定分止争，也能有效地减轻当事人的负担。

【一审阶段法院观点】

一审法院判决：①乙公司向甲公司支付不合格工程修复费用12923870.77元；②乙公司向甲公司支付配合鉴定发生的费用312539.93元；③乙公司向甲公司支付

屋面防水修复费用185986.67元；④乙公司向甲公司支付垃圾清运费48238.2元；⑤乙公司向甲公司支付施工过程中的罚款16500元；⑥乙公司向甲公司支付项目经理未到岗违约金100000元；⑦乙公司向甲公司支付工程质量违约金1715400元。

一审法院判决乙公司不仅须向甲公司支付不合格工程修复等费用，还须向甲公司支付工程质量违约金。

【二审阶段法院观点】

关于一审对违约金和损失一并支持是否适当的问题。首先，建设工程施工周期普遍较长、工艺普遍繁琐，现场变更也通常较多，根据《建设工程质量管理条例》及《建筑工程施工质量验收统一标准》等法规及规范的相关规定，工程验收分为检验批验收、分项工程验收、分部工程验收、单位工程验收、总体竣工验收等，过程验收贯穿于施工合同履行过程始终，发包人及其委托的监理单位全程参与监督，未经发包人或其委托的监理单位验收确认，施工人不得进行下一步工序。本案的相关资料显示，甲公司作为发包人，其或其委托的监理单位全程参与了过程监督验收及竣工验收，其也在过程验收及竣工验收合格文件上盖章确认，应视为其对工序流水施工过程的许可及对总体质量的认可，现虽经鉴定涉案工程存在质量问题，但其对相关损失的扩大亦应承担一定的责任。一审认定乙公司承担全部违约责任，显属不当。其次，根据法律规定，当事人可以约定一方违约时应当根据违约情况向对方支付一定数额的违约金，也可以约定因违约产生的损失赔偿额的计算方法，约定的违约金低于造成损失的，人民法院或者仲裁机构可以根据当事人的请求予以增加；约定的违约金过分高于造成的损失的，人民法院或者仲裁机构可以根据当事人的请求予以适当减少。当事人就迟延履行约定违约金的，违约方支付违约金后，还应当履行债务。可见，违约金的基本功能在于补偿性，除迟延履行违约金等法律特别规定的惩罚性违约金外，其余违约金均应为赔偿性违约金。

本案中，一审法院根据司法鉴定报告，基本全额支持了甲公司工程修复费用12923870.77元，并判令乙公司向甲公司支付配合鉴定费用312539.93元、屋面防水修复费用185986.67元、垃圾清运费48238.2元、施工过程中的罚款16500元、项目经理未到岗违约金100000元，已足以弥补甲公司因质量问题造成的损失，其再判令乙公司向甲公司支付工程质量违约金1715400元，不仅违反赔偿性违约金以赔偿损失为基本功能的法律原则，亦忽视了甲公司在涉案工程过程质量监督验收和竣工验收中亦存在履约不当从而造成损失进一步扩大的现实，还会造成双方利益关系失衡。对此，本院依法予以纠正。

判决：维持一审民事判决第一、二、三、四、五、六项，撤销一审民事判决第七项"乙公司向甲公司支付工程质量违约金1715400元"，驳回甲公司的其他诉讼请求。

律师点评

二审法院撤销了一审判决第七项，即认为乙公司无须向甲公司支付工程质量违约金，主要理由包括了基于赔偿性违约金以赔偿损失为基本功能的法律原则。《民法典》对于该法律原则主要体现在第五百八十五条第一款："当事人可以约定一方违约时应当根据违约情况向对方支付一定数额的违约金，也可以约定因违约产生的损失赔偿额的计算方法"，以及第二款："约定的违约金低于造成的损失的，人民法院或者仲裁机构可以根据当事人的请求予以增加；约定的违约金过分高于造成的损失的，人民法院或者仲裁机构可以根据当事人的请求予以适当减少。"

当然，由于本案基本情况，二审法院在对一审判决进行改判时着重强调了违约金补偿损失的功能。实际上，违约金还有另外一个基本的功能，也是当事人在拟制违约金条款时较为重视的功能，即惩罚功能。《最高人民法院关于适用〈中华人民共和国民法典〉合同编通则若干问题的解释》第六十五条第二款规定："约定的违约金超过造成损失的百分之三十的，人民法院一般可以认定为过分高于造成的损失。"该条款中超过损失的"百分之三十"就带有惩罚违约方的性质。

【本案小结】

本案当中，甲公司的诉请要求乙公司既承担损失费用，又承担违约金，最终二审法院对违约金的诉请未予支持。那是不是可以理解为即使同时提出了违约金和损失之诉，最终不可能两项诉请都被支持呢？其实也不尽然。比如在"（2021）沪民申2253号"案件中，法院即认为："分包合同10.3条约定：'本工程未达合同约定标准的，乙方应无条件返工，直至达到标准为止。返工所涉及的费用由乙方负担，工期不予延长，同时承担合同价5%违约罚款，由于乙方的质量无法达到约定的标准，造成甲方对建设单位承担质量违约金的，乙方除应承担以上违约罚款外，还应赔偿甲方因此而造成的全部损失.'可见,双方合同对于质量违约金和修复费用可以同时适用已作明确约定,一审、二审法院据此判决并无不当,本院予以认同。"因此,当事人如同时主张损失和违约金,可以关注以下三点:

第一,是否有合同约定。如果合同没有约定违约方须同时承担损失赔偿费用和违约金,则同时主张的基本前提即较难成立。

第二,对于违约金金额的约定是否合理。具体可以参考《最高人民法院关于适用〈中华人民共和国民法典〉合同编通则若干问题的解释》第六十五条第二款"百分之三十"的规定。

第三,各方过错程度。《最高人民法院关于适用〈中华人民共和国民法典〉合同编通则若干问题的解释》第六十五条第三款规定:"恶意违约的当事人一方请求减少违约金的,人民法院一般不予支持。"由此可见,过错程度也是重要的考虑因素。本案当中,二审法院也强调了甲公司本身对于质量问题亦存在过错,由乙公司承担违约金会造成双方利益失衡。

问题40: 混凝土强度不足等质量问题确认后如何确定维修范围?

【判决出处】

法院:上海市第一中级人民法院

案号:(2020)沪01民终9929号

名称:甲公司与乙公司建设工程施工合同纠纷

【案情概况】

由甲公司作为发包人与乙公司作为承包人订立施工合同,在协议书中约定:工程名称为电气有限公司厂房,工程地点为A市B区C工业区G-01地块,工程内容为厂房建设工程、桩基工程、水电工程;承包范围为土建工程、桩基工程、水电工程、金属门窗工程;开工时间为2013年12月28日,竣工时间为2014年10月28日;合同价款为2275万元;合同订立时间为2013年12月25日。

乙公司与丙公司签订《桩基工程专业分包合同》(以下简称"分包合同"),约定将系争工程中桩基工程分包于案外人丙公司,工期计划自2014年4月30日至2014年5月29日,施工工期为30个日历天。2014年4月底,丙公司进场进行施工;2014年11月4日工程验收合格。

律师点评 桩基工程能否进行专业分包是实务当中讨论较多的一个问题。《建筑法》第二十九条规定："建筑工程总承包单位可以将承包工程中的部分工程发包给具有相应资质条件的分包单位；但是，除总承包合同中约定的分包外，必须经建设单位认可。施工总承包的，建筑工程主体结构的施工必须由总承包单位自行完成。"《房屋建筑和市政基础设施工程施工分包管理办法》第五条规定："房屋建筑和市政基础设施工程施工分包分为专业工程分包和劳务作业分包。"根据前述规定，如发包人认可，承包人可以将其承包范围内的专业工程进行分包，但需自行完成主体结构施工。目前在实践当中有观点认为，承包人在不违反合同约定、不存在违法分包及转包的情况下，把地基基础工程分包给具有相应资质的分包单位是可行的。

就系争工程中1号厂房工程，甲公司、乙公司及监理单位形成开工报告，记载开工日期为2014年9月6日；就系争工程中2号厂房工程，双方及监理单位形成开工报告，记载开工日期为2014年9月5日；就系争工程中3号厂房工程，双方及监理单位形成开工报告，记载开工日期为2014年12月5日；就系争工程中门卫及地下水泵房也分别形成开工报告，但并未记载开工日期。之后工程的隐蔽工程分别根据开工时间先后形成验收单，地基与基础部分得到分项、分部工程质量验收证明书。

律师点评 本案纠纷发生后，甲公司对于案涉工程中涉及地基基础和主体结构是否存在质量问题向一审法院提起了司法鉴定申请，但在最终提交的鉴定事项中并未包含地基基础的质量鉴定。一方面是由于地基基础属于隐蔽工程，在主体结构已经施工的情况下从技术角度而言鉴定难度相对较大；另一方面则在于桩基工程已验收合格，地基与基础部分得到分项、分部工程质量验收证明书，在本案鉴定范围较大、鉴定事项较多的情况下，再进行地基基础的质量鉴定很可能导致诉讼费用的无谓增加和诉讼时间的无谓延长，因此甲公司最终确认了不对地基基础进行质量鉴定。

双方共同确认，甲公司于2017年5月底6月初进入系争工程，其中使用1号厂房、门卫及场地，2号、3号厂房有物品堆放及车辆停放。于此，双方未完成主体结构验收手续及竣工验收手续。

律师点评

　　原《最高人民法院关于审理建设工程施工合同纠纷案件适用法律问题的解释》第十三条规定："建设工程未经竣工验收，发包人擅自使用后，又以使用部分质量不符合约定为由主张权利的，不予支持；但是承包人应当在建设工程的合理使用寿命内对地基基础工程和主体结构质量承担民事责任。"现行《最高人民法院关于审理建设工程施工合同纠纷案件适用法律问题的解释（一）》也有类似规定。因此，甲公司是否已实际使用案涉工程是案件审理过程当中需要查明的基础事实之一，也是判断当事人责任应如何划分的重要依据之一。

　　后因工程款纠纷，乙公司将甲公司诉至法院，要求甲公司向其支付工程进度款；甲公司则提起反诉，要求乙公司返还已超付的工程款、支付逾期竣工违约金、对质量问题修复到符合原设计规范要求，并赔偿工程主体一次性验收不合格的违约金。

律师点评

　　乙公司提起工程款之诉后，甲公司提起反诉，具体诉请包括返还超付工程款、逾期竣工违约金、对工程进行修复等，均为较为常见的发包人反诉请求。

【鉴定情况】

　　甲公司对工程中涉及主体结构和地基基础工程是否存在质量问题向一审法院提起司法鉴定申请。鉴定中，因鉴定内容所涉成本过大，根据鉴定单位的释明，甲公司提出对工程中的具体质量问题鉴定，即：①1～3号厂房的柱、梁、楼板、屋面混凝土强度等级（墙粉脱落、楼板缝隙裂痕贯穿整体等）。②1～3号厂房外立面、屋顶存在严重开裂、渗水。③案涉房屋工程抗震系数检测。④门卫位置与设计不符问题。对此，A市房屋建筑设计院有限公司出具司法鉴定意见书：①系争房屋目前主体结构均已完成，但尚未竣工验收；系争1号厂房1～4层混凝土柱、2～3层结构梁混凝土抗压强度不符合设计要求，系争1～3号厂房其他构件混凝土抗压强度满足设计要求。②系争1～3号厂房外墙普遍存在界面裂缝和窗角裂缝，抽样检测发现墙柱之间防裂措施不符合设计要求，外墙普遍渗漏，外墙内墙面涂饰层普遍存在起皮脱落等损坏；各楼面层普遍存在龟裂，楼面细石混凝土面层厚度较大，不符合设计要求；各屋面普遍存在裂缝、积水等损坏，不符合设计规范要求。③与设计位置相比，门卫外墙东北角向北偏移27.14cm，向西偏移17.53cm。④由于本工程还未办理竣工验收，建议乙公司按原设计要求修复，办理竣工验收手续。

之后，甲公司申请在该鉴定意见的基础上进一步由鉴定单位出具修复方案。甲公司对鉴定单位出具的修复方案没有异议。乙公司认为，甲公司擅自使用未竣工验收的工程，视为对工程质量认可，修复方案中1～10项不应由乙公司修复，就修复方案11～12项涉及主体结构的内容愿意予以修复；对于门卫认为不影响使用也不影响验收，无须予以修复，并表示如因门卫影响到验收，愿意按照原先的图纸建筑符合设计要求的门卫。

律师点评　甲公司要求对案涉工程的主体结构和地基基础是否存在质量问题进行鉴定。但这一鉴定要求所涉及的范围较大，鉴定费用较为高昂，鉴定时间也较长，并且地基基础部分已经取得了质量验收证明书，因此最终确定的鉴定范围主要是选取了主体结构的混凝土强度等级等事项进行鉴定。这样既能通过鉴定工作明确案涉工程主体结构是否存在质量问题，也节约了鉴定费用和时间，减轻了当事人的讼累。

实践当中，无论是本诉还是反诉，发包人在提起质量之诉时可能会要求对所有疑似出现质量问题的事项进行鉴定，但法庭和鉴定单位在开展相应工作时还是会结合案情明确具体的鉴定范围。本案即是一个较为典型的情况：甲公司在未对主体结构进行验收的情况下即实际使用案涉工程，因此最终确定的鉴定范围主要是对主体结构混凝土强度等级是否符合设计要求进行鉴定。

【一审阶段法院观点】

根据双方确认，工程目前主体工程已予以完工，乙公司参照合同约定要求甲公司在工程主体结束后付款至合同价款的70%，因甲公司客观上存在工程未经竣工验收下，自行进入使用的情况，那么就使用部分不得再以质量问题对抗其履行付款义务，但对工程中存在的地基基础工程和主体结构质量问题仍应承担修复责任，乙公司对涉及主体部分的工程进行修复不持异议，予以准许。在此情况下，乙公司主张支付合同价款的70%，于法有据。

因进度款尚未付足，由此甲公司提出返还多支付的工程款，没有事实及法律依据，不予支持。鉴于双方的施工合同认定为无效，甲公司依据合同主张的逾期竣工违约金及一次性验收不合格的违约金，于法无据，亦不予支持。甲公司选择乙公司对系争工程的质量问题承担责任，并无不可，就鉴定单位出具的修复方案中涉及主体结构部分的修复，即1号厂房、2号厂房混凝土强度不满足设计要求的构件及1～3号厂房混凝土结构构件取芯处混凝土取芯修补，乙公司愿意修复，可予以准许，其他质量问题的修复因发包人擅自使用，难以支持。至于门卫的位置是否会影响到验收通过，目前尚未发生，乙公司也表示如影响验收愿意按照原先的图纸建筑修复符合设计要求的门卫，故双方可根据实际情况再行确定门卫的问题，本案中不予处理。

律师点评

鉴于甲公司在未对主体结构进行验收的情况下即实际使用案涉工程，一审法院对于本案有关质量问题责任的划分采取了如下思路：对于主体结构部分的质量问题责任，认为应由作为承包人的乙公司承担责任；对于除主体结构质量问题外的其他质量问题，因甲公司已擅自使用，对于其诉讼请求未予支持。

对于承包人承担质量问题责任的方式，一般有两种通行的主要方式，一种是自行修复至符合相关标准或合同约定，另一种则是直接根据修复方案计算维修费用，由承包人承担维修费用。《民法典》第五百七十七条即规定："当事人一方不履行合同义务或者履行合同义务不符合约定的，应当承担继续履行、采取补救措施或者赔偿损失等违约责任。"以此而言，前一种方式属于继续履行、采取补救措施，后一种方式则属于赔偿损失。

【二审阶段法院观点】

关于乙公司应承担的系争工程修复范围之争议。系争工程未经竣工验收，甲公司即接收工程并实际使用。现甲公司并无证据证明乙公司同意甲公司之使用行为。故对系争工程非主体结构及地基基础部分的质量问题，乙公司依法不再承担修复义务。甲公司要求乙公司对非主体结构部分及地基基础部分的质量问题承担修复义务，与法相悖，本院不予支持。

二审判决对于质量问题维修范围维持了一审观点。在此需要指出的是，本案中甲公司在工程未经竣工验收的情况下即擅自使用，因此乙公司无须对非主体结构质量问题承担维修责任。

【本案小结】

在本案中，承包人先提起要求发包人支付工程款等款项的诉讼请求；发包人随即提起包括工程维修在内的反诉请求。通过对工程质量的司法鉴定，最终认定案涉工程存在混凝土柱、结构梁及相关构件混凝土抗压强度不符合设计要求等质量问题，且属于主体结构问题。鉴于系争房屋虽然主体结构已完成，但在诉讼时尚未通过竣工验收。发包人在未对主体结构进行验收的情况下已经实际使用案涉工程。此时如何认定承包人维修范围，一般认为：首先承包人不再对发包人擅自使用部分承担整改义务，但须在建设工程的合理使用寿命内对地基基础工程和主体结构质量承担民事责任。其次承包人仍需在质量保修范围内进行保修工作。

在发包人擅自使用工程的情况下，质量保修范围是否依然包括发包人擅自使用的部分，在实务中是存在一定争议的。对此有观点认为：承包人仍需依法对全部承包范围的工程承担保修义务。发包人未经竣工验收擅自使用工程，仅达到了实际竣工验收通过的法律效果，即擅自使用部分视为完成了竣工验收，属于推定工程质量合格。自交付之日开始，可免除承包人对发包人擅自使用部分工程的整改返修义务，但此处的返修不同于保修。承包人仍将履行法定和约定的保修义务。根据《最高人民法院关于审理建设工程施工合同纠纷案件适用法律问题的解释（一）》第十四条规定，建设工程未经竣工验收，发包人擅自使用后，又以使用部分质量不符合约定为由主张权利的，人民法院不予支持……此处司法解释仅规定发包人对合同约定范围主张权利不予支持，但工程保修义务不仅是双方约定义务，还属于法定义务。对此，《建设工程质量管理条例》第三十九条、第四十条、第四十一条等法条均对工程保修进行明文规定。结合上述分析，可以认为无论工程竣工验收合格还是推定为合格，承包人都需依法履行工程保修义务。

❓ 问题41：发包人因质量问题提出租金损失赔偿如何处理？

【判决出处】

法院：上海市第一中级人民法院

案号：（2021）沪01民终16009号

名称：甲公司与乙公司、阮某等建设工程施工合同纠纷

【案情概况】

阮某向甲公司承接了案涉工程，因其无施工资质，遂于2009年12月15日以乙公司名义与甲公司签订了《建设工程施工合同》。

2010年1月8日，乙公司与阮某又签订了《工程内部承包协议书》，约定乙公司将案涉工程交由阮某施工。合同签订后，丙公司和阮某即组织人员施工。施工过程中，存在混凝土等检测不合格后经复检合格等情形，但检测信息未更改。

2011年8月前后，工程已完工并交付甲公司使用，但未办理工程竣工验收手续。2011年12月，车间一、车间二、车间三的主体分部工程、桩基、钢结构，以及门卫、泵房、配电房的主体分部工程通过了分项、分部工程质量验收。乙公司与阮某也已将建设项目（工程）档案交到当地建设档案管理部门，取得了《建设项目（工程）档案验收合格证》。

2017年8月，甲公司以乙公司、丙公司、阮某为被告诉至一审法院，诉讼请求包括要求乙公司提供竣工资料，并协助办理竣工手续等事项。一审法院判决乙公司于判决生效之日起30日内向甲公司交付完整的竣工验收资料并协助办理竣工验收手续。该判决生效后，甲公司于2019年4月向一审法院申请执行。2019年7月，乙公司向甲公司交付了案涉工程的竣工验收资料。

律师点评

在本段所涉案件当中，甲公司将乙公司、丙公司、阮某诉至法院，诉请包括提供竣工资料、协助办理竣工手续等，这就可能涉及工程建设程序当中的两个概念：竣工验收和竣工验收备案。竣工验收一般是指在工程完工后，由施工单位提出申请，由建设单位组织勘察、设计、施工、

监理等各方参建单位共同参加，根据国家有关法律、法规及工程建设规范、标准，对工程各项内容是否合法、合规、合约进行检验，评价工程是否验收合格的过程。

对于竣工验收备案，《建设工程质量管理条例》第四十九条第一款规定："建设单位应当自建设工程竣工验收合格之日起15日内，将建设工程竣工验收报告和规划、公安消防、环保等部门出具的认可文件或者准许使用文件报建设行政主管部门或者其他有关部门备案。"

由此可见，竣工验收和竣工验收备案是两个完全独立的步骤，竣工验收备案发生在竣工验收合格之后，所备案的不仅包括了竣工验收报告，还包括了规划、环保等部门所出具的认可文件。

因甲公司表示乙公司交付的竣工验收资料中检验报告显示有不合格部分，致使其无法办理竣工验收手续，双方已就此事进行诉讼，故一审法院于2019年8月27日裁定终结本次执行程序。

2019年7月甲公司再次以乙公司、丙公司、阮某为被告诉至一审法院，要求丙公司、阮某支付修复费用3231422元，并要求乙公司对丙公司、阮某的上述付款义务承担连带责任。一审法院对鉴定单位庚公司的《鉴定意见书》和《补充鉴定意见书》予以采信，判决丙公司、阮某于判决生效之日起十日内支付甲公司工程修复费用2496669元，乙公司对丙公司、阮某所负付款义务承担连带责任。该判决现已生效。

律师点评

《最高人民法院关于审理建设工程施工合同纠纷案件适用法律问题的解释（一）》第十五条规定："因建设工程质量发生争议的，发包人可以以总承包人、分包人和实际施工人为共同被告提起诉讼。"本案中，甲公司即将承包人乙公司和实际施工人丙公司、阮某一并诉至法院。该司法解释第七条又规定："缺乏资质的单位或者个人借用有资质的建筑施工企业名义签订建设工程施工合同，发包人请求出借方与借用方对建设工程质量不合格等因出借资质造成的损失承担连带赔偿责任的，人民法院应予支持。"本案中，乙公司将资质出借，案涉工程出现质量问题后被认定为须向甲公司承担连带责任。

该判决生效后，甲公司仍未对案涉工程进行修复。案涉工程的竣工验收手续仍未办理，案涉工程的房地产权证也未取得。

2011年7月16日，甲公司与案外人丁公司签订租赁合同，将案涉房地产全部出租给丁公司，2012年8月，双方解除租赁合同。2016年5月，甲公司又将案涉房地产部分出租给戊公司，戊公司于2017年11月退租。

因认为存在工程使用价值损失，甲公司又将丙公司、阮某及乙公司一并诉至法院，要求丙公司、阮某赔偿因工程主体结构不合格而造成甲公司的工程使用价值损失，乙公司对此承担连带责任，诉讼费用由丙公司、阮某及乙公司承担，遂成本案。

本案诉讼中，一审法院根据甲公司申请，委托己公司对案涉房地产2018年12月1日至2021年7月15日的市场租金进行评估，己公司出具了《房地产估价报告》，估价结果表明租金总额为8642300元。

律师点评 从本案诉讼文书查明基本事实来看，甲公司与乙公司、丙公司、阮某就案涉工程历经以下诉讼：甲公司起诉要求乙公司、丙公司、阮某提供竣工资料，并协助办理竣工手续等事项；甲公司起诉要求丙公司、阮某支付修复费用，乙公司对此承担连带责任；甲公司起诉要求丙公司、阮某赔偿工程使用价值损失，乙公司对此承担连带责任。各方之间可能历经多个案件才能最终解决纠纷争议，这是工程质量纠纷的一个重要特点，本书中多个其他案例也涉及这种情况。

【鉴定情况】

在审理前案过程中，法院曾根据甲公司的申请，委托庚公司进行质量鉴定。庚公司先后出具了《鉴定意见书》和《补充鉴定意见书》，鉴定意见表明案涉工程存在混凝土强度不足等情况。

律师点评 本案当中并未涉及工程质量鉴定，该鉴定是在甲公司起诉要求赔偿维修费用一案中所作出，本案中进行引用，以此证明案涉工程存在混凝土强度不足等质量问题的基本事实情况。

【一审阶段法院观点】

一审法院综合考虑双方的过错程度、案涉房地产的空置情况、修复所需时间、案涉房地产的租金水平等因素，结合甲公司的诉请，酌定丙公司、阮某赔偿甲公司2000000元。

【二审阶段法院观点】

本院认为，甲公司一审中主张涉案房屋存在使用价值损失，其主要理由系因施工方建造的房屋存在质量问题未能办理竣工验收手续，更无法办理产证，导致房屋长期空置；且修复期客观上无法使用房屋产生经济效益。现阮某则认为，房屋产证未能办理系甲公司自身原因所致，且产证未办理亦不影响房屋对外出租，客观上该房屋在交付后甲公司已实际对外出租，后甲公司因其他诉讼房屋被查封而不再对外出租，与施工方无关，且阮某已按生效判决向甲公司承担了房屋修复费用，故无须再承担租金损失。对此，本院认为，根据本案所查明的事实，甲公司未经竣工验收擅自使用涉案房屋，应视为工程已竣工，且工程质量亦视为合格。但根据生效判决认定，案涉工程主体结构存在质量问题，故即便甲公司擅自使用，作为施工单位仍应在建设工程的合理使用寿命内就工程结构质量承担相应的民事责任。

因此，从本案的实际情况来看，案涉房屋未能办理竣工验收手续并取得产证，主要原因还在于甲公司自身，而阮某、丙公司及乙公司则因工程主体结构存在质量问题而需承担次要的责任。现生效判决已判决阮某、丙公司向甲公司支付修复费用，并判决乙公司承担连带赔偿责任。阮某亦按生效判决向甲公司履行了赔偿义务。而甲公司主张的房屋长期空置产生的租金损失，并非完全由房屋质量问题所产生，亦存在一定的市场经营风险、甲公司自身原因等因素，故甲公司要求参照2019年1月1日起至2021年7月15日止评估报告显示的案涉房屋租金标准，由施工方承担全额赔偿责任，依据不足。考虑到虽然甲公司一直未实际就涉案房屋进行修复，但该修复行为必定会影响建筑物的使用。一审酌情考虑修复期间的房屋租金损失，该考量因素具有其合理性，本院予以采纳。综合涉案房屋的质量问题、修复情况，本院酌情认定阮某、丙公司向甲公司赔偿房屋无法使用的损失1200000元，一审认定的数额过高，本院依法予以纠正。

虽然阮某已按前案生效判决要求向甲公司赔偿了维修费用，并且甲公司一直未对案涉工程予以维修，但这并不代表阮某等就无须赔偿甲公司的租金损失。毕竟，乙公司出借资质给丙公司、阮某，而丙公司、阮某的施工质量存在问题，存在混凝土强度不足等主体结构质量问题。甲公司须对案涉工程进行修复后才能完成竣工验收工作、领取不动产权利证书，修复期间显然会影响案涉工程的使用，因此阮某等须向甲公司赔偿租金损失费用。

同时考虑到除了工程质量问题，影响到租金的因素还包括市场情况、甲公司自身过错等，因此二审判决酌情调减了一审判决的赔偿金额。在此需要指出的是，如果阮某等在本案审理过程中仍未对前案的维修费用进行赔偿，可能会影响到本案的判决结果，阮某等可能会承担更高金额的租金损失。

【本案小结】

甲公司先起诉要求提供竣工资料、协助办理竣工手续，又起诉要求赔偿维修费用，再起诉要求工程价值减少损失，从旁观者的角度而言，层层递进，比较好地维护了自身的合法权益。实践当中，有不少建设单位在出现工程质量纠纷后起诉施工单位要求赔偿租金损失，如果确实存在租金损失，那么具体金额应如何计算，才能体现公平、公正的原则？本案当中提出了修复时间，本书认为按照修复时间来计算租金损失可能是一个比较切实可行的方案：

第一，有较为客观、科学的依据。工程学是严谨的科学，工程质量问题在现有的技术水平和现实条件下需要多长时间能够修复，一般是可以进行评估的，而修复时间与不能使用的时间又有较好的对应关系，因此以修复时间作为计算租金损失的依据可以较好地避免主观臆测，从而更有效地定分止争。

第二，避免当事人拖延修复时间。现实当中，有的当事人因为种种原因未能及时维修工程，在起诉时计算租金则是从工程完工或交接时一直计算至对方实际赔偿租金时止，这样费用显然是较为昂贵的，如果全部支持对于对方而言很可能并不公平。以修复时间作为计算租金损失的标准有利于避免当事人诉请的盲目扩大，也有利于督促当事人尽快维修，发挥工程的生产生活价值和社会价值。

当然，我们在这里讨论以修复时间来计算租金损失仅仅是一个考虑问题的角度，毕竟现实情况更为复杂，不能不切实际、机械地适用一个计算标准，还要结合法律规定、基本案情和各方过错程度来综合考虑。

2.9 结构尺寸偏差

【名词解释】

构件截面尺寸、楼面标高等偏差。

【规范条文】

《混凝土结构工程施工质量验收规范》GB 50204—2015

8.3.1 现浇结构不应有影响结构性能或使用功能的尺寸偏差；混凝土设备基础不应有影响结构性能或设备安装的尺寸偏差……

8.3.2 现浇结构的位置和尺寸偏差及检验方法应符合表8.3.2的规定……

现浇结构位置和尺寸允许偏差及检验方法　　　　　　表8.3.2

项　目			允许偏差（mm）	检验方法
轴线位置	整体基础		15	经纬仪及尺量
	独立基础		10	经纬仪及尺量
	柱、墙、梁		8	尺量
垂直度	层高	≤6m	10	经纬仪或吊线、尺量
		>6m	12	经纬仪或吊线、尺量
	全高（H）≤300m		$H/30000+20$	经纬仪、尺量
	全高（H）>300m		$H/10000$且≤80	经纬仪、尺量
标高	层高		±10	水准仪或拉线、尺量
	全高		±30	水准仪或拉线、尺量
截面尺寸	基础		+15，−10	尺量
	柱、梁，板、墙		+10，−5	尺量
	楼梯相邻踏步高差		6	尺量
电梯井	中心位置		10	尺量
	长、宽尺寸		+25，0	尺量
表面平整度			8	2m靠尺和塞尺量测
预埋件中心位置	预埋板		10	尺量
	预埋螺栓		5	尺量
	预埋管		5	尺量
	其他		10	尺量

续表

项　目	允许偏差（mm）	检验方法
预留洞、孔中心线位置	15	尺量

注：1 检查柱轴线、中心线位置时，沿纵、横两个方向测量，并取其中偏差的较大值。

　　2 H为全高，单位为mm。

8.3.3 现浇设备基础的位置和尺寸应符合设计和设备安装的要求。其位置和尺寸偏差及检验方法应符合表8.3.3的规定……

现浇设备基础位置和尺寸允许偏差及检验方法　　　　　表8.3.3

项　目		允许偏差（mm）	检验方法
坐标位置		20	经纬仪及尺量
不同平面标高		0，−20	水准仪或拉线、尺量
平面外形尺寸		±20	尺量
凸台上平面外形尺寸		0，−20	尺量
凹槽尺寸		+20，0	尺量
平面水平度	每米	5	水平尺、塞尺量测
	全长	10	水准仪或拉线、尺量
垂直度	每米	5	经纬仪或吊线、尺量
	全高	10	经纬仪或吊线、尺量
预埋地脚螺栓	中心位置	2	尺量
	顶标高	+20，0	水准仪或拉线、尺量
	中心距	±2	尺量
	垂直度	5	吊线、尺量
预埋地脚螺栓孔	中心线位置	10	尺量
	截面尺寸	+20，0	尺量
	深度	+20，0	尺量
	垂直度	$h/100$且$\leqslant 10$	吊线、尺量
预埋活动地脚螺栓锚板	中心线位置	5	尺量
	标高	+20，0	水准仪或拉线、尺量
	带槽锚板平整度	5	直尺、塞尺量测
	带螺纹孔锚板平整度	2	直尺、塞尺量测

注：1 检查坐标、中心线位置时，应沿纵、横两个方向测量，并取其中偏差的较大值。

　　2 h为预埋地脚螺栓孔孔深，单位为mm。

问题42：已有质量鉴定结论能否直接主张返修费用？

【判决出处】

法院：安徽省和县人民法院

案号：（2021）皖0523民初3410号

名称：甲公司、乙公司建设工程施工合同纠纷

【案情概况】

2019年12月30日，甲公司（发包人）与乙公司（承包人）签订了《建设工程施工合同》，工程名称：甲公司旅游度假区项目一期二号地块（1～12号楼）、四号地块（1号、2号楼）商业总承包工程。同日，双方签订了一份《甲公司旅游度假区项目一期二号地块（1～12号楼）、四号地块（1号、2号楼）商业总承包工程施工合同》的补充协议。在施工过程中，乙公司完成了部分工程，甲公司先后向乙公司支付工程款合计4096700元。

由于乙公司在施工过程中管理混乱及质量问题，被监理方丙监理公司多次下达停工令，要求停工整改，同时甲公司发函要求乙公司更换现场管理人员。

2021年6月24日，甲公司以乙公司施工不符合要求、项目工程存在严重的质量问题、工程处于停工状态为由作出《关于解除甲旅游度假区项目一期商业总承包工程施工合同、补充协议等相关合同的通知》。乙公司于2021年7月9日也向甲公司发出建设工程施工合同解除通知。双方多次协商未果，以致成讼。

律师点评

本案一审阶段，甲公司作为原告，诉讼请求主要包括解除已签订的合同、返还多支付的工程款、支付因工程质量问题所需的返工修复费用、支付违约金等；乙公司作为本案被告提起了反诉，反诉请求主要包括解除已签订的合同、支付工程款、支付因违反合同约定停工所造成的各项损失等。一审判决结果则支持了关于解除已签订合同的诉请，其余诉讼请求和反诉请求均被驳回，一审本诉和反诉受理费、保全费各自承担，鉴定费由原告负担30%、被告负担70%。以此而言，本案原告、被告涉及具体经济要求的诉请在

一审阶段均未得到支持，未得到支持的原因可以进行探讨，以供建设单位和施工单位参考。

【鉴定情况】

本案在审理过程中，经甲公司申请，法院委托B省建筑工程质量某监督监测站对案涉工程一期二号地块1～12号楼工程存在的违规回填、屋面渗漏、结构柱断层等质量问题及因工程质量问题所需的返工修复费用进行司法鉴定，1～12号楼质量鉴定结论为（下文仅列出1号楼的相关结论）：

1.1号楼现浇混凝土柱外观质量缺陷检测

经检测，1号楼现浇混凝土柱外观质量缺陷主要有：①柱脚普遍存在漏浆、蜂窝及上下柱错台严重外观质量缺陷。②部分柱存在表面裂缝、棱角漏浆、箍筋和定位筋外露一般外观质量缺陷。③抽检一层21/P轴、21/F轴柱和二层21/P轴柱垂直度偏差超过规范允许值。

2.1号楼现浇混凝土梁板外观质量缺陷检测

经检测，1号楼现浇混凝土梁板外观质量缺陷主要有：①部分混凝土梁存在裂缝，裂缝主要沿箍筋竖向开展并延伸至底面，部分裂缝沿梁侧面对称分布，总体呈"中间宽，两头窄"的形态，实测最大裂缝宽度约为0.20mm，梁裂缝主要由于混凝土收缩引起，裂缝产生不影响构件承载力，但对结构耐久性和使用性有影响。②部分混凝土梁存在蜂窝一般外观质量缺陷，二层顶5/G～J轴梁孔洞属于严重外观质量缺陷。③抽检屋面板厚度偏薄，超过规范允许偏差。

3.1号楼已建结构安全性鉴定

抽检柱纵向主筋根数符合设计要求；抽检柱钢筋间距实测平均值偏差为1～13mm，规范允许偏差为-20～20mm；抽检柱截面尺寸偏差为-11～5mm，规范允许偏差为-5～10mm……

4.建议

（1）已建上部承重结构柱存在漏浆、蜂窝、上下柱错台、表面裂缝、箍筋和定位筋外露外观质量缺陷；梁构件存在裂缝、蜂窝、孔洞外观质量缺陷；楼面板存在负筋下移和裂缝缺陷；抽检屋面板厚度偏薄。以上问题应进行可靠处理。

（2）后续施工应将钻芯留下的孔洞按相关规范要求及时进行修补密实。

（3）本工程为在建工程，后续施工应按设计及国家相关规范要求进行。

（4）请原设计单位根据本站报告提出具体处理意见。

　　因篇幅所限，在此仅选取案涉1～12号楼质量鉴定结论中1号楼质量鉴定结论部分内容。

　　本案一审过程中，经原告甲公司申请，法院委托鉴定单位对案涉工程质量问题及因工程质量问题所需的返工修复费用进行司法鉴定。鉴定单位对1～12号楼的鉴定结论表明，除屋面板、柱等存在尺寸偏差之外，还存在裂缝、蜂窝等质量问题。在此需要指出的是，委托鉴定的范围主要包括两部分，即质量问题和返工修复费用，但实际上鉴定结论对于质量问题如何处理给出的建议是"请原设计单位根据本站报告提出具体处理意见"，既然对质量问题没有具体的处理意见，那么对于返工修复费用的具体数额也就难以进行精确计算。至于为什么鉴定单位没有出具处理意见，也没有进一步计算返工修复费用，有可能是因为以下原因：

　　一种可能是鉴定单位本身没有出具维修处理方案或返工修复费用评估报告的资质资格。以维修方案的资质资格而言，《房屋建筑工程质量保修办法》第十条规定："发生涉及结构安全的质量缺陷，建设单位或者房屋建筑所有人应当立即向当地建设行政主管部门报告，采取安全防范措施；由原设计单位或者具有相应资质等级的设计单位提出保修方案，施工单位实施保修，原工程质量监督机构负责监督。"以此而言，如果工程有涉及结构安全的质量缺陷，一般应由原设计单位或具有相应资质等级的设计单位提出维修方案。本案的鉴定单位也是建议"请原设计单位根据本站报告提出具体处理意见"。

　　另一种可能是原告撤回了关于返工修复费用的鉴定申请或未支付相应费用、未提交相关资料。《最高人民法院关于审理建设工程施工合同纠纷案件适用法律问题的解释（一）》第三十二条第一款规定："当事人对工程造价、质量、修复费用等专门性问题有争议，人民法院认为需要鉴定的，应当向负有举证责任的当事人释明。当事人经释明未申请鉴定，虽申请鉴定但未支付鉴定费用或者拒不提供相关材料的，应当承担举证不能的法律后果。"因此，也有可能是由于原告撤回了关于返工修复费用的鉴定申请或未支付相应费用、未提交相关资料导致了未能在本案一审鉴定程序当中明确返工修复费用的具体金额。

　　当然，也不能排除可能是由于其他原因造成了在本案一审阶段未能就返工修复费用具体金额得出结论。由此可见，关于质量问题修复费用的鉴定是一项严谨的、环环相扣的工作，一般可分为三个步骤：第一步是对工程质量是否存在问题、存在哪些质量问题进行鉴定；第二步是针对质量问题出具可行的修复方案；第三步是对修复方案进行造价鉴定，明确修复费用具体金额。任何一步如果出现问题，都可能会出现无法得出修复费用的后果。

【一审阶段法院观点】

本案中，两公司签订的建设工程施工合同是双方意思表示真实，内容合法，为有效合同，双方均应严格按照合同约定履行各自的义务。乙公司在履行合同过程中，不符合合同约定，甲公司按照合同约定"因承包人原因造成工程进度严重滞后，或者承包人在工期滞后后接到工程师要求整改通知后仍未有效改善进度的，发包人有权终止其合同，以甲方发出的合同解约通知书为准，乙方无条件配合撤场，否则加倍赔偿对甲方造成的损失"，要求解除合同的诉讼请求符合合同约定，本院予以支持，解除时间认定为2021年7月3日，即甲公司解除合同通知书送达乙公司之日。

鉴定费302000元，系已完成工程质量鉴定支出的费用，由于案涉建筑工程确实存在质量问题，该费用主要应由乙公司承担，故酌定乙公司承担70%，甲公司承担30%。

甲公司要求乙公司返还甲公司多支付的工程款1135445元，因该已完成的工程量尚未进行审计鉴定，工程款数额无法确定，甲公司的诉请证据不足，本院不予支持。

甲公司主张返工修复费用1187722元，因甲公司未举证证明该维修费用的合法依据，故对此不予支持。

甲公司主张乙公司支付违约金1260899元，其中760899元因合同解除时间在工期时间内，逾期完工违约金诉请无事实依据；其中500000元是拒绝更换项目经理违约金，但甲公司举证证明的是更换现场管理人员，而非该项目的项目经理，故甲公司该项诉请也证据不足，不予支持。

乙公司反诉要求解除双方签订的合同及补充协议及总承包合同，因该合同已于2021年7月3日解除，无须再行解除；乙公司反诉要求甲公司支付其工程款8904067.67元（具体以司法鉴定为准）及资金占用费，因乙公司未向本院书面申请对工程款进行鉴定，该数据甲公司并不认可，乙公司也未举证证明该数据形成有合法依据，故该项诉请本院不予支持。

乙公司要求甲公司赔偿其违反合同造成的损失1102000元，乙公司未举证证明甲公司有违反合同的行为及产生了经济损失如上述的经济后果，故其诉请也不予支持。

律师点评

本案一审阶段，甲公司主张乙公司应承担返工修复费用1187722元，但因未举证证明该维修费用的合法依据，一审法院对此主张未予主张。事后来看，当时已经对案涉工程质量问题进行了鉴定，并且鉴定结论表明案涉工程确实存在质量问题，在此情况下如果鉴定程序未对返工修复费用的金额进行明确，那么是否有其他途径能够维护原告的权益？我们认为，甲公司的诉请如果包括要求乙公司对案涉工程质量问题修复至图纸要求或合同约定等主张，不排除有得到支持的可能性。

本案一审情况凸显了在建设工程施工合同纠纷案件当中鉴定程序的重要性。因未能举证证明维修费用的合法依据，原告甲公司要求被告乙公司承担返工维修费用的诉请未能得到支持。除此之外，因原被告均未申请对已完成工程量进行造价鉴定，对于原告甲公司要求返还多支付工程款的诉讼请求和被告乙公司要求支付工程款的反诉请求也都未予支持。鉴定程序的重要性在本案中可见一斑，也提示了建设工程施工合同纠纷案件当事人应审慎处理鉴定事宜。

【本案小结】

本案中，发包人已向法院申请对案涉工程一期二号地块1～12号楼工程存在的违规回填、屋面渗漏、结构柱断层等质量问题及因工程质量问题所需的返工修复费用进行司法鉴定。鉴定单位在接受司法委托之后也进行了相应的鉴定工作，对鉴定检测部位的外观质量缺陷、已建结构安全性等内容进行检测，并提出了部分整改建议。但本案中，司法鉴定单位在提出整改建议后并未提出具体的整改方案，而是提出由原设计单位按照司法鉴定的整改建议出具整改方案。此时司法鉴定报告仅解决了案涉工程存在质量问题的这一问题，对于返工修复费用的鉴定尚需结合原设计单位的具体整改方案才能确定。

一定程度上，此时的司法鉴定结论是阶段性的结论，尚未达到发包人要求承包人承担维修费用诉请之证明标准。对此，发包人作为申请本项司法鉴定的申请人，可依法要求原设计单位出具体整改方案。原设计单位出具整改方案后，本案当事方需要进行质证，之后由法院结合案件具体情况确认，再由具备相应资质的机构进行维修费用的鉴定。此处，若本案已委托的鉴定单位具备对维修造价费用鉴定资质的，其可在委托范围内完成维修费用的鉴定工作；若原鉴定单位不具备对维修费用鉴定资质的，一般需重新委托具备资质的鉴定单位完成维修费用的鉴定。

发包人在已获取工程质量问题的鉴定结论的情况下，并未进一步举证证明修复费用金额，导致其相关诉请无法被支持。由此可知，此类工程质量纠纷案件中，当事人不仅需对工程质量问题的定性进行举证，还需对具体维修损失的定量进行举证。

问题 43： 在不具备修复条件的情况下是否可直接扣减工程款？

【判决出处】

法院：江苏省连云港市连云区人民法院

案号：（2017）苏0703民初3757号

名称：宋某、周某与甲公司、乙公司建设工程施工合同纠纷

【案情概况】

2014年4月18日，甲公司（建设单位）与乙公司（承包人）签订职工宿舍楼工程《建设工程施工合同（土建工程）》一份。合同约定了工程名称为职工宿舍楼土建工程，工程地点为某开发区内，工程承包范围为4栋职工宿舍楼土建施工图中的所有施工内容，具体按设计图纸按规范施工。合同还约定了其他具体事项。

上述合同签订后，乙公司又与周某、宋某签订了《项目工程内部承包合同》。合同签订后，宋某、周某即进场施工，2015年3月完工，因甲公司资金周转困难，甲公司与乙公司对涉案工程一直未进行竣工验收，也未进行竣工结算。2016年4月21日甲公司与乙公司对包含涉案工程在内的干部楼、员工宿舍楼、会所、精整仓库及公司零星土建工程进行了初步结算，初步结算价款为70000000元，并注明最终结算价以实际终审结算为准。

甲公司与乙公司之间签订了十余份建设工程施工合同，乙公司称合同金额近111860000元，甲公司仅给付款项38106000元。宋某、周某与乙公司之间虽签订内部承包合同，但宋某、周某并非乙公司的职工，双方之间无劳动合同关系。

律师点评

　　个人与企业签订内部承包合同在工程行业并不罕见，由于法律和行政法规并未对此类行为作出专门规制，因此与之相关的争议纠纷往往在实务当中成为难点，特别是对于内部承包究竟应如何定义，直接关系到后续的合同效力认定和责任划分，也就成为各方重点关注之所在。目前部分地区人民法院发布的关于建设工程合同纠纷疑难问题的解答中，对内部承包关系的概念及合同效力作出了有关解答。

　　比如，《北京市高级人民法院关于审理建设工程施工合同纠纷案件若干疑难问题的解答》第5条指出："建设工程施工合同的承包人将其承包的全部或部分工程交由其下属的分支机构或在册的项目经理等企业职工个人承包施工，承包人对工程施工过程及质量进行管理，对外承担施工合同权利义务的，属于企业内部承包行为；发包人以内部承包人缺乏施工资质为由主张施工合同无效的，不予支持。"

　　宋某、周某既不是施工单位乙公司的职工，双方之间也没有劳动合同关系，并不能构成内部承包关系，最终被一审法院认定为转包关系，以此作为判断合同有效性的前提。

　　因工程款纠纷，宋某、周某将乙公司和甲公司一并诉至法院，主要诉讼请求包括了要求乙公司立即返还履约保证金并支付租金损失、乙公司立即支付工程款及利息损失、甲公司在欠付款项内承担清偿责任等。

【鉴定情况】

　　原告宋某、周某于2018年10月25日申请对涉案四幢宿舍楼工程质量进行全面鉴定（是否符合验收合格的标准），法院委托丙建设鉴定公司进行鉴定，该公司根据本院委托事项于同年12月14日向本院出具了第SFLXH201812158号工作联系函，针对涉案工程现状提出三个鉴定计划方案供法庭及相关当事人选择，两原告及被告甲公司、被告乙公司均选择方案三进行鉴定，该鉴定方案系对资料中涉及结构安全和主要使用功能的试块、试件、材料及隐蔽工程等进行验证性抽样检验，如检测结果显示存在不符合设计及规范的数据，则需要按方案一，扩大检测量，进行全面检测鉴定。费用、鉴定工作时间和对房屋破损等在方案一和方案二之间。

律师点评

在司法鉴定过程中，鉴定单位需要在委托范围内根据现场情况、证据材料、鉴定标准等，运用专业知识和技术手段，提出合法、合规、符合实际的鉴定意见。本案当中，鉴定单位则根据案件基本情况，提出了三个鉴定计划方案供法院和当事人选择，在确定方案后再开展实质性的鉴定工作。这种工作方式对于质量鉴定范围涵盖整个工程项目的情况是较为适宜的，可以使得法院和当事人较为清晰地了解到不同鉴定方案的时间、资金成本和技术特点，以利于作出更加符合实际情况和主观意愿的选择，相关单位在处理类似情况时可以参考借鉴。

在本案中，当事人对于鉴定方案的选择相同，都选择了方案三，即先进行验证性抽样检验，如检测结果显示存在不符合设计及规范的数据，则扩大检测量，进行全面检测鉴定。此处可以展开讨论，如果对于鉴定单位所出具的不同鉴定方案，当事人之间无法协商一致，这种情况下应该如何处理呢？对此目前尚未有对应的法律规定加以规范。随着技术的进步，可能会出现多种方式方法对工程质量进行检测，不同的检测方式可能产生不同的检测成本或周期。当对采用哪个方案当事人无法达成一致的情况下，是由司法鉴定单位作出最后确定，还是由法院作出最后确定，需要在提供方案给当事人进行选择前即考虑清楚，避免程序上的瑕疵和对当事人实体权利进而可能产生的影响。

2019年3月22日丙建设鉴定公司向本院出具第SF201903031号《3号、4号、5号、6号宿舍楼工程质量司法鉴定报告》，鉴定意见：①提供的宿舍楼工程相关施工资料记录符合标准要求。②宿舍楼"钢筋分项工程"的楼板钢筋间距和钢筋保护层厚度合格点率未达到80%，不符合验收规范要求。宿舍楼"砖砌体分项工程"的砌筑砂浆强度小于设计值，不符合验收规范要求。

针对该鉴定报告，乙公司未发表质证意见，宋某、周某及甲公司对该鉴定意见无异议。但甲公司根据检测结果要求扩大检测范围，对案涉的4栋宿舍楼扩大鉴定检测范围，特别是房屋基础、混凝土强度、钢筋强度、楼板厚度等方面作出全面检测鉴定。

丙建设鉴定公司根据委托事项于2019年8月26日向本院出具了第SF201903030号《乙镍业有限公司3号、4号、5号、6号宿舍楼楼板厚度、基础混凝土强度和钢筋强度工程质量司法鉴定报告》，鉴定意见为：

（1）3号、4号、5号、6号宿舍楼楼板厚度合格点率均未达到80%，不符合

《混凝土结构工程施工质量验收规范》要求。

（2）3号、4号、5号、6号宿舍楼基础混凝土抗压强度和委托方提供的直径20mm的钢筋力学性能均符合设计要求。

针对该鉴定报告，宋某、周某及甲公司均无异议，乙公司对鉴定意见的第（1）项予以认可，第（2）项不认可。

依据上述鉴定结果，宋某、周某申请对案涉工程维修方案的鉴定。经法院委托，丙建设鉴定公司于2019年12月11日向本院出具了第SF201912226号《3号、4号、5号、6号宿舍楼工程质量维修方案司法鉴定报告》，对案涉工程出具了宿舍楼墙体楼板加固节点详图的维修方案。宋某、周某对该维修方案无异议并申请据此进行维修造价鉴定，由业主自行维修。乙公司对维修方案无异议，甲公司对维修方案亦无异议，但认为该鉴定报告中第5.1.2项提出对不影响安全及使用的质量问题应由法院选取第三方机构评估甲公司的相应损失，确定赔偿数额。第5.1.3项，因维修过程而拆除项目的恢复费用也应当由法庭选取第三方机构评估相应损失，确定赔偿数额。

【一审阶段法院观点】

本案甲公司将涉案4栋宿舍楼工程发包给被告乙公司施工，乙公司将该宿舍楼工程以内部承包名义转包给与其无劳动合同关系的宋某、周某个人，根据被告甲公司与被告乙公司之间签订的合同中"承包人不得私自将承包工程进行分包，禁止转包"，以及最高人民法院《关于审理建设工程施工合同纠纷案件适用法律问题的解释》第一条第（二）项的规定，应当认定被告乙公司将涉案宿舍楼工程转包给无施工资质的原告宋某、周某个人所签订的转包合同为无效合同。

律师点评

根据《建筑工程施工发包与承包违法行为认定查处管理办法》第七条，转包是指承包单位承包工程后，不履行合同约定的责任和义务，将其承包的全部工程或者将其承包的全部工程肢解后以分包的名义分别转给其他单位或个人施工的行为。在本案中，乙公司从甲公司处承接工程后，转由宋某、周某负责实际施工，属于较为典型的转包行为。

根据《最高人民法院关于审理建设工程施工合同纠纷案件适用法律问题的解释（一）》第一条第二款："承包人因转包、违法分包建设工程与他人签订的建设工程施工合同，应当依据民法典第一百五十三条第一款及第七百九十一条第二款、第三款的规定，认定无效。"宋某、周某个人与乙公司所签订的《项目工程内部承包合同》系转包合同，依法属于无效合同，自始没有法律效力。

建设工程施工合同虽为无效，但建设工程经竣工验收合格，承包人请求参照合同约定支付工程价款的请求应予支持。案涉工程虽未进行竣工验收，但在本案审理中对于涉案工程已按竣工验收标准进行了质量鉴定，对于存在的质量问题需要修复部分两原告明确表示其已不具备修复条件，愿意在工程造价中扣减修复费用，由发包方自行修复或委托第三方进行修复，故本院对原告该意见依法予以采信。

律师点评

工程修复既包括了竣工验收之前的"整改"，也包括了竣工验收完成后的"保修"。但无论是整改还是保修都需要由具备相应施工资质的单位来完成。在本案中，宋某、周某作为个人显然不具备工程施工的资质和能力，因此案涉工程质量问题须交由发包人委托第三方有资质的单位进行修复，由此发生的修复费用可在实际施工人应得的折价补偿中进行抵扣。

如果修复的费用超过折价补偿款的，甲公司还可以另行要求相关责任主体承担，具体而言，不仅包括实际施工人宋某、周某，还包括了承包人乙公司。《最高人民法院关于审理建设工程施工合同纠纷案件适用法律问题的解释（一）》第十五条即规定："因建设工程质量发生争议的，发包人可以以总承包人、分包人和实际施工人为共同被告提起诉讼。"

【本案小结】

在建设工程施工合同纠纷案件当中，一般是由施工单位或实际施工人提起工程造价鉴定申请，由建设单位提起工程质量鉴定申请。但本案则有特殊之处，由于案涉工程一直未经竣工验收，而实际施工人由于并没有国家规定要求的资质资格和实际保证施工质量的技术管理能力，因此为了查明案涉工程的具体质量情况，是由负有举证责任的实际施工人提出了工程质量鉴定申请。

由于对整个工程直接进行全面质量鉴定耗时较长且耗资不菲，因此在鉴定过程中各方同意采用了先抽检、发现问题后再全面检测的方式，并且在结算工程款时对维修费用进行了扣减。宋某、周某起诉时要求乙公司支付工程款1700余万元，但在经过鉴定并扣减质量问题修复费用后，仅有近百万元工程款未支付，之间相差的金额是较为悬殊的。从复盘的角度而言，我们认为宋某、周某在本案当中是否还可以从以下角度开展诉讼工作，是可以商榷的：

第一，案涉工程是否有进行过程验收或分项验收。如果进行了过程验收或分项验收，一方面，可以争取缩小质量鉴定的范围；另一方面，既然建设单位参与了验收工作，也可以主张其应承担相应的责任。

第二，案涉工程是否已经交付并投入使用。《最高人民法院关于审理建设工程施工合同纠纷案件适用法律问题的解释（一）》第十四条规定："建设工程未经竣工验收，发包人擅自使用后，又以使用部分质量不符合约定为由主张权利的，人民法院不予支持；但是承包人应当在建设工程的合理使用寿命内对地基基础工程和主体结构质量承担民事责任。"在案涉工程已投入使用的情况下，可将工程质量鉴定的范围缩小至地基基础和主体结构的范围之内，有可能争取减少需要承担的维修费用。

2.10　结构位置偏移

【名词解释】

整体基础、独立基础、柱墙梁等结构的轴线等位置出现偏移。

【规范条文】

《混凝土结构工程施工质量验收规范》GB 50204—2015

8.3.2　现浇结构的位置和尺寸偏差及检验方法应符合表8.3.2的规定……

现浇结构位置和尺寸允许偏差及检验方法　　　　表8.3.2

项　　目			允许偏差（mm）	检验方法
轴线位置	整体基础		15	经纬仪及尺量
	独立基础		10	经纬仪及尺量
	柱、墙、梁		8	尺量
垂直度	层高	≤6m	10	经纬仪或吊线、尺量
		＞6m	12	经纬仪或吊线、尺量
	全高（H）≤300m		$H/30000+20$	经纬仪、尺量

续表

项　目		允许偏差（mm）	检验方法
垂直度	全高（H）＞300m	H/10000且≤80	经纬仪、尺量
标高	层高	±10	水准仪或拉线、尺量
	全高	±30	水准仪或拉线、尺量
截面尺寸	基础	+15，-10	尺量
	柱、梁，板、墙	+10，-5	尺量
	楼梯相邻踏步高差	6	尺量
电梯井	中心位置	10	尺量
	长、宽尺寸	+25，0	尺量
表面平整度		8	2m靠尺和塞尺量测
预埋件中心位置	预埋板	10	尺量
	预埋螺栓	5	尺量
	预埋管	5	尺量
	其他	10	尺量
预留洞、孔中心线位置		15	尺量

注：1 检查柱轴线、中心线位置时，沿纵、横两个方向测量，并取其中偏差的较大值。

　　2 H为全高，单位为mm。

问题44：处理结构位置偏移时是否需考虑对使用功能的影响？

【判决出处】

法院：贵州省贵阳市中级人民法院

案号：（2016）黔01民终5129号

名称：甲公司、乙公司、乙公司A市分公司建设工程施工合同纠纷

【案情概况】

2013年，原告甲公司为发包人，被告乙公司A市分公司为承包人，双方签订了《建设工程施工合同》，合同约定甲公司将其位于B县（C村）的甲公司一期厂房、道路、围墙等工程采用包工包料的方式发包给被告乙公司A市分公司修建，承包方按发包方提供的施工图施工，水电、消防、门窗不包含在承包范围内。

合同签订后被告乙公司A市分公司进场施工。在施工过程中2号楼出现柱偏位

现象，就此问题乙公司A市分公司于2014年3月26日作出了《现场复测报告》，同年4月16日，甲公司向乙公司A市分公司作出处理报告，内容为为："我公司厂房2号楼整体柱子偏位26cm一事经过讨论后得出以下处理结果：厂房2号楼所有偏位柱子保持原貌，给予两年观察时间，如两年后无任何问题再进行全面加固处理。"

律师点评

　　一般而言，施工图纸中关于梁、柱等结构都标有精确的位置。施工图纸实际上也是双方合同约定的一部分。施工单位应当按照约定进行施工。《建设工程质量管理条例》第二十八条第一款则规定："施工单位必须按照工程设计图纸和施工技术标准施工，不得擅自修改工程设计，不得偷工减料。"因此，本案当中柱的位置发生了偏差，乙公司作为施工单位既违反了合同约定，也违反了相应法规规定。至于在工程结构出现位置偏差的情况下是否一定需要进行处理、怎么处理则需要结合多方面情况综合考虑，本案当中法庭的裁判也给我们提供了思路和原则。

　　就本案而言，在施工过程中即发现部分柱出现了位置偏差，发包人甲公司向承包人乙公司A市分公司出具的处理报告表明甲公司认为对所有已偏位柱先保持原样进行观察，待两年后无问题再进行加固处理。该处理报告可表明甲公司当时并未主张对柱位置偏移这一质量问题立即进行处理，本身也是法庭对相关责任问题进行处理时的依据之一。

　　因出现渗漏情况，2014年9月24日，以乙公司项目部名义向甲公司出具《厂房屋面防水修补方案》，方案确定在2014年9月26日至10月15日期间对存在的漏水问题进行修补，修补后保证能满足国家规定的年限不漏水。

　　后乙公司依据方案对漏水处进行了修补，但在2014年12月29日，甲公司与乙公司A市分公司及相关单位对上述工程进行竣工验收过程中发现，1号、4号楼的外墙、屋面多处渗漏，2号、4号楼地面出现大面积开裂和下沉现象，2号、4号楼的1、2层卫生间蹲便器低于地面13cm，2层卫生间地面渗水。2015年3月26日，乙公司针对以上问题向甲公司作出书面处理方案。乙公司按照上述方案对相应问题进行修补处理后，仍存在屋面渗漏水，地面裂缝等问题。双方经协商未果，甲公司遂起诉至法院。

律师点评

　　除了柱的偏位外，案涉工程还出现了渗漏、开裂、下沉等质量问题。甲公司因工程质量问题将乙公司及乙公司A市分公司诉至法院，诉讼请求包括要求被告将屋顶防水拆除并按国家标准重建至屋面不漏水为止、对偏位柱进行加固、对地面裂缝重新加固等。

　　另查明，乙公司A市分公司系乙公司所设分公司。上述厂房1～4号楼中，除3号楼外，其余楼房甲公司均已经使用。

律师点评

　　原《最高人民法院关于审理建设工程施工合同纠纷案件适用法律问题的解释》第十三条规定："建设工程未经竣工验收，发包人擅自使用后，又以使用部分质量不符合约定为由主张权利的，不予支持；但是承包人应当在建设工程的合理使用寿命内对地基基础工程和主体结构质量承担民事责任。"因此，工程是否已竣工验收、发包人是否在竣工验收前擅自使用是判断质量问题责任如何划分的重要前提之一，本案当中也对发包人甲公司对案涉工程的使用情况进行了查明。

【鉴定情况】

　　本案在审理过程中，经乙公司申请，法院依法委托丁房屋安全鉴定有限公司对于厂房质量问题进行鉴定，于2016年4月23日作出鉴定报告，结论为：①甲公司新建厂房1号楼房屋面板多处渗水，防水处理的质量不符合现行的工程质量验收规范的要求，建议按规范要求对渗漏屋面进行综合防水处理。②甲公司新建厂房2号楼房屋面板多处渗漏水，防水处理的质量不符合现行的工程质量验收规范的要求；2号楼柱位置偏移不是外观缺陷是结构质量问题，不足以影响2号厂房的使用功能；2号楼的地面裂缝是由于混凝土收缩变形所致。建议按规范要求对渗漏屋面进行综合防水处理；对位置偏移的柱按照规范要求进行整改处理；对地面的开裂部位注浆封闭处理。③甲公司新建厂房3号楼房屋面板多处渗水，防水处理的质量不符合现行的工程质量验收规范的要求。建议按规范要求对渗漏屋面进行综合防水处理。④甲公司新建厂房4号楼房屋面板多处渗水，防水处理的质量不符合现行的工程质量验收规范的要求。建议按规范要求对渗漏屋面进行综合防水处理。

律师点评

　　本案在审理过程中法院根据乙公司申请对案涉工程质量问题进行了鉴定，鉴定报告的结论表明案涉工程存在房屋面板渗水、柱位置偏移、地面裂缝等质量问题，并提出了相应的建议。在此需要指出的是，对于柱位置偏移，鉴定报告的结论既认为"2号楼柱位置偏移不是外观缺陷是结构质量问题""对位置偏移的柱按照规范要求进行整改处理"，又指出"不足以影响2号厂房的使用功能"。因此，对甲公司关于柱位置偏移的诉请如何处理，需要法庭依法结合本案实际情况进行综合考量。

【一审阶段法院观点】

　　依法成立的合同，对当事人具有法律约束力。当事人应当按照约定全面履行自己的义务。当事人一方不履行合同义务或者履行合同义务不符合约定的，应当承担继续履行、采取补救措施或者赔偿损失等违约责任。质量不符合约定的，应当按照当事人的约定承担违约责任。

　　甲公司将其位于B县（C村）的厂房、道路、围墙等工程采用包工包料的方式发包给乙公司A市分公司修建，并签订了《建设工程施工合同》，双方形成建设施工合同关系，乙公司A市分公司作为承包方，应当严格按照合同约定进行施工，双方合同约定工程质量标准按国家现行建筑工程质量验收统一标准及各专业工程施工质量验收规范规定标准，经鉴定上述厂房现存在1～4号楼屋面渗漏水，2号楼柱位置偏移，地面开裂问题，不符合现行的工程质量验收规范要求，乙公司A市分公司应当承担相应的违约责任。因乙公司A市分公司作为乙公司设立的分公司，不具有法人资格，故相应民事责任应由乙公司承担。

　　依据乙公司于2015年3月26日向甲公司出具的处理方案，乙公司如选择对存在的房屋漏水及地面开裂问题进行修补后，相应问题仍未消除的，应当对相应工程拆除重作。在出具方案后对1～4号楼屋面渗漏水，2～4号楼地面下沉进行了修补，但仍存在1～4号楼屋面渗漏水，2号楼地面开裂的问题，现甲公司要求乙公司将1～4号楼屋面防水拆除按照国家标准重新修建至不漏水为止，对2号楼地面裂缝重新修复，具有事实和法律依据，法院予以支持。参照上述处理方案确定处理时间1个月，法院酌情重作和修复期限为1个月。

　　甲公司所主张的2号楼柱位置偏移，经鉴定不足以影响2号楼的使用功能，故对其要求对该楼柱进行加固的诉请，法院不予支持。

本案一审判决对于甲公司要求对屋面防水予以拆除并修复至不漏水为止、对开裂地面重新修复等诉请予以支持，对甲公司要求对偏位柱进行加固等诉请则不予支持。之所以不予支持，可能是从以下角度进行考虑：

第一，柱的位置出现偏差在施工过程中已经被发现，当时甲公司出具的处理报告认为偏位柱可以保持原貌，给予两年观察时间，如两年后无任何问题再进行全面加固处理。

第二，鉴定报告的结论认为"不足以影响2号厂房的使用功能"，以此而言，进行厂房建设的目的在于使用，既然不影响使用，加固处理则不是必需的。

第三，出现偏位柱的2号厂房已实际投入使用，甲公司也未能举证因偏位柱导致了安全问题或影响了厂房使用、企业生产。

第四，虽然对甲公司关于偏位柱的诉请未予支持，但柱一般作为主体结构，最低保修期限为设计文件规定的该工程的合理使用年限，如后续出现质量问题，仍可以通过诉讼或其他合法方式维护自身权益。

【二审阶段法院观点】

一审判决认定事实清楚，适用法律正确，应予维持。

本案一审判决后，乙公司提起上诉，其认为防水与地面既不是地基基础，也不是主体结构，甲公司在竣工验收未通过的情况下擅自使用案涉工程，根据原《最高人民法院关于审理建设工程施工合同纠纷案件适用法律问题的解释》第十三条第一款"建设工程未经竣工验收，发包人擅自使用后，又以使用部分质量不符合约定为由主张权利的，不予支持……"的规定，应自行承担工程质量责任风险转移的不利后果。乙公司的上诉理由是施工单位在对工程质量问题进行抗辩时所经常采用的理由，但并未能得到二审法院的支持，之所以未能得到支持，可以从以下角度进行考虑：

第一，据二审判决书，甲公司使用案涉工程系接到了乙公司的通知，已经得到了乙公司的同意。乙公司对甲公司的使用情况是知情的、认可的。因此，乙公司也需对此承担相应法律后果。

第二，乙公司的施工质量确实存在问题，案涉工程未能通过竣工验收的责任在于乙公司，乙公司的施工质量问题本身已属于违约行为，造成了甲公司的损失，如果再由甲公司自行承担工程质量责任风险转移的不利后果，对于甲公司显然不公平。

第三，案涉工程的主要质量问题包括了屋面渗漏、地面裂缝等，乙公司只是认为相应的风险应转移由甲公司承担，而对于质量问题由其引起本身也无异议。

第四，经质量鉴定后明确了案涉工程质量问题并不涉及地基基础或主体结构，偏位柱本身也"不足以影响2号厂房的使用功能"，因此即使甲公司是在未经竣工验收的情况下使用，本身在质量安全方面对于公众利益的影响也基本在可控和可预见的范围之内。

【本案小结】

在分析本案时可能会有一个疑惑：为何案涉工程明明出现柱位置偏移等质量问题，但法院并未支持发包人要求维修加固的诉讼请求。对此结合上文"律师点评"的内容，归纳分析如下：

第一，本案中发包人所提诉讼请求是对发生结构位移的部位进行加固。该诉求的前提是存在加固的必要。在本案中通过司法鉴定确认所涉楼柱位置偏移的情形并不影响建筑的使用功能，即在现有状态下，建筑物可以被正常、安全地使用。对于柱位偏移的问题，往往会以是否影响结构承载来判断是否需要加固。或者因柱位偏移严重影响外部观感的，一般也需要通过返修整改加以处理，但此时并不一定为加固处理，更多的外观瑕疵整改工作。鉴于案涉工程在本案鉴定时未出现影响结构承载或其他必须要加固的情形，结合鉴定单位的鉴定结论，法院未支持发包人的该项诉讼请求。

第二，法院对于类似结构质量问题的审慎态度。本案中，鉴定结论载明了"2号楼柱位置偏移不是外观缺陷是结构质量问题"。此处的"结构"可参考《工程结构设计基本术语标准》GB/T 50083—2014中关于结构的定义，即：能承受和传递作用并具有适当刚度的由各连接部件组合而成的整体，俗称承重骨架。由于涉及结构，若质量问题已经严重影响到承载或建筑物安全使用时，则必须通过维修进行加固或作为危楼拆除；但如仅为质量瑕疵，未影响建筑物安全使用的，则不宜作无谓的整改，以避免社会资源的浪费。本案中，法院结合司法鉴定意见，认为案涉工程质量问题尚未达到影响建筑物安全使用的程度。

第三，主体结构工程的最低保修年限为设计文件规定的该工程的合理使用年限。若在建筑物使用过程出现质量问题恶化等情形，发包人还可以在法定保修期内主张权利。因此本案中法院的判决，并不会影响发包人后续主张保修权利的救济途径。

2.11 结构倾斜

【名词解释】

结构水平或垂直情况不符合设计要求。

【规范条文】

《混凝土结构工程施工质量验收规范》GB 50204—2015

8.3.2 现浇结构的位置和尺寸偏差及检验方法应符合表8.3.2的规定……

现浇结构位置和尺寸允许偏差及检验方法　　表 8.3.2

项　目		允许偏差（mm）	检验方法
轴线位置	整体基础	15	经纬仪及尺量
	独立基础	10	经纬仪及尺量
	柱、墙、梁	8	尺量
垂直度	层高 ≤6m	10	经纬仪或吊线、尺量
	层高 >6m	12	经纬仪或吊线、尺量
	全高（H）≤300m	$H/30000+20$	经纬仪、尺量
	全高（H）>300m	$H/10000$ 且≤80	经纬仪、尺量
标高	层高	±10	水准仪或拉线、尺量
	全高	±30	水准仪或拉线、尺量
截面尺寸	基础	+15，−10	尺量
	柱、梁、板、墙	+10，−5	尺量
	楼梯相邻踏步高差	6	尺量
电梯井	中心位置	10	尺量
	长、宽尺寸	+25，0	尺量

项　目		允许偏差（mm）	检验方法
表面平整度		8	2m靠尺和塞尺量测
预埋件中心位置	预埋板	10	尺量
	预埋螺栓	5	尺量
	预埋管	5	尺量
	其他	10	尺量
预留洞、孔中心线位置		15	尺量

注：1 检查柱轴线、中心线位置时，沿纵、横两个方向测量，并取其中偏差的较大值。

2 H 为全高，单位为mm。

问题45：构造柱倾斜是否属于主体结构倾斜？

【判决出处】

法院：江苏省盐城市中级人民法院

案号：（2022）苏09民终3656号

名称：甲医院、乙公司建设工程施工合同纠纷

【案情概况】

2015年7月30日，甲医院（发包人）与乙公司（承包人）签订一份《甲医院一期工程施工合同》。后乙公司与甲医院为工程款支付发生争议，乙公司遂于2018年4月诉至一审法院。该案审理过程中，甲医院提供一份丙测绘信息有限公司于2018年10月出具的《测绘报告》，用以证明门急诊病房楼B区西北角倾斜的事实。

律师点评

在建设工程施工合同关系当中，施工单位最基本的合同义务是按期交付质量合格的工程，最基本的合同权利则是按期足额获取工程款。本案当中，甲医院提交了由丙测绘信息有限公司提供的《测绘报告》，用以证明门急诊病房楼B区西北角倾斜，意图则在于通过主张案涉工程存在质量问题来抗辩乙公司要求支付工程款的诉讼请求。

当然，该《测绘报告》系由甲医院单方面委托专业机构制作，也并非通过

司法鉴定程序产生，因此不属于《民事诉讼法》八种证据形式当中的鉴定意见。根据《最高人民法院关于民事诉讼证据的若干规定》第四十一条："对于一方当事人就专门性问题自行委托有关机构或者人员出具的意见，另一方当事人有证据或者理由足以反驳并申请鉴定的，人民法院应予准许。"乙公司仍有权利在案件诉讼过程中对《测绘报告》所涉及的专门性问题申请法院进行司法鉴定工作。

2018年11月，甲医院向一审法院申请对大楼B区歪斜程度及地下室东出口的多处质量问题进行鉴定。一审法院依法委托丁质量检测有限公司对甲医院提出的事项进行鉴定。

2019年3月，乙公司申请撤回起诉。一审法院依法作出"（2018）苏0991民初631号"民事裁定：准予乙公司撤回起诉。同年7月，丁质量检测有限公司出具"（2019）司鉴字第004号"《司法鉴定报告》，鉴定意见为：①所鉴定甲医院大楼B区西北角各区段均存在不同程度的歪斜，向北的最大歪斜量为92mm。②地下室东出口南、北两侧墙体上部750mm高度范围实际做法不符合设计要求。③地下室东出口北侧墙体外侧地坪以下部分与地坪以上部分不存在水平错位，符合设计要求；地下室东出口南侧墙体外侧地坪以下部分与地坪以上部分存在水平错位，不符合设计要求。

律师点评

乙公司撤诉在前，丁质量检测有限公司出具《司法鉴定报告》在后，可以理解为在出具该《司法鉴定报告》的当时，由于案件已撤诉，因此双方并未就该《司法鉴定报告》发表意见。根据《最高人民法院关于民事诉讼证据的若干规定》第三十七条："人民法院收到鉴定书后，应当及时将副本送交当事人。当事人对鉴定书的内容有异议的，应当在人民法院指定期间内以书面方式提出。对于当事人的异议，人民法院应当要求鉴定人作出解释、说明或者补充。人民法院认为有必要的，可以要求鉴定人对当事人未提出异议的内容进行解释、说明或者补充。"如甲医院、乙公司在另案中引用该《司法鉴定报告》的内容或结论，法院仍需就该《司法鉴定报告》要求当事人发表意见。

2019年7月，乙公司向一审法院申请诉前鉴定。

> **律师点评**
>
> 《最高人民法院关于诉前调解中委托鉴定工作规程（试行）》第一条规定："在诉前调解过程中，人民法院可以根据当事人申请依托人民法院委托鉴定系统提供诉前委托鉴定服务。"第三条规定："下列纠纷，人民法院可以根据当事人申请委托开展诉前鉴定：……（四）建设工程合同纠纷……"因此，对于建设工程合同纠纷，当事人可以考虑在诉前调解阶段即依法申请鉴定。

2019年8月，一审法院依法委托己技术检测鉴定集团有限公司进行鉴定。2019年9月，该公司出具"SF（2019）检结字第1号"《司法鉴定检测报告》，鉴定意见为：①丁质量检测有限公司所注明的甲医院大楼B区西北角所测点的歪斜率不能证明该栋大楼倾斜，因为大楼西北角所测点为二次浇筑的构造柱，构造柱作为非承重构件，构造柱歪斜不能证明承重柱歪斜。②B区西北角构造柱尺寸的误差为可修复质量通病，建筑工程质量通病是指工程完工后，易发生的、常见的、影响使用功能和外观质量的缺陷，所以B区西北角构造尺寸的误差为可修复质量通病，具体修复，对胀模部位的截面尺寸不超过允许偏差10mm，可结合外墙装修时处理，对构造柱胀模较多部位可以剔除多余的混凝土。③在B区西北角构造柱处的歪斜率不影响该栋大楼的结构安全性，分析同第①条，形成歪斜率的原因可能有：模板（包括支撑）缺少足够的强度、刚度、稳定性，不能够承受新浇混凝土重量、振捣侧压力等；模板接头处不牢固，浇筑振捣时胀开；模板立好后，没有复核轴线。④地下室东出口西侧墙体属于可修复，不影响该栋大楼的结构安全性，地下室东出口南侧墙体外侧存在的水平错位属于可修复，不影响该栋大楼结构安全性，地下室东出口作为汽车进入地下室通道，是大楼附属部分，具体修复方案为：对胀模部位的墙体，可结合外墙装修时处理；对于不符合图纸要求墙体部位，拆除后重新浇筑。

> **律师点评**
>
> 关于己技术检测鉴定集团有限公司所出具的《司法鉴定检测报告》，有以下两点可以关注：
>
> 第一，关于质量通病。该《司法鉴定检测报告》提及了"质量通病"的概念，"质量通病"并非法律用语，一般也不能成为免除质量责任的理由。该《司法鉴定检测报告》提及"质量通病"主要是为了表明构造柱尺寸误差的普遍性，

继而引申出该质量问题一般不会影响到案涉工程主体结构安全，可以通过通常的整改方式进行维修。

第二，关于维修方案。己技术检测鉴定集团有限公司所出具的《司法鉴定检测报告》给出了两种维修方案：第一是对胀模部位的墙体，可结合外墙装修时处理；第二是对于不符合图纸要求的墙体部位，拆除后重新浇筑。如果涉及主体结构安全问题，一般较难结合外墙装修进行处理，直接拆除更是慎之又慎。因此从《司法鉴定检测报告》给出的修复方案也可以初步推测案涉工程的构造柱倾斜可能不会影响到主体结构安全。

另一审法院就有关质量通病的修复造价向己技术检测鉴定集团有限公司进行司法咨询。该公司出具一份《关于甲医院B区西北角构造柱及地下室东出口墙体修复预算函件》：我公司就贵院委托鉴定的甲医院B区西北角构造柱及地下室东出口墙体修复预算，经我公司技术部门测算，造价为30594.72元。

律师点评

虽然修复费用不在委托鉴定范围之内，但出于审慎原则，为查明基本事实情况，法院仍向己技术检测鉴定集团有限公司进行了司法咨询，该公司的回函表明：案涉工程构造柱及地下室东出口墙体修复预算为3万余元，该预算金额对于法院进行裁判具有一定的参考价值，并且在后续案件中成为法院酌定维修费用的重要依据。

2019年10月，乙公司诉至一审法院。一审法院经审理后依法作出"（2019）苏0991民初1832号"民事判决：①甲医院应于判决生效之日起十日内支付乙公司工程款人民币3638970元；②驳回乙公司的其他诉讼请求。甲医院不服该判决，上诉至江苏省盐城市中级人民法院。2020年3月，江苏省盐城市中级人民法院经审理后依法作出"（2020）苏09民终1112号"民事判决，认为：一审判决甲医院应向乙公司付至80%的工程款并无不当，对于剩余的20%款项，乙公司可在符合支付条件的情形下另行主张。己技术检测鉴定集团有限公司仅针对B区西北角构造柱及地下室东出口墙体修复预算费用进行测算，该修复费用不在一审法院委托鉴定的范围，一审法院也未对此修复费用进行扣减，如甲医院认为案涉工程还存在其余质量问题或修复费用明显过低，在其提供充分证据后，其可主张在剩余的20%工程款项中予以扣减。

2021年6月，乙公司诉至一审法院，要求甲医院支付剩余20%工程款，遂成本案。

律师点评

甲医院与乙公司之间的建设工程合同纠纷可分为以下阶段：

第一阶段：乙公司因工程款将甲公司诉至法院，审理过程中甲医院提供了丙测绘信息有限公司出具的《测绘报告》，用以证明案涉工程存在构造柱倾斜的情况，甲公司申请对质量问题进行鉴定，乙公司撤诉后，鉴定单位丁质量检测有限公司出具了《司法鉴定报告》。

第二阶段：乙公司对案涉工程质量问题申请诉前质量鉴定，鉴定单位已技术检测鉴定集团有限公司出具《司法鉴定检测报告》，乙公司要求甲医院支付工程款，法院判决甲医院支付至80%的工程款。

第三阶段：乙公司诉至法院，要求甲医院支付剩余20%的工程款，并申请对整改维修情况进行鉴定，即是本案。

【鉴定情况】

乙公司认为其已对工程大楼西北角歪斜等质量问题进行了整改维修，达到标准，甲医院对此不予认可。乙公司为此申请司法鉴定。

一审法院依法委托庚质量鉴定检测有限公司进行鉴定。2022年5月，该鉴定机构作出《关于甲医院建设工程施工合同纠纷一案鉴定报告》（编号：SF336122004），鉴定意见为：①案涉房屋B区西北角位置构造柱垂直度（倾斜），1～6层不符合验收规范要求、7层符合规范要求。②造成构造柱垂直度偏差大的原因分析为施工时模板支撑不牢固，浇筑混凝土侧压力较大导致胀模，出现不平整、垂直度偏差较大的外观质量缺陷。③构造柱为二次结构，不是主体结构，构造柱倾斜问题不影响主体结构安全。④可通过剔凿、打磨的方式进行维修处理。处理后应保证构造柱表面平整且每层垂直度偏差在规范允许范围内。乙公司对此鉴定意见无异议。

甲医院对此质证认为：鉴定意见能够证明乙公司尚未履行构造柱的维修义务，乙公司在此前提下发函要求我方验收没有依据，我方保留因此导致工程停顿而造成我方损失的赔偿权利，乙公司要求付清工程款的条件未成就，乙公司所主张的验收应当先由乙公司向住房和城乡建设局申请预审，预审合格后才能通知双方进行验收。

本案当中，乙公司主张其已完成了案涉工程质量问题的维修整改，甲医院则对此不予认可，乙公司因此申请司法鉴定，法院也依法委托司法鉴定单位开展鉴定工作并出具了鉴定意见。以此而言，工程质量鉴定的范围不仅包括了对工程质量问题、维修方案进行鉴定，对于维修方案的完成情况等事项也可以申请鉴定。

【一审阶段法院观点】

乙公司承建工程已完工，甲医院应当履行支付工程款的义务，目前存留的有关质量问题，属整改维修义务范畴。乙公司主张其已履行整改维修义务，质量符合标准，甲医院应当支付全部剩余20%的工程款。根据现场外观及本案审理过程中庚质量鉴定检测有限公司所作的鉴定意见，乙公司虽然进行了一定维修，但并未维修合格，质量问题仍旧存在。根据己技术检测鉴定集团有限公司和庚质量鉴定检测有限公司的鉴定意见，目前的质量问题不影响主体结构安全，属可以通过后期维修整改的方式予以消除。在此情形下，甲医院仍旧以未经验收合格即拒付全部剩余工程款的理由不足，且对施工方而言显失公平。

关于扣减工程款的数额，结合己技术检测鉴定集团有限公司于2019年10月出具的关于"甲医院B区西北角构造柱及地下室东出口墙体修复预算，造价为30594.72元"的意见，加之本案诉讼中乙公司明确主张其已履行了整改维修义务，质量合格，但实际情况并非如此，乙公司在此方面存在明显过失，故一审法院酌定扣减工程款人民币5万元。剩余工程款203-5=198万元，甲医院应当承担支付责任。

己技术检测鉴定集团有限公司出具的意见当中，案涉工程构造柱及墙体修复造价为3万余元，而一审法院酌情认定扣减了乙公司的工程款5万元，这在一定程度上是考虑到了乙公司未能对前述质量问题维修到位，本身存在过错。

一审法院判决：①甲医院应于判决生效之日起10日内支付乙公司工程款人民币198万元；②驳回乙公司的其他诉讼请求。

【二审阶段法院观点】

经一审法院委托庚质量鉴定检测有限公司的鉴定，案涉工程虽存在部分不符合验收规范要求的情形，但并不属于主体结构，不影响工程的安全性，故在扣减相应的修复费用后，甲医院应向乙公司支付剩余的工程款。

关于修复费用：甲医院虽有异议，但并无证据证实该5万元不足以修复现有的质量问题，因此，对甲医院以乙公司施工的案涉工程存在质量问题为由抗辩，拒绝支付工程款的上诉理由，无事实和法律依据，本院不予采信。

【本案小结】

从本案裁判文书来看，甲医院和乙公司就双方的工程款和工程质量纠纷历经了三个案件，就这些案件而言，有以下三点可以予以关注：

第一，关于鉴定范围的选择。在第一个案件当中，甲医院就构造柱倾斜等质量问题申请了质量鉴定，鉴定结果显示确实存在不符合设计要求的情况，也就可以理解为构造柱位置等事项确实存在质量问题。但是这次鉴定并未明确构造柱倾斜等问题是否属于主体结构质量问题，是否直接影响主体结构安全，具体的维修方案是什么。在第二个案件当中，乙公司通过对前述事项进行鉴定最终明确了案涉工程的构造柱倾斜并不属于主体结构质量问题，这对于双方纠纷后续的走向产生了较为关键的影响。由此可见，对于当事人而言，工程质量鉴定范围的选择是重要的"起手式"，恰当的选择范围无论是对于争取权益还是进行抗辩都至关重要。

第二，关于主体结构的认定。出现质量问题的部分是否属于主体结构，对于非专业机构和人士而言是一个较难判断的问题。就案涉工程而言，甲医院就很难判断出现倾斜的构造柱是否属于主体结构，出现倾斜后是否会影响到主体结构安全和正常使用。如果误判，就会影响到后续诉讼策略的选择和自身的预期，这往往意味着潜在的诉讼风险。因此，对于专业问题可以邀请案外的专业机构提供意见，以便对基本事实和诉讼方法形成更实际和清晰的判断。

第三，关于工程款的抗辩。甲医院在与乙公司的案件中多次强调因工程质量出现问题，所以可以暂不支付工程款，但这一抗辩理由未被法院所采纳。从法理角度而言，即使出现工程质量问题，应是由乙公司依法承担维修责任、作出赔偿，而甲医院也应依法支付工程款，两者之间并行不悖；从案件基本事实而言，质量问题并不涉及主体结构质量问题，鉴定单位出具的意见当中维修费用仅三万余元，以此作为抗辩支付上百万工程款的理由显然于情理而言亦难以成立。以此而言，建设单位在以工程质量问题作为拒付工程款的抗辩理由时对此应有清晰的认识，不能简单地以为只要出现质量问题就可以拒绝付款。

2.12 结构断裂

【名词解释】

混凝土材料由于结构裂缝的形成和发展造成的破坏。

【规范条文】

《混凝土结构工程施工质量验收规范》GB 50204—2015

8.1.2 现浇结构的外观质量缺陷应由监理单位、施工单位等各方根据其对结构性能和使用功能影响的严重程度按表8.1.2确定。

现浇结构外观质量缺陷　　　　　　　　表8.1.2

名称	现象	严重缺陷	一般缺陷
露筋	构件内钢筋未被混凝土包裹而外露	纵向受力钢筋有露筋	其他钢筋有少量露筋
蜂窝	混凝土表面缺少水泥砂浆而形成石子外露	构件主要受力部位有蜂窝	其他部位有少量蜂窝
孔洞	混凝土中孔穴深度和长度均超过保护层厚度	构件主要受力部位有孔洞	其他部位有少量孔洞
夹渣	混凝土中夹有杂物且深度超过保护层厚度	构件主要受力部位有夹渣	其他部位有少量夹渣
疏松	混凝土中局部不密实	构件主要受力部位有疏松	其他部位有少量疏松
裂缝	裂缝从混凝土表面延伸至混凝土内部	构件主要受力部位有影响结构性能或使用功能的裂缝	其他部位有少量不影响结构性能或使用功能的裂缝
连接部位缺陷	构件连接处混凝土有缺陷或连接钢筋、连接件松动	连接部位有影响结构传力性能的缺陷	连接部位有基本不影响结构传力性能的缺陷
外形缺陷	缺棱掉角、棱角不直、翘曲不平、飞边凸肋等	清水混凝土构件有影响使用功能或装饰效果的外形缺陷	其他混凝土构件有不影响使用功能的外形缺陷
外表缺陷	构件表面麻面、掉皮、起砂、沾污等	具有重要装饰效果的清水混凝土构件有外表缺陷	其他混凝土构件有不影响使用功能的外表缺陷

问题46：单方委托出具的检测报告是否能起到证明的作用？

【判决出处】

法院：浙江省高级人民法院

案号：（2020）浙民申472号

名称：甲公司、乙公司建设工程施工合同纠纷

【案情概况】

2015年3月21日，甲公司与乙公司签订《建设工程施工合同》一份，约定甲公司将其开发建设的"A项目基础建设及配套工程"发包给乙公司施工，工程分为一期和二期二次开工，一期计划于2015年4月10日开工，二期计划于8月30日开工，合同价暂定2亿元，乙公司提供5000000元银行承兑汇票作为履约担保，双方还就其他权利义务作出约定。

2015年5月21日，双方当事人又签订《建设工程施工合同》一份，为备案合同，约定甲公司将其开发建设的"A项目（一期）商业用房1～13号楼"（即案涉工程）发包给乙公司施工，承包范围为本工程施工设计范围内的地下室及上部建筑的土建工程、室内外装修工程、安装工程（施工图计量箱后的所有管线箱体）、室内外高级装饰等工程。

2017年9月20日，案涉工程通过竣工验收。案涉工程中部分土建和水电实际由案外人丙个人承包施工，即"A项目二期工程"，其他由乙公司承包施工的部分为"A项目一期工程"。2018年2月7日，双方当事人就案涉工程中"A项目一期工程"进行了结算，确认工程结算造价为43548816元、索赔费用为9584858元，合计53133674元。

同日，甲公司与丙就案涉工程中"A项目二期工程"进行了结算，确认工程造价为8866326元。嗣后，甲公司未能继续支付所欠工程款，乙公司遂提起诉讼。2018年3—4月，作为开发商和承建商的双方当事人以及监理、物业公司四方人员对房屋进行了初步检查，发现存在渗漏水等问题。

本案因工程款纠纷而起，乙公司诉至法院，要求甲公司支付工程款、索赔费用并承担逾期付款违约金。甲公司则以案涉工程存在外框架柱断裂以及渗漏水问题为由提起反诉，要求乙公司支付修理、返工或改建费用，以最终鉴定结论为准。本案基本事实方面有两点可以关注：

第一，甲公司和乙公司对案涉工程进行了初步检查，发现存在渗漏水问题，但对于外框架柱断裂相关情况则没有达成一致。

第二，外框架柱断裂如果存在则属于结构质量问题，渗漏水等情况对于案涉工程的观感和正常使用也会造成不能忽略的影响，但甲公司并未直接起诉乙公司要求其维修或支付费用，而是在乙公司提起工程款之诉后提起反诉。

【一审阶段法院观点】

案涉工程已通过竣工验收，甲公司也委托相关鉴定机构对主体结构、幕墙作出鉴定，主体结构满足结构安全设计要求，幕墙亦满足正常使用性。现甲公司以案涉工程存在外框架柱断裂以及渗漏水问题为由提起反诉，一审法院认为乙公司施工范围的渗漏水问题属于合同约定的保修范围，应通知乙公司继续维修，乙公司在约定时间内不予维修的，甲公司可委托他人维修并通知乙公司，所产生的合理费用应由乙公司承担；而甲公司提出的外框架柱断裂问题，依合同约定应立即向当地建设行政主管部门和有关部门报告，采取安全防范措施，并由原设计人或者具有相应资质等级的设计人提出保修方案，由乙公司实施保修，庭审中乙公司亦表示了维修意愿，故甲公司所谓的外框架柱断裂以及渗漏水问题并无基础性证据证实，应按保修处理，其提出的工程质量鉴定申请一审法院不予照准，其反诉请求一审法院不予支持。

《民事诉讼法》第七十九条规定："当事人可以就查明事实的专门性问题向人民法院申请鉴定……"《最高人民法院关于适用〈中华人民共和国民事诉讼法〉的解释》第一百二十一条第一款则规定："当事人申请鉴定，可以在举证期限届满前提出。申请鉴定的事项与待证事实无关联，或者对证明待证事实无意义的，人民法院不予准许。"因此，是否提出鉴定申请固然是当事人的权利，对于当事人所提鉴定申请是否准许则是在法院的职权范围之内。就本案情况而言，甲公司在一审阶段所提工程质量鉴定申请之所以未被准许，可从以下方面进行考虑：

第一，案涉工程已通过竣工验收，各方已认可案涉工程符合竣工验收要求。

第二，甲公司也曾委托专业机构对案涉工程主体结构、幕墙进行检测，结论是案涉工程的主体结构满足结构安全设计要求，幕墙亦满足正常使用性。

第三，即使主体结构和幕墙等可能存在质量问题，按合同约定属于乙公司的保修范围，乙公司本身也同意进行保修。

第四，甲公司关于工程质量的反诉请求在乙公司同意保修的情况下本身也得到了回应，如再启动工程质量等鉴定程序，可能会无谓增加当事人诉累。

【二审阶段法院观点】

关于案涉工程应否启动质量鉴定程序及乙公司应否支付修理、返工或改建费用的问题。甲公司已就案涉工程组织了验收并在相关文件上签字确认验收合格，现其再主张工程质量存在问题，应提供初步证据证明。甲公司称案涉工程主体结构质量不合格即外框架柱断裂，并称此问题在竣工验收前已发生。但根据甲公司在竣工验收前委托丁公司就结构安全性鉴定的报告显示，房屋在正常使用维护情况下，满足安全使用要求。可见，甲公司关于工程主体结构不安全的上诉理由，与事实不符。甲公司另称，案涉房屋存在渗水现象。本院认为，此属于合同约定的保修范围，应通知乙公司履行保修义务，甲公司未举证证明乙公司拒绝保修，而诉讼中乙公司明确表示愿意承担保修义务，故一审未启动质量鉴定程序且未支持甲公司要求乙公司支付修理、返工或改建费用10000000元的请求，并无不当。

律师点评

本案一审判决后，甲公司提起上诉，一审法院未准许其鉴定申请也作为了上诉理由之一。对此，二审法院认为一审阶段未启动鉴定程序、未支持甲公司相应诉请并无不当，理由与一审判决基本一致。二审判决专门指出，甲公司如主张案涉工程存在质量问题，应提供初步证据予以证明。实际上，甲公司并未能提供外框架柱断裂的初步证据，没有能够尽到举证责任，在没有初步证据的情况下却又主张主体结构存在根本性的问题，其鉴定申请未得到准许、反诉主张未得到支持于法有据。

【申请再审阶段法院观点】

本院经审查认为，原生效判决认定事实清楚，适用法律正确，审理程序及处理均无不当，甲公司作为再审申请人提出的再审申请事由不能成立。

律师点评

二审判决后，甲公司又向浙江省高级人民法院提出了再审申请，浙江省高级人民法院裁定驳回了其再审申请。

在当前的建设工程施工合同纠纷当中，建设单位在施工单位提起工程款之诉后反诉要求施工单位承担工程质量问题责任的情况并不罕见。就具体的反诉请求而言，有的是要求施工单位对案涉工程进行维修或保修，有的是要求施工单位承担质量违约金或维修费用。

就本案或类似情况而言，在建设工程已竣工验收的情况下，建设单位如反诉要求施工单位支付维修费用则需经审慎考虑。因为从某种程度而言，对承建的工程进行保修既是施工单位的责任和义务，也是其权利。《建设工程质量管理条例》第四十一条规定："建设工程在保修范围和保修期限内发生质量问题的，施工单位应当履行保修义务，并对造成的损失承担赔偿责任。"《建设工程施工合同（示范文本）》GF—2017—0201附件3《工程质量保修书》第四条第1款也约定："属于保修范围、内容的项目，承包人应当在接到保修通知之日起7天内派人保修。承包人不在约定期限内派人保修的，发包人可以委托他人修理。"

因此，建设单位在施工单位同意保修的情况下如果仍然主张维修费用，往往需要承担更多的举证责任，比如：施工单位已不具备进行维修的资质或能力、施工单位曾以实际行为拒绝保修或其他足以被采信的理由和依据。

【本案小结】

司法实践中，在承包人向发包人主张工程款时，发包人往往会以存在工程质量问题等违约行为，要求扣减或免除支付工程款。在本案中，发包人是以案涉工程外框架柱断裂以及渗漏水等质量问题为由提起反诉，要求承包人承担支付相应费用。为证明自己的主张，发包人在诉讼过程中向法院申请了针对案涉工程质量问题的司法鉴定。但在本案中，法院并未按照发包人的申请，启动工程质量司法鉴定程序。主要原因之一是本案中出现了由发包人单方委托出具的鉴定检测报告。在该报告中，鉴定检测机构已对案涉工程主体结构、幕墙进行检测鉴定，结论是主体结构满足结构安全设计要求，幕墙亦满足正常使用性。鉴于该鉴定检测机构是诉前发包人自行委托，如果是鉴定检测单位在其资质允许范围内出具的检测意见，一般认为可较为客观地反映事实。

对于单方委托出具的检测报告，有观点认为对于专门性问题须以司法鉴定为准，当事人单方委托的检测报告作用不大。《最高人民法院关于民事诉讼证据的若干规定》第四十一条规定："对于一方当事人就专门性问题自行委托有关机构或者人员出具的意见，另一方当事人有证据或者理由足以反驳并申请鉴定的，人民法院应予准许。"以此而言，自行委托获得检测意见并非完全没有证明力。

案涉工程的发包人并未在诉讼中提供有力的证据证明相关质量问题的存在。加之，案涉工程又通过了竣工验收，承包人同意会在保修期内履行保修义务等因素，发包人缺乏有力的证据或足够的理由申请启动司法鉴定程序。结合本案具体案情，最终法院未启动司法鉴定，不支持发包人关于要求承包人支付修理、返工或改建费用的诉讼请求。

问题47：无法对断裂原因进行鉴定时如何划分责任？

【判决出处】

法院：广东省惠州市中级人民法院

案号：（2022）粤13民终2082号

名称：甲公司、乙公司买卖合同纠纷

【案情概况】

2018年11月29日，混凝土销售方乙公司与采购方甲公司签订了《预拌混凝土、砂浆购销合同》，合同约定由乙公司为甲公司在某地的厂房供应混凝土。双方对混凝土技术指标、强度等级、单价、执行标准、货款结算、支付方式以及争议解决方式等进行了约定。

乙公司2019年1月混凝土供货金额为3199855元，2019年2月25日，甲公司向乙公司发函，告知乙公司供应的案涉混凝土材料存在严重质量问题，导致厂房地下室的天面顶板和承重梁出现不同程度的断裂，要求乙公司予以解决。

2019年4月1日，乙公司与甲公司签订《补充协议》，双方约定如下：鉴于双方2018年11月29日签订了厂房施工建设的混凝土供应合同，自厂房工程建设施工后，乙公司开始按合同约定向甲公司供应的混凝土材料，截至2019年4月1日，乙公司所供应的部分混凝土出现标号初步检测达不到设计要求，尚待进一步检测鉴定的问题。双方经过协商，对以后厂房工程混凝土材料供应问题进行作补充约定。

律师点评　在发现厂房地下室的天面顶板和承重梁出现不同程度断裂等问题后，甲公司通过发函、签订补充协议等方式对基本事实情况进行确认，为后续可能的诉讼作准备。

双方一直未对2019年1月的混凝土供货金额进行结算。乙公司提交的《2020年5—6月份结算单》显示，截至2020年6月30日，未计算2019年1月的混凝土金额的情况下，甲公司尚欠货款247746.5元。2020年8月，甲公司支付货款31375元。

后乙公司将甲公司诉至法院，要求判令甲公司支付货款及违约金，甲公司则提起反诉，要求乙公司承担维修费用和经济损失。

【鉴定情况】

根据甲公司的申请，法院依法选取鉴定机构对案涉厂房混凝土的抗压强度、是否符合设计要求及相关部位的承载力进行鉴定，在鉴定过程中，鉴定机构告知其仅能对现有已建成厂房的混凝土抗压强度及是否符合设计要求、相关部位的承载力出具相关鉴定结论，不能对案涉混凝土质量与抗压强度、承载力等的因果关系进行鉴定，因此，根据案情需要，法院依法撤回本次鉴定。

律师点评　《司法鉴定程序通则》第十六条规定："具有下列情形之一的鉴定委托，司法鉴定机构不得受理：……（五）鉴定要求超出本机构技术条件和鉴定能力的……"第二十七条又规定："司法鉴定机构在进行鉴定过程中，遇有下列情形之一的，可以终止鉴定：（一）发现委托鉴定事项的用途不合法或者违背社会公德的；（二）委托人提供的鉴定材料不真实或者取得方式不合法的；（三）因鉴定材料不完整、不充分或者因鉴定材料耗尽、损坏，委托人不能或者拒绝补充提供符合要求的鉴定材料的；（四）委托人的鉴定要求或者完成鉴定所需的技术要求超出本机构技术条件和鉴定能力的；（五）委托人不履行司法鉴定协议书规定的义务或者被鉴定人不予配合，致使鉴定无法继续进行的；（六）因不可抗力致使鉴定无法继续进行的；（七）委托人撤销鉴定委托或者主动要求终止鉴定的；（八）委托人拒绝支付鉴定费用的；（九）司法鉴定协议书约定的其他终止鉴定的情形……"由于鉴定机构表示不能对案涉混凝土质量与抗压强度、承载力等的因果关系进行鉴定，因此本案的鉴定程序终止。

影响混凝土强度的因素包括：水泥强度等级和水灰比，骨料品种、粒径、级配、杂质，养护时的温、湿度，龄期，施工方法，以及其他因素。从逻辑角度而言，即使是出现了天面顶板和承重梁不同程度断裂等问题，也并不能直接归因于混凝土本身的质量问题；并且混凝土交付施工后的浇筑、养护等流程也难以还原；因此，出现混凝土结构断裂等质量问题后，如何鉴定、分析、量化具体原因，也是工程行业、材料行业和法律行业所面临的一个难点。

【一审阶段法院观点】

一审法院认为，本案为买卖合同纠纷。本案争议焦点为乙公司2019年1月供应的混凝土是否存在质量问题以及如存在质量问题，应赔偿被告的相关损失如何计算。鉴于厂房已经建成，鉴定机构无法对固态的混凝土在乙公司供应时是否合格进行鉴定，根据双方提交的2019年4月1日双方签署的《补充协议》载明的"截至2019年4月1日，乙公司所供应的部分混凝土出现标号初步检测达不到设计要求，尚待进一步检测鉴定的问题……"结合双方一直未对2019年1月的混凝土进行结算的实际情况，本院认定乙公司2019年1月供应的混凝土不完全符合设计要求，该质量问题导致甲公司需要对案涉厂房出现的开裂现象进行处理、加固，损失确定根据《合同法》第一百一十三条规定："当事人一方不履行合同义务或者履行合同义务不符合约定，给对方造成损失的，损失赔偿额应当相当于因违约所造成的损失，包括合同履行后可以获得的利益，但不得超过违反合同一方订立合同时预见到或者应当预见到的因违反合同可能造成的损失。"

一审法院认定乙公司所供混凝土不完全符合设计要求，并且该质量问题导致甲公司需要对厂房开裂等质量问题进行处理、加固，主要依据即是甲乙两公司在《补充协议》中确认乙公司所供应部分混凝土出现标号初步检测达不到设计要求的情况。

因此，甲公司处理、加固的费用及相关损失共计848119.5元应全部由乙公司承担。

一审法院认为甲公司处理、加固厂房开裂部位的费用及相关损失均应由乙公司承担，并在应得货款中予以扣除。

【二审阶段法院观点】

双方签订的《预拌混凝土、砂浆购销合同》对于混凝土质量检验方法的约定为，需方工程技术人员在供方和监理见证下，对混凝土抽样检验，制作试件，以试件检验结果作为混凝土质量评定依据。涉案混凝土经过该质量检验方法，显示产品标号达到强度质量要求。

对于甲公司主张案涉工程项目地下室的楼板和承重梁出现多处断裂现象，但对于此现象是否因乙公司提供的混凝土质量存在问题而导致，一审经委托鉴定，鉴定机构明确告知不能对案涉混凝土质量与抗压强度、承载能力等因果关系进行鉴定，故不能判断系由混凝土质量问题造成的。

对于甲公司主张的维修费用，一审认定848119.5元，本院予以确认，但在因果关系不能确定的情况下，结合其他客观事实，基于公平原则的考量，对该损失应双方各承担一半，即损失的424059.75元用以抵消应付货款。一审认定由乙公司承担全部维修费用不当，本院予以纠正。

本案当中，乙公司所供混凝土质量与甲方厂房开裂之间是否存在因果关系是最为关键的问题。一般情况下，这一专门性问题应交由鉴定单位通过技术手段进行判断后提供意见。然而由于客观情况和技术手段的原因，导致鉴定单位仅能对现场质量问题的情况作出认定，而无法对责任原因作出判断，因此就需要法院根据基本事实情况，依法酌情予以认定。最终二审法院基于公平原则的考量，认定甲公司的维修费用等损失应由甲乙两公司各承担一半。

公平原则是民法的一项基本原则，《民法典》第六条即规定："民事主体从事民事活动，应当遵循公平原则，合理确定各方的权利和义务。"所谓公平原则，是指民事主体从事民事活动时要公正、平允、合理地确定各方的权利和义务，并依法承担相应的民事责任，既不能只享有权利而不承担义务，也不能只承担义务而不享有权利。就本案而言，二审法院认定甲公司的维修费用等损失应由甲乙两公司各承担一半，有较为充分的依据：一方面，乙公司在《补充协议》中确认其所供应的部分混凝土出现标号初步检测达不到设计要求的情况；另一方面，案涉混凝土经过抽样检验、制作试件，显示产品标号达到强度质量要求。因此，在无法开展鉴定工作的情况下，二审法院基于公平原则对一审判决进行了改判，有利于化解各方的纠纷争议。

【本案小结】

工程质量问题可能由混凝土等材料不合格而引发，此类纠纷在实践中也较为常见，案由一般归类于买卖合同纠纷。关于混凝土等材料的质量标准，已经有较为成熟的规范体系，当事人在合同中通常也会作较为详细的约定，即使约定有不清晰之处，当事人还可以通过《民法典》第五百一十一条 "……质量要求不明确的，按照强制性国家标准履行；没有强制性国家标准的，按照推荐性国家标准履行；没有推荐性国家标准的，按照行业标准履行；没有国家标准、行业标准的，按照通常标准或者符合合同目的的特定标准履行……" 等规定进行确定。因此，涉及混凝土质量的纠纷，难点很可能不在于质量标准的争议，而在于发生工程质量问题后，较难还原当时混凝土供货时真实的质量情况，也较难通过鉴定方式查找具体的原因，本案即是较为典型的情况。这就对案件当事人，特别是混凝土购买方工作过程中的证据收集能力提出了比较高的要求，本书结合本案作出如下两点建议：

第一，关于文字固定工作。在发现质量问题或疑似现象后，应及时发函告知供货方，描述具体情况，要求在一定期限内到现场进行处置，并着手准备后续的文本签订、赔偿条款拟制等事项。

第二，关于过程固定工作。混凝土施工有明确的取样和试件留置程序，这不仅对于工程质量管控起到重要作用，后续一旦因混凝土强度等指标发生纠纷争议，相关过程情况也会成为判断各方责任的依据之一，因此取样、试件留置等过程须按照要求进行固定，各方签章应保留完备。

第3章　钢结构

3.1　钢结构锈蚀

【名词解释】

钢结构由于水分和氧气等的电化学作用而产生的腐蚀现象。

【规范条文】

《钢结构工程施工质量验收标准》GB 50205—2020

4.2.5　钢板的表面外观质量除应符合国家现行标准的规定外，尚应符合下列规定：

1　当钢板的表面有锈蚀、麻点或划痕等缺陷时，其深度不得大于该钢材厚度允许负偏差值的1/2，且不应大于0.5mm；

2　钢板表面的锈蚀等级应符合现行国家标准《涂覆涂料前钢材表面处理表面清洁度的目视评定　第1部分：未涂覆过的钢材表面和全面清除原有涂层后的钢材表面的锈蚀等级和处理等级》GB/T 8923.1规定的C级及C级以上等级……

问题48：钢结构涂装是否属于主体结构？

【判决出处】

法院：北京市第二中级人民法院

案号：（2017）京02民终2711号

名称：甲公司与乙公司建设工程施工合同纠纷

【案情概况】

2012年2月29日，甲公司与乙公司签订的《甲公司1号轧钢车间、2号废钢及铸钢车间、3号制氧车间钢结构工程加工制作安装合同》，约定乙公司为甲公司上述车间的钢结构工程进行加工制作和安装。后乙公司因工程款纠纷将甲公司诉至法院，要求甲公司支付工程款、延期付款违约金并承担诉讼费；甲公司则提起反诉，反诉请求包括了要求乙公司赔偿因漆面土层质量不合格所产生的修复费用以及其他事项。

一审审理过程中，双方当事人对工程价款达成一致，双方确认了工程总价款及甲公司尚欠乙公司工程款的具体金额。双方对案涉工程是否竣工则未达成一致，乙公司认为2012年11月向甲公司交付了涉案工程项目，并且已竣工验收；甲公司认可在2013年底开始使用涉案工程项目，但不认可竣工验收。

律师点评　　钢结构主要是由型钢和钢板等制成的钢梁、钢柱、钢桁架等构件组成，由于其重量轻、强度高、制作安装快等诸多优点，是一种在工业厂房当中应用较多的结构形式。钢结构在生产生活中应用广泛，因钢结构质量问题引发的纠纷争议也并不罕见，具体包括了钢结构锈蚀、变形、断裂、坍塌等各种情况，本案当中就涉及因钢结构锈蚀所引发的纠纷争议，对处理类似案件具有一定的参考价值。

【鉴定情况】

本案一审过程中，经甲公司申请，法院委托鉴定机构对涉案工程钢结构金属构件漆面涂层厚度是否符合规定和屋面漏水原因、防水是否合格进行鉴定鉴定机构出具的司法鉴定意见书载明：①该工程钢构件普遍存在返锈现象，所测构件防腐涂料涂层厚度不符合相关标准规范的规定。②该工程2号厂房外墙与后建厂房房屋面交接部位局部存在渗漏水痕迹，不符合相关标准规范的规定。③该部位渗漏水原因为2号厂房屋面与后建厂房屋面排水交汇点无排水落差；后建厂房屋面后安装的钢板排水坡向不正确；2号厂房外墙与后建厂房屋面交接部分相关缝隙局部未密封处理。

双方当事人未就该司法鉴定意见书提出书面异议，甲公司对该司法鉴定意见书予以认可。乙公司认为：在2015年7月鉴定机构鉴定时，涉案工程已经使用多年，而且甲公司生产钢铁类产品，自然环境等对房屋产生了影响。根据国家建委和国家检验总局验收规范钢结构涂装工程为独立工程，根据双方的合同，合同未约定工程范围包括涂装工程，其责任应由甲公司承担，乙公司作为钢结构分包单位，甲公司将土建和水电工程分包给第三方，而该工程已经交付使用多年，并办理了相应的产权文件，所以乙公司认为是合格的。关于漏水，虽然鉴定存在漏水，但是漏水原因是甲公司的设计存在问题，甲公司在安装相关设备时，存在改动导致漏水。漏水原因与乙公司无关。甲公司为此次鉴定支付了鉴定费50万元。

律师点评　　鉴定机构所出具的司法鉴定意见书表明案涉工程的主要质量问题包括了返锈和渗漏水等方面。乙公司对质量问题的抗辩思路包括：第一，返锈、漏水等现象是由于自然环境等原因所造成。第二，涂装工程不在合同约定的工程范围内，不应由其承担责任。第三，案涉工程存在设计问题和改动情况。这也是承包人在面对发包人就钢结构锈蚀等质量问题进行索赔时常见的抗辩思路。

【一审阶段法院观点】

关于案涉工程的质量问题，鉴定机构已依法出具司法鉴定意见书，确认本案工程存在一定的质量问题，并在此基础上出具了建议修复方案，该鉴定意见书不违反相关法律规定，合法有效，本院予以采信。

乙公司辩称质量问题与其无关，且涉案工程已过质保期，所涉及的问题也并非地基基础工程和主体结构，漏水系因甲公司拆改造成的，不应进行鉴定等意见。本院对此认为，本案的工程为钢结构，钢结构的油漆属于主体结构部分，且乙公司未提交证据证明漏水与其施工无关，故乙公司的上述意见不予采信。

由于案涉工程经鉴定存在质量问题，故乙公司应当就工程质量问题履行修复的义务，现甲公司要求乙公司支付修复款，本院对此不持异议。但甲公司在未竣工验收的情况下，擅自使用案涉工程，客观上加重了质量问题，增加了维修的难度，且造价鉴定意见书中载明了是按照涉案工程已建设安装电炉、炼钢等生产设备，企业处于满负荷生产状况下做出的造价鉴定，故甲公司亦存在过错。综上，按照工程造价鉴定意见书载明的造价费用，本院酌定乙公司承担50%的修复费用。

本案双方争议的焦点之一在于钢结构的油漆是否属于主体结构的一部分。如果是属于主体结构的一部分，则乙公司依法需要在设计文件规定的合理使用年限内承担保修责任，即使甲公司存在未经竣工验收、擅自使用工程的情况下，也不能免除因主体结构质量问题所导致的责任。一审法院认为案涉工程为钢结构工程，其油漆属于主体结构部分，并结合本案其他基本事实情况划分了双方当事人的责任。

【二审阶段法院观点】

关于双方争议的钢结构油漆涂装工程是否属于《最高人民法院关于审理建设工程施工合同纠纷案件适用法律问题的解释》第十三条规定的主体结构工程。依据《建筑工程施工质量验收统一标准》GB 50300—2013的规定，在钢结构主体工程中，涂装工程属于主体结构。一审法院将钢结构油漆涂装工程认定为钢结构的主体工程，于法有据，本院予以维持。

关于乙公司施工完成的钢结构涂层是否合格。鉴定机构作出的司法鉴定意见书载明：该工程钢构件普遍存在返锈现象，所测构件防腐涂料涂层厚度不符合相关标准规范的规定。故一审法院认定乙公司施工完成的钢结构涂层存在质量问题并无不当，本院予以维持。

由于涉案工程存在质量问题，且乙公司未予修复，故一审法院对乙公司要求甲公司支付延期付款违约金的诉讼请求不予支持，并无不当，本院予以维持。一审法院综合考虑甲公司客观上加重了质量问题，增加了维修难度的情况，酌定乙公司承担50%的修复费用，亦无不当，本院亦予以支持。

二审法院在进行审查时着重聚焦以下三点：第一，涂装工程是否属于主体结构；第二，涂装工程是否质量合格；第三，质量问题应如何划分责任。对于三个重点层层递进展开论证，相应思路可以在处理工程质量纠纷时予以借鉴。

【本案小结】

本案经历一审程序、二审程序后，当事人又申请了再审。在申请再审阶段法院依然认定案涉钢结构油漆涂装工程属于主体结构工程范畴，是主体结构的一部分。主要依据是参考《建筑工程施工质量验收统一标准》GB 50300—2013附录B建筑工程的分部工程、分项工程划分的相关规定。其中，主体结构分部工程钢结构子分部工程的分项工程包括：钢结构焊接、紧固件连接、钢零部件加工、钢结构组装及预拼装、单层钢结构安装、多层及高层钢结构安装、钢管结构安装、预应力钢索和膜结构、压型金属板、防腐涂料涂装、防火涂料涂装。

钢结构工程属于主体结构中的子分部工程，钢结构能承受力作用并具有适当刚度，与其他能承受和传递力作用并具有适当刚度的连接部件组成主体结构工程。防腐涂料涂装、防火涂料涂装是钢结构工程的分项工程。涂料本身不承受力作用也不具备相应刚度，主要起到减少钢结构受腐蚀、火灾影响的作用。基于此，如果涂料是钢结构工程中的主体结构的组成部分之一，就其本身而言能否符合相关规范标准中关于"结构"的定义？有观点认为，若单独讨论钢结构涂料这一分项工程，则不宜直接上升到"主体结构"的层级，因为一旦将钢结构涂料分项工程等同主体结构，则可能引起的法律后果是钢结构涂料分项工程将在建筑物设计年限内进行保修。

在实践中，对于钢结构涂料通常有单独的设计年限，且设计年限通常还低于建筑物设计年限。如《钢结构设计标准》GB 50017—2017条文说明第18.2.1条："……一般钢结构防腐蚀设计年限不宜低于5年；重要结构不宜低于15年，应权衡设计使用年限中一次投入和维护费用的高低选择合理的防腐蚀设计年限。由于钢结构防腐蚀设计年限通常低于建筑物设计年限，建筑物寿命期内通常需要对钢结构防腐蚀措施进行维修，因此选择防腐蚀方案的时候，应考虑维修条件，维修困难的钢结构应加强防腐蚀方案……"钢结构防腐设计年限通常就不等同于建筑物设计年限。故而在具体案件纠纷中，需要结合设计文件来综合判断钢结构涂料分项工程保修年限。

3.2 钢结构变形

【名词解释】

钢结构构件的变形、弯曲等现象。

【规范条文】

《钢结构工程施工质量验收标准》GB 50205—2020

8.5.1 钢构件外形尺寸主控项目的允许偏差应符合表8.5.1的规定……

钢构件外形尺寸主控项目的允许偏差（mm）　　　　　　　表8.5.1

项　目	允许偏差
单层柱、梁、桁架受力支托（支承面）表面至第一安装孔距离	±1.0
多节柱铣平面至第一安装孔距离	±1.0
实腹梁两端最外侧安装孔距离	±3.0
构件连接处的截面几何尺寸	±3.0
柱、梁连接处的腹板中心线偏移	2.0
受压构件(杆件)弯曲矢高	$l/1000$，且不大于10.0

注：l为构件（杆件）长度。

问题49：施工过程出现钢结构变形导致事故后应如何划分责任？

【判决出处】

法院：新疆维吾尔自治区霍城县人民法院

案号：（2021）新4023民初2302号

名称：甲公司与乙公司、徐某等建设工程施工合同纠纷

【案情概况】

2019年6月20日，甲公司和案外人某局签订建设工程施工合同一份，合同约定由甲公司承包建设某县基础设施建设项目二标段施工标工程，承包方式为包工包料，计划开工日期为2019年6月20日，计划竣工时间为2019年10月30日。

甲公司又将案涉项目部分钢网架屋面及单板承包给乙公司，承包方式为包工包料；工程造价为4800000元。合同签订后，双方没有按照合同约定委托设计施工方案、施工图纸。

律师点评　《建筑法》第五十八条第二款规定："施工单位必须按照工程设计图纸和施工技术标准施工，不得擅自修改工程设计，不得偷工减料……"如果甲、乙两公司没有委托设计施工方案、施工图纸即进行施工，可能属于无图施工，违反了法律的强制性规定。

乙公司又将工程转包给没有施工资质的徐某进行施工，徐某组织他人进行施工。2019年9月25日凌晨在施工过程中发生事故，造成一人死亡，多人受伤的事故。

律师点评　《建筑法》第二十八条规定："禁止承包单位将其承包的全部建筑工程转包给他人，禁止承包单位将其承包的全部建筑工程肢解以后以分包的名义分别转包给他人。"乙公司将工程交由没有资质的个人进行施工，明显违反了法律的强制性规定。

甲公司将乙公司、徐某诉至法院，诉讼请求包括：解除与乙公司签订的《工程合同书》；乙公司退还甲公司支付的工程款；乙公司支付甲公司垫付的吊车施工费及损失费、赔偿金等费用及诉讼费用；徐某在责任范围内承担连带责任。

【检测情况】

《鉴定报告》表明：部分杆件的焊缝质量未达到二级焊缝的质量要求。事故分析结论：第一，在安装网架前未编制专项施工方案，未对施工过程的施工段进行结构验算并进行网络加固，采用的施工段网架为几何可变体系是发生此次坍塌事故的直接和主要原因。第二，现场安装施工技术人员缺乏质量安全意识，已经意识到此网壳与以往安装的网壳不同，明知没有完善的施工方案，仍按以往的经验进行安装，并执意要在夜间现场照明条件不是很好的情况下继续安装，不能及时发现网架的变形，让指挥人员果断采取有效措施，避免施工段网架坍塌事故的发生。第三，吊装就位后未按图纸的要求，对支座螺栓球与支座、支座过渡板与预埋板及时进行焊接固定，未对施工段网架整体起到一定的约束作用。其他原因：未严格按要求对超过一定规模的危险性较大的分部分项工程（以下简称"危大工程"）专项施工方案进行专家论证并通过，安装单位未认真编写切实可行的专项施工方案并有效实施，现场监理人员在吊装无专项施工方案的情况下，未及时下达工程暂停令，阻止夜间吊装作业。

《检验检测报告》证明：共超探 973 道焊缝，其中 85 道焊缝质量未达到《钢结构工程施工质量验收规范》GB 50205—2001 的要求；17 道焊缝未达到外观质量要求。

> **律师点评**　案涉工程的鉴定工作文字成果主要包括了《鉴定报告》和《检验检测报告》两部分，其中《鉴定报告》不仅指出了引发事故的直接原因在于焊缝质量未达到二级焊缝的质量要求，还给出了事故分析结论，表明案涉工程存在未编制专项施工方案、现场人员缺乏质量安全意识、未按图施工、监理人员履职不到位等问题，这成为法院划分各方责任的重要依据之一；《检验检测报告》则主要是从技术角度列明了现场焊缝的检测情况。

【原审一审阶段法院观点】

针对甲公司与乙公司签订的合同是否符合法定解除的条件这一争议焦点，鉴于双方不能实现合同目的，甲公司要求解除与乙公司签订的工程合同书的诉求，本院予以支持。

> **律师点评**　本案原审一审阶段，法院以工程出现安全事故、存在质量问题，已无法达到合同目的为主要理由，支持了甲公司要求解除其与乙公司合同的诉讼请求。当然，解除合同的前提在于合同有效，因此，法院在论述理由时先确认了甲公司和乙公司合同的合法有效。

针对甲、乙公司双方履行合同过程中产生的各项损失的原因及责任划分这一争议焦点，本院认为，甲公司应当承担 30% 的责任，乙公司和徐某应当承担 70% 的责任。

> **律师点评** 本案原审一审阶段，法院认为甲公司对于案涉工程所承担的主要是监管责任，乙公司和徐某则主要是承担施工责任，因此在划分责任的具体比例时乙公司和徐某承担了更大的比例。

【重审一审阶段法院观点】

本案一审判决后，甲公司、乙公司均提起上诉，二审法院认为本案一审认定事实不清，证据不足，裁定撤销原一审判决，将本案发回重审。重审一审过程中，乙公司认为监理单位丙公司与本案有利害关系，申请追加丙公司为第三人，法院认为符合规定，进行了追加；乙公司还提起了反诉，要求甲公司向其赔偿材料损失等费用并承担反诉费用。

> **律师点评** 《建筑法》第三十二条规定："建筑工程监理应当依照法律、行政法规及有关的技术标准、设计文件和建筑工程承包合同，对承包单位在施工质量、建设工期和建设资金使用等方面，代表建设单位实施监督。工程监理人员认为工程施工不符合工程设计要求、施工技术标准和合同约定的，有权要求建筑施工企业改正。工程监理人员发现工程设计不符合建筑工程质量标准或者合同约定的质量要求的，应当报告建设单位要求设计单位改正。"结合本案情况，《鉴定报告》明确指出：现场监理人员在吊装无专项施工方案的情况下，未及时下达工程暂停令，阻止夜间吊装作业。以此而言，监理单位有可能就甲公司诉请所涉损失承担责任，并且监理单位的加入有利于查清本案基本事实情况，因此乙公司在本案重审一审阶段追加监理单位丙公司为第三人的申请得到了法院的准许。

对于乙公司所取得工程款是否应返还甲公司这一争议焦点，本院认为：

甲公司将通过招标投标承包的工程中的部分工程分包给乙公司，乙公司又将该分包工程的劳务分包给了无资质的徐某，违反了《招标投标法》第四十八条"中标人应当按照合同约定履行义务，完成中标项目。中标人不得向他人转让中标项目，也不得将中标项目肢解后分别向他人转让。中标人按照合同约定或者经招标人同意，可以将中标项目的部分非主体、非关键性工作分包给他人完成。接受分包的人应当具备相应的资格条件，并不得再次分包。中标人应当就分包项目向招标人负责，接受分包的人就分包项目承担连带责任"的规定。依照《招标投标法》第五十八条"中标人将中标项目转让给他人的，将中标项目肢解后分别转让给他人的，违反本法规定将中标项目的部分主体、关键性工作分包给他人的，或者分包人再次分包的，转让、分包无效，处转让、分包项目金额千分之五以上千分之十以下的罚款；有违法所得的，并处没收违法所得；可以责令停业整顿；情节严重的，由工商行政管理机关吊销营业执照"的规定，甲公司与乙公司签订的工程分包合同为无效合同，乙公司与徐某之间的劳务分包合同亦为无效合同。合同无效，因该合同取得的财产，应当予以返还，甲公司向乙公司支付了工程款2105000元，乙公司未完成合同约定的工程，因此对于该工程款乙公司应向甲公司返还。

律师点评

　　本案原审一审阶段，法院认为甲公司与乙公司之间的合同合法有效，对甲公司要求解除与乙公司合同的诉请予以支持。本案重审一审阶段，法院认为甲公司与乙公司之间的合同因违反《招标投标法》等强制性规定，应认定为无效，无效合同自始没有法律约束力，也就不存在解除这一说法。

　　合同解除和合同无效的法律后果并不相同：对于合同解除，《民法典》第五百六十六条第一款规定："合同解除后，尚未履行的，终止履行；已经履行的，根据履行情况和合同性质，当事人可以请求恢复原状或者采取其他补救措施，并有权请求赔偿损失。"第二款规定："合同因违约解除的，解除权人可以请求违约方承担违约责任，但是当事人另有约定的除外。"对于合同无效，《民法典》第一百五十七条规定："民事法律行为无效、被撤销或者确定不发生效力后，行为人因该行为取得的财产，应当予以返还；不能返还或者没有必要返还的，应当折价补偿。有过错的一方应当赔偿对方由此所受到的损失；各方都有过错的，应当各自承担相应的责任。法律另有规定的，依照其规定。"因此，重审一审阶段法院认定甲公司与乙公司的合同无效后，判令乙公司向甲公司返还工程款。

　　对于各方对合同的履行是否具有过错这一争议焦点，本院认为：

　　首先，甲公司违反相关法律规定，将不应当进行分包的招标投标工程分包给乙公司，且未编制专项施工方案，依照《危险性较大的分部分项工程安全管理规定》第十条"施工单位应当在危大工程施工前组织工程技术人员编制专项施工方案。实行施工总承包的，专项施工方案应当由施工总承包单位组织编制。危大工程实行分包的，专项施工方案可以由相关专业分包单位组织编制"的规定，本案甲公司合同履行中具有过错。

其次，乙公司将工程劳务分包给无施工资质的徐某，在明知无专项施工方案的情形下仍然继续施工，在收到第三人的监理通知书后亦未采取相应的措施并进行整改，造成安全事故的发生，乙公司也具有过错。

第三人监理公司在发现该工程无专项施工方案后发出了监理通知书，依照《危险性较大的分部分项工程安全管理规定》第十九条"监理单位发现施工单位未按照专项施工方案施工的，应当要求其进行整改；情节严重的，应当要求其暂停施工，并及时报告建设单位。施工单位拒不整改或者不停止施工的，监理单位应当及时报告建设单位和工程所在地住房城乡建设主管部门"的规定，第三人所采取的措施不当，未通知建设方停止施工，造成了安全事故的发生，第三人亦具有过错。

徐某无施工资质承包建设工程劳务部分，其本身具有一定的过错，但是就工程事故发生的原因来看，系甲公司和乙公司违反法律规定，第三人监管不到位引起。

律师点评　甲公司要求徐某在责任范围内承担连带责任，而承担连带责任须有法律依据或合同依据。《建筑法》第六十七条规定："承包单位将承包的工程转包的，或者违反本法规定进行分包的，责令改正，没收违法所得，并处罚款，可以责令停业整顿，降低资质等级；情节严重的，吊销资质证书。承包单位有前款规定的违法行为的，对因转包工程或者违法分包的工程不符合规定的质量标准造成的损失，与接受转包或者分包的单位承担连带赔偿责任。"在此需要指出的是，本条款当中承担连带责任的是承包单位和接受转包或者分包的单位，均为单位，而未明确涉及个人。

本院酌定第三人丙公司承担损失的30%，甲公司、乙公司各承担35%。

【本案小结】

建设工程施工过程涉及多方主体，一旦发生质量问题甚至于安全事故，如何划分各方责任在司法实践中一直是较为复杂的问题，现就本案情况作如下两点讨论：

第一，关于追加第三人。本案在重审一审阶段根据乙公司申请追加监理单位丙公司为第三人，其实是否应追加本身即可以讨论：首先，丙公司所签合同为监理合同，合同相对方按常理而言应为案涉工程建设单位，而建设单位并非本案当事人，本案当事人甲公司、乙公司、徐某的定位均为施工方；其次，本案案由为施工合同纠纷，监理公司即使须承担责任，其所对应的法律关系可能为监理合同关系、追偿关系或其他关系，但似乎与施工合同关系没有关联。当然，从《鉴定报告》等材料而言，监理单位可能确有责任，因此有观点认为，法院在本案重审一审阶段追加监理单位丙公司为第三人有利于查明事实、化解矛盾、减轻讼累，是可以理解的。

第二，关于责任承担。《危险性较大的分部分项工程安全管理规定》第十条规定："施工单位应当在危大工程施工前组织工程技术人员编制专项施工方案。实行施工总承包的，专项施工方案应当由施工总承包单位组织编制。危大工程实行分包的，专项施工方案可以由相关专业分包单位组织编制。"以此而言，本案当中似乎与专项施工方案有关的责任在于分包单位乙公司。但其实不然，该条款当中的专业分包单位应属通过合法途径所确定的分包单位，而本案当中甲公司分包给乙公司被法院认定为违反了招标投标法规相关强制性规定，因此甲公司仍应承担未编制专项施工方案的责任。

3.3　钢结构断裂

【名词解释】

应力高于钢材抗拉强度或屈服强度情况下发生突然断裂的破坏。

【规范条文】

《建筑结构检测技术标准》GB/T 50344—2019

6.6.13　当钢结构材料发生烧损、变形、断裂等情况时，宜进行钢材金相的检测。

❓ 问题50：发生钢结构断裂等现象后如何确定责任？

【判决出处】

法院：最高人民法院

案号：（2017）最高法民申4353号

名称：甲公司、乙公司建设工程施工合同纠纷

【案情概况】

2010年9月21日至11月2日，乙公司与甲公司先后订立三份《建设工程施工合同》，总价款为5170000元，包工包料，一次性定价不变，根据进度拨款。工程2011年3月竣工，未经验收甲公司即投入使用。截至2013年5月，甲公司共支付工程款3800000元。合同内工程尚欠款1370000元。上述事实双方当事人无争议，予以确认。按合同约定，合同外施工及变更图纸发生的施工需现场签证，乙公司在施工过程中共发生17项签证，经鉴定总金额为898658元。

乙公司因工程款争议诉至法院，一审诉讼请求包括：①判令甲公司给付工程欠款2402685.10元及利息；②诉讼费、鉴定费由甲公司承担。甲公司向一审法院提出反诉请求：①判令乙公司承担存在质量问题工程的维修费用及相关损失6300000元；②由乙公司承担反诉费用、拆除费用、鉴定费用及诉讼费用。经鉴定，乙公司施工的玉米棚仓檩条、码垛间钢结构存在质量问题。

律师点评　　钢结构出现断裂等现象后施工单位是否需要承担赔偿责任？具体的赔偿金额如何确认？本案历经中级人民法院一审判决、高级人民法院二审改判、向最高人民法院申请再审后被驳回，其裁判思路对于类似赔偿纠纷如何处理具有参考价值。

本案当中，一方面甲公司未经竣工验收即将案涉工程投入使用，另一方面乙公司施工的玉米棚仓檩条、码垛间钢结构存在质量问题，这都是法院在划分双方当事人责任时考虑的基本事实情况。

【一审阶段法院观点】

关于工程质量问题。根据鉴定报告结论，玉米棚仓4～5轴间有檩条变形情况；码垛间钢结构断裂原因是H形梁拼接处连接螺栓与设计图纸不符，即玉米棚仓、码垛间钢结构确实存在质量问题。

玉米棚仓檩条、彩钢板属于建筑工程次要结构，并经监理部门检验合格，且甲公司未经验收擅自使用多年，玉米棚仓损失部分，一审法院酌定甲公司自行承担80%责任，乙公司承担20%责任，参照丙公司出具的工程造价鉴定报告，玉米棚仓拆除、重建预算为1291683元，即乙公司承担258336.60元的赔偿责任。

吉林省某评鉴中心鉴定报告证明码垛间钢结构断裂原因是H形梁拼接处连接螺栓与设计图纸不符，公证书又证明码垛间坍塌的事实，对码垛间因质量问题造成甲公司损失，乙公司应予赔偿。酌定乙公司参照丁公司拆除、重建该工程的建筑工程书预算548185元，对甲公司予以赔偿。

一审法院判决如下：①甲公司于判决生效后10日内给付乙公司工程款2268658元，并承担利息（自2011年4月1日起至执行完毕止，按中国人民银行同期同类贷款利率计算）；②乙公司于判决生效后10日内赔偿甲公司损失806521.60元。

律师点评

　　一审法院认为玉米棚仓4～5轴间檩条、码垛间钢结构属于次要结构。无论是《建筑法》《建设工程质量管理条例》，还是当时的《最高人民法院关于审理建设工程施工合同纠纷案件适用法律问题的解释》，对主体结构均作出相关规定，但基本未对次要结构进行规范。从我们的理解而言，本案当中所谓的次要结构，其实就是指非主体结构，即使出现质量问题，也不会对工程整体的结构安全造成根本性的影响。从法律适用角度而言，次要结构也就不适用前述法规关于主体结构的条款。

【二审阶段法院观点】

本院认为，根据吉林省某评鉴中心鉴定报告结论，可以认定玉米棚仓、码垛间钢结构存在质量问题。但是对于甲公司据此主张的损失是否应予赔偿及赔偿数额应综合考量。

关于玉米棚仓。玉米棚仓檩条厚度超过标准规定的允许偏差，没有达到图纸设计要求。但玉米棚仓13个柱距，只有4～5轴间檩条有变形情况，且檩条属于工程次要结构，已经由监理部门检验合格，甲公司未经验收擅自使用多年，未能证明已经发生实际损失，故一审判决乙公司承担赔偿责任缺乏事实和合同依据，应予纠正。

关于码垛间。码垛间钢结构断裂原因是H形梁拼接处连接螺栓与设计图纸不符，连接螺栓损坏失去承载能力，导致屋面坍塌，实际损失确已发生。对因码垛间存在质量问题给甲公司造成的损失，乙公司应予适当赔偿，但赔偿数额应综合考量。工程已经由监理部门检验合格，甲公司未经验收擅自使用多年，其虽称维修工程是依据丁公司的建筑工程预算书结算，但未能提供合同、结算票据等证据证实其与该公司之间存在维修该工程的合同关系，且未能提供前述预算书原件，一审法院参照该预算书判决乙公司赔偿甲公司548185元损失依据不足。参照双方码垛间工程280000元的合同价，本院酌定由乙公司给予甲公司300000元赔偿。

综上所述，乙公司的上诉请求部分成立。依照《民事诉讼法》第一百七十条第一款第二项之规定，判决如下：①维持一审判决第一项；②变更一审判决第二项为"乙公司于本判决生效后10日内给付甲公司损失300000元"。

律师点评

本案二审阶段对于一审阶段乙公司所需承担的质量问题赔偿责任进行了全面改判。

关于玉米棚仓檩条，甲公司未经验收使用案涉工程多年，并且檩条属于非主体结构，虽发生变形但没有实际损失发生。因此，在二审中改判乙公司无须因此而向甲公司承担赔偿责任。另外，乙公司在上诉时提及根据丙公司出具的工程造价鉴定报告，玉米棚仓拆除、重建预算为1291683元，而玉米棚仓工程合同约定总造价1700000元。以此而言，一方面，玉米棚檩条拆除、重建费用相对于总造价畸高；另一方面，玉米棚檩条仅有一小部分发生形变，未造成实际损失，是否需要拆除、重建本身也可以商榷。

关于码垛间，屋面坍塌确已实际发生，并且直接原因是连接螺栓与设计图纸不符，连接螺栓损坏失去承载能力。乙公司作为施工单位未按图施工，依法应承担责任。但丁公司出具的建筑工程预算书拆除、重建费用548185元远高于码垛间工程的合同价280000元，也远超签订合同时的预期。因此二审改判乙公司就码垛间质量问题向甲公司赔偿300000元，该金额也是考虑到了拆除和重建两项费用及质量问题所造成的甲公司损失。

【申请再审阶段法院观点】

根据鉴定报告结论，可以认定玉米棚仓、码垛间钢结构施工存在质量问题。关于玉米棚仓。玉米棚仓檩条厚度超过标准规定的允许偏差，没有达到图纸设计要求。但玉米棚仓13个柱距，只有4～5轴间檩条有变形情况，且檩条属于工程次要结构，已经由监理部门检验合格。甲公司未经验收擅自使用多年，未能证明已经发生实际损失，故一审判决判令乙公司承担赔偿责任依据尚不充分，二审予以纠正并无不当。关于码垛间。码垛间钢结构断裂原因是H形梁拼接处连接螺栓与设计图纸不符，连接螺栓损坏承载能力，导致屋面坍塌，实际损失确已发生。对因码垛间存在质量问题给甲公司造成的损失，乙公司应予适当赔偿。工程经监理检验合格，甲公司未经竣工验收擅自接收使用讼争玉米棚多年，二审法院参照双方码垛间工程280000元的合同价，酌定由乙公司给予甲公司300000元赔偿，合理合法。

依据《最高人民法院关于审理建设工程施工合同纠纷案件适用法律问题的解释》第十三条的规定，建设工程未经竣工验收，发包人擅自使用后，又以使用部分质量不符合约定为由主张权利的，不予支持；但是承包人应当在建设工程的合理使用寿命内对地基基础工程和主体结构质量承担民事责任。工程于2011年3月竣工，未经验收甲公司已投入使用，且玉米棚仓、彩钢板不属于地基基础工程和主体结构，经过甲公司擅自使用五年后，难以认定造成工程质量缺陷的原因。

律师点评　本案二审判决后，甲公司不服该判决向最高人民法院提出再审申请。最高人民法院对于案涉工程质量问题责任的划分和赔偿金额的确定与二审法院观点一致，裁定驳回了甲公司的再审申请。

【本案小结】

通过对本案的分析，有以下两个方面可以关注：

第一，发包人擅自使用工程后，非主体结构部位出现质量问题的，承包人是否需要承担责任。案涉工程中的玉米棚仓，因檩条厚度超过标准规定的允许偏差，没有达到图纸设计要求，被认定存在质量问题。一般情况下，出现此类质量问题，发包人可依据合同约定向承包人主张违约责任。若施工未达到国家强制性标准的，发包人还可以要求承包人进行维修或赔偿损失。但在本案中，发包人在未经竣工验收的情况下擅自使用了工程。在此情形下，承包人仅就地基基础或主体结构等部位，在建设工程的合理使用寿命内承担民事责任。对于其他部位的质量问题，根据原《最高人民法院关于审理建设工程施工合同纠纷案件适用法律问题的解释》第十三条的规定，发包人以不符合约定为由主张权利的，不予支持。

此时，发包人或许还可以施工未到达国家强制性标准要求承包人进行维修或赔偿损失。但本案中发包人并未提出关于维修的诉讼请求。因此在民事诉讼中，法院无法作出相关认定。当然在实践中类似质量问题是否需要维修、如何维修也需要结合案情来判断。此外，关于损失赔偿的问题，本案中发包人无法举证证明存在实际损失，事实上发包人一直在使用玉米棚仓等工程，故发包人关于损失赔偿的诉请也未得到法院的支持。

第二，因钢结构断裂导致屋面坍塌后，如何确定实际损失。案涉工程的码垛间，因H形梁拼接处连接螺栓与设计图纸不符，连接螺栓损坏失去承载能力，导致钢结构断裂，发生屋面坍塌。该部分工程因为坍塌而无法使用，发包人必然会因此发生损失。相关损失一般认为是实际发生的损失，损失范围可以包括同规格码垛间的造价，影响实际经营的损失等等。当然发包人对其主张应该承担举证责任，否则需要承担法律后果。最终法院以发包人与承包人签订码垛间工程合同中约定的合同价280000元，结合人工费、物价上涨等因素，酌情认定承包人赔偿300000元。

3.4　钢结构坍塌

【名词解释】

钢结构整体或局部倒塌。

【规范条文】

《建筑结构检测技术标准》GB/T 50344—2019

6.6.13　当钢结构材料发生烧损、变形、断裂等情况时，宜进行钢材金相的检测。

问题51： 以钢结构坍塌为由拒付工程款是否能够得到支持？

【判决出处】

法院：浙江省宁波市中级人民法院

案号：（2019）浙02民终1258号

名称：甲公司、乙公司建设工程分包合同纠纷

【案情概况】

2015年9月30日，甲公司（发包方）与乙公司（承包方）、与丙公司（总包方）

签署工程承包合同一份，约定甲公司将A地百货广场的钢结构工程指定分包给乙公司施工。

律师点评

发包人对于钢结构等工程类型常采用"甲指分包"的形式来确定承包人。本案当中，甲、乙两公司之间的关系即符合"甲指分包"的特点：甲公司通过签订工程承包合同的方式，直接指定乙公司施工钢结构工程并约定了各方权利义务的具体内容，总承包单位丙公司则通过签署该工程承包合同对相关情况予以确认。

合同签订后，乙公司进行施工，施工中产生了部分设计变更及工程量增加。2015年11月18日，案涉工程召开监理例会，记载"钢结构单位已经完成南门二层钢梁吊装及梁面板铺装，中庭四层钢梁吊装完成，21号完成梁面板安装施工，3层20号完成钢梁吊装，22号完成梁面板安装施工，2层22号完成钢梁吊装，24号完成梁面板安装施工，移交加固单位下道工序施工"。

律师点评

2015年11月18日监理例会确定了乙公司移交加固单位进行下一道工序施工的日期为24日。这一时间节点对于后续法院判断事故责任方起到了较为重要的作用。

同年11月21日晚，涉案工程发生了钢结构坍塌事故。监理单位在次日向乙公司下达了停工令，记载"11月21日19点20分左右在加固施工过程中发生严重质量事故，要求钢结构、加固单位立即停止相关工作面的施工，并做好安全防护措施，待查出事故原因，由有资质的相关单位拿出稳妥的施工措施，上报专项施工方案经我公司审核批准后方可恢复施工"。

律师点评

该段内容有两点可以关注：

第一，关于事故原因。造成钢结构坍塌的原因可能包括：①外部影响，如火灾、爆炸等原因，导致钢结构受热后力学性能降低，从而引发坍塌；②构件质量问题，如存在锈蚀、变形等原因导致性能不达标；③设计原因，如未能合理配置钢结构受力、未采取合适的连接方式等；④施工原因，如现场管理不到位、施工组织不合理、不按图施工、监测不及时等；⑤钢结构金属疲劳等其他原因。前述单个原因或多个原因共同作用都有可能引发钢结构坍塌，具体还需要专业机构、专业人员通过技术手段才能确定。

第二，关于现场单位。钢结构坍塌事故发生后，监理单位发出的停工令要求"钢结构、加固单位立即停止相关工作面的施工"，由此可见事故发生时现场并不止乙公司一家单位，至少加固单位也在现场，并不能想当然地认为坍塌事故发生即是钢结构施工单位乙公司的原因。

后续乙公司针对钢结构坍塌进行了钢结构拆除、加固和重新安装。

同年11月26日，甲公司向乙公司出具工程联系单，施工内容为"四层钢结构局部倾斜，拆除后，按要求重新安装，总计增加费用61000元"。监理机构意见"情况属实，请业主核实"，建设单位意见为"拆除部位详见附图，此联系单仅作工程量核算，按合同进行决算。非业主责任，工程量按实结算，依据合同计入"。

虽然甲公司在联系单中表示"非业主责任"，但在没有乙公司确认的情况下，该意见属于甲公司单方面的意思表示。

同年11月27日，设计单位丁公司出具工程联系单，对结构做针对性补强，内容为"搁置梁按原设计要求布置加劲板，上下翼缘增设三角翼板，厚度25mm，与悬挑梁及搁置梁等强对焊；增设加劲板，厚度20mm"。同年12月8日，案涉由乙公司施工的钢结构工程通过竣工验收。

同日，设计单位丁公司出具结构说明一份，记载：本工程为新增钢结构工程，钢结构与混凝土主体均采用铰接处理，钢梁节点中，除悬挑处为刚接节点外，也都是铰接节点。本次塌陷处为悬挑部位，经现场查看，刚接处两侧上翼缘（主要受力部位）均断开，下翼缘也已错位。原设计中，两侧上下翼缘均采用等强坡口对接焊缝，上下翼缘分别是受拉区和受压区，为最重要的部位。现场相关的初步情况：①现场焊缝未按设计要求进行质量检测；②悬挑处搁置梁未按要求设置加劲板……图纸经复核能够满足施工工况和设计工况两种工况要求。关于后续工作，现场应抓紧落实所有相关的质量检测工作，排查其他位置的质量缺陷。

律师点评

钢结构坍塌有可能是施工单位的原因导致，也有可能是设计单位的原因导致。虽然案涉工程设计单位丁公司出具说明指出现场存在焊缝未按设计要求进行质量检测等情况，但这仅是其单方面的意思表示，并且设计单位丁公司与案涉工程本身也存在利害关系。从实践的角度而言，如果施工单位乙公司没有认可设计单位丁公司说明的内容，则还是要通过司法鉴定程序由第三方专业机构查明具体原因。

2016年5月，甲公司向乙公司发送钢结构坍塌事故报告一份，记载"经设计院、施工单位、监理单位及相关专业人员现场勘查后得出结论如下：乙公司未按图纸施工，降低相应焊接施工标准，导致此次钢结构坍塌，故乙公司承担全部相关经济责任；由于此次事故造成的新增工程量，包括新增钢梁、新增楼板混凝土、新增维护所产生的费用由乙公司全部承担，详细金额见工程决算"。

2016年6月，乙公司发函回复甲公司，认为由于甲公司抢工期，工程的总包方在乙公司尚未施工完成钢结构钢梁焊接及未经自检验收移交下一道工序的情况下，自行绑扎钢筋并在2015年11月21日夜间进行浇捣混凝土施工，当天混凝土浇捣时由于泵车臂长受限，大量混凝土集中堆载在悬挑的楼面区域，导致集中载荷严重超标，才是发生浇捣楼面局部坍塌事故的原因。

律师点评

甲公司向乙公司发送了钢结构坍塌事故报告，据该报告记载：经设计院、施工单位、监理单位及相关专业人员现场勘查后得出结论，乙公司未按图纸施工，降低相应焊接施工标准，导致此次钢结构坍塌，故乙公司承担全部相关经济责任。

根据乙公司的回函内容及后续案件审理情况，甲公司报告所载施工单位应不是乙公司，有可能是总承包单位丙公司。当然，只要不是乙公司与设计单位、监理单位及相关专业人员共同得出了该结论，并且乙公司也不认可该结论，那么就很难仅通过该报告直接认定乙公司对于案涉钢结构坍塌承担责任。

2016年11月9日，甲公司接收了乙公司提交的结算资料。后乙公司诉至法院，要求甲公司支付工程款及逾期付款利息，并承担诉讼费用。

【一审阶段法院观点】

一审法院认为，乙公司已经按约完成了A地百货广场的钢结构工程施工，现案涉工程经竣工验收并投入实际使用，甲公司应当向乙公司支付工程价款。根据双方的施工合同约定，图纸范围内的工程造价采取固定总价1750000元，经鉴定，无争议部分钢结构变更工程量为277860元。故涉案钢结构工程无争议造价为2027860元。

律师点评

《民法典》第七百八十八条规定："建设工程合同是承包人进行工程建设，发包人支付价款的合同。"因此，在建设工程合同关系当中，发包人的主要合同义务是支付价款，承包人的主要合同义务是依约进行工程建设。

如果因为承包人的原因导致工程质量出现问题，发包人可以主张承包人承担相应责任，《民法典》第八百零一条即规定："因施工人的原因致使建设工程质量不符合约定的，发包人有权请求施工人在合理期限内无偿修理或者返工、改建。经过修理或者返工、改建后，造成逾期交付的，施工人应当承担违约责任。"在符合一定条件的情况下，发包人还可以主张减少支付工程款，《最高人民法院关于审理建设工程施工合同纠纷案件适用法律问题的解释（一）》第十二条即规定："因承包人的原因造成建设工程质量不符合约定，承包人拒绝修理、返工或者改建，发包人请求减少支付工程价款的，人民法院应予支持。"

但是，发包人主张承包人承担违约责任甚至于要求减少支付工程款，还应承担举证责任，证明确实是由于承包人的原因导致了工程质量问题等事实情况。就本案而言，甲公司需要举证是由于乙公司的原因造成了钢结构坍塌，其主张乙公司违约责任的主张才较有可能得到支持。

对于争议造价43562元是否应计入中建公司工程造价问题，涉及钢结构坍塌的责任判定问题。对此，一审法院认为：

首先，钢结构坍塌发生在2015年11月21日晚，而钢结构工程竣工验收时间为2015年12月8日，并无证据证明在11月21日加固单位进场进行混凝土施工时钢结构工程已经竣工。在钢结构尚未竣工情况下加固单位即进场施工，施工过程中发生坍塌，故在有确切证据证明坍塌系钢结构施工质量引发之前，难以将钢结构坍塌归责于钢结构施工单位即乙公司。甲公司提供了2015年11月18日的会议纪要拟证明4层钢结构工程在2015年11月21日前已完工，但从该份会议纪要看，钢结构工程原定的完成施工移交加固单位的时间为11月24日，晚于钢结构坍塌时间，难以证明甲公司的证明目的。

> 根据法院调查的基本情况，2015年11月21日加固单位进场进行混凝土施工，2015年11月21日晚发生了钢结构坍塌事故，2015年11月24日为原定钢结构完成施工移交给加固单位的时间，由于加固单位进场时间早于原定时间，在钢结构坍塌事故发生时现场至少有两家单位，因此难以判断钢结构坍塌究竟是由哪家单位因何种原因而引起。

其次，甲公司为证明钢结构坍塌是因为甲公司未按照设计图纸施工的事实，提供了设计单位丁公司出具的结构说明及钢结构坍塌事故报告。分析上述两份证据，其中设计单位的结构说明中记载"现场相关的初步情况：①现场焊缝未按设计要求进行质量检测；②悬挑处搁置梁未按要求设置加劲板……"可见乙公司的钢结构焊缝存在一定瑕疵以及在悬挑处搁置梁未设置加劲板情况属实，但该结构说明中并未明确上述问题系造成钢结构坍塌的原因。根据甲公司提供的联系方式，一审法院在庭审中联系了设计单位的设计人员华某，华某明确其在钢结构坍塌后曾去现场，结构说明中的情况属实，但其并不能判断钢结构坍塌的原因，也无法确认钢结构坍塌与结构说明记载的问题有因果关系。故该结构说明仅能证明乙公司的钢结构施工存在一定瑕疵，但无法证明钢结构坍塌系因乙公司施工质量问题造成的事实。而钢结构坍塌事故报告系甲公司单方面出具，未经监理单位、设计单位确认，且甲公司陈述对于钢结构坍塌曾组织了相关专家进行现场勘察，召开过会议，但甲公司未能提供相关会议纪要予以佐证，故该钢结构坍塌事故报告亦无法证明钢结构坍塌应归责于乙公司的事实。

综上所述，一审法院认为，加固单位在钢结构工程尚未完工且办理移交手续的情况下进场施工，施工中发生钢结构坍塌，而甲公司未能举证证明钢结构坍塌的责任在于乙公司，故将钢结构坍塌全部归责于乙公司依据不足。但鉴于乙公司在钢结构的焊缝施工中存在一些瑕疵，故一审法院酌情认定乙公司应对钢结构坍塌承担20%的责任。鉴定机构列入争议的因钢结构坍塌造成的施工造价43562元，乙公司应承担其中的20%。

> **律师点评**　　一审法院认为，通过法庭调查等程序所了解到的事实情况只能证明乙公司在钢结构施工过程中存在质量瑕疵，并不能得出钢结构坍塌是由乙公司施工原因所导致的结论。

【二审阶段法院观点】

本案二审阶段法院维持了一审判决。

> **律师点评**　　二审法院考虑到甲公司未能举证钢结构坍塌由乙公司施工原因引起、未经钢结构分包验收交付即进行下一道工序施工、将拆除重新安装费用计入决算等情况，维持了一审判决。

【本案小结】

根据行业外通常的思维定势，一旦出现钢结构坍塌事故，施工单位肯定需要承担主要责任，但其实这种观点并不一定能够成立，本案当中的乙公司作为钢结构分包单位即没有被认定为造成了案涉工程的钢结构坍塌事故，法院在裁判文书中对相关理由也作了阐述。本书认为，本案当中有两点可以关注：

第一，关于工作界面交接。本案当中在乙公司尚未完成钢结构施工的情况下，加固单位即进场开始下一道工序的施工，并且当时在钢结构未完工的情况下实际也不可能进行阶段性的验收。因此，发生事故时有起码两家施工单位在现场，钢结构的施工质量情况也不明确，这就导致后续甲公司主张权利时举证存在较大的难度。以此而言，无论是从规范施工的角度，还是从讼争举证的角度，清晰的工作界面交接都是有益无害的。

第二，关于现场证据保留。钢结构坍塌事故发生后，事故现场本身就是最直接、最客观的证据，但是后续的拆除和重新安装使得这一证据不复存在，这就导致在本案当中原被告双方对事实情况各执一词。拆除和重新安装有利于工程进度，毕竟甲公司作为发包人，主业是生产经营，而不是进行诉讼，对此我们都可以理解。但如果当时能够考虑到申请诉前证据保全等方式，可能更有利于查明事实情况、维护自身权益。

问题52：钢结构坍塌后如何确定赔偿金额？

【判决出处】

　　法院：新疆维吾尔自治区高级人民法院

　　案号：（2021）新民申164号

　　名称：甲公司与乙公司、丙研究所承揽合同纠纷

【案情概况】

　　2017年5月27日，甲公司中标某场馆工程，2017年5月31日与场馆建设单位签订《建设工程施工合同》，于2017年9月7日基槽验收，2017年10月7日基础验收，2018年未在监督部门监督下自行主体验收。

　　甲公司与乙公司签订一份订货合同，订货名称、数量、规格及金额为场馆钢结构，包含油漆及防火涂料。材料清单中场馆钢结构材质为Q235，数量为120t。乙公司按照订货合同对场馆钢结构进行安装。

　　　律师点评

　　案涉工程场馆钢结构设计图纸当中对钢材强度的要求为Q345，而甲、乙公司在订货合同当中约定的钢材强度为Q235，低于设计图纸所要求的强度；然而钢结构是由乙公司按照订货合同进行安装。前述两点在后续认定划分各方责任时都是需要纳入考虑范围的基本事实情况。

　　2018年11月场馆建设单位与丙研究所签订《合同书》，合同标的内容为配套工程及技术服务：场馆设备的供应安装、调试、培训及配套工程的施工。

　　2019年2月27日凌晨3：50分左右，场馆钢结构屋面出现坍塌的情况。当日下午，当地行业主管部门召集五方主体责任单位及二次装修单位到现场进行初步查看，通过现场查看，当地行政主管部门建议场馆建设单位邀请具有资质的检测机构对现场进行检测。

《建设工程质量管理条例》第五十二条第一款规定："建设工程发生质量事故，有关单位应当在24小时内向当地建设行政主管部门和其他有关部门报告……"案涉场馆出现坍塌情况后，当地行政主管部门当日即召集各方单位到现场查看处理。

2019年3月12日，经场馆建设单位委托的检测机构出具鉴定报告。鉴定报告部分内容为：对该工程1～4/D和1～4/E轴段可抽测部位现场焊缝进行抽测，该轴段现场焊接头处普遍存在焊缝缺陷。高强螺栓上未安装螺母（设计图纸为双螺母拧紧，焊牢设置），钢垫板及钢垫片的数量不满足设计图纸要求，螺栓的连接方式不满足设计图纸及施工验收规范标准。鉴定报告结论意见部分内容为：该工程1～4/C～F轴段钢结构屋架施工质量不满足设计图纸及施工验收规范要求，建议拆除该工程钢结构屋面上部荷载，进行返工处理，也可委托原设计单位根据上述检测情况出具具体的加固方案。建议对该工程7～11/C～F轴段屋面坍塌损伤的混凝土结构委托原设计单位或有资质的设计单位出具具体的处理方案。

2019年3月19日，场馆建设单位委托丁价格评估咨询有限公司对场馆工程及设施价格进行评估，2019年7月29日，丁价格评估咨询有限公司出具评估报告书，结论为钢架顶棚部分价格为1252064元，拆除所需费用价格为400000元，场馆设施费用为1541219元，审图费用为960元，合计评估价值为3194243元。

2019年8月19日当地行业主管部门出具案涉场馆质量事故处罚意见。内容为：评估报告书所评估直接经济损失3194243元。根据施工单位对建设工程的施工质量负责，施工单位必须按照工程设计图纸和施工技术标准施工，不得擅自修改工程设计，不得偷工减料等相关法律规定，施工总承包单位甲公司承担经济损失80%金额为2555394.4元。监理单位不作为，对关键工序在未进行第三方检测的情况下，进行验收，未履行监理职责，应承担经济损失10%，金额为319424.3元。丙研究所应承担经济损失的10%进行处理，承担赔偿金额为319424.3元。

事故发生后，案涉场馆建设单位委托专业机构所作关于工程质量和造价评估的报告以及当地行业主管部门出具的质量事故处罚意见，都是查明案件基本事实的依据。特别是案涉场馆钢结构在案件审理过程中被拆除的情况下，涉及现场工程质量问题细节的报告也就成为较为关键的证据材料之一。

甲公司将乙公司、丙研究所诉至法院，请求判令乙公司、丙研究所按照各自的过错比例，按份承担工程质量严重瑕疵造成的经济损失，后又放弃对丙研究所的诉讼，请求判令乙公司赔偿损失。

【一审阶段法院观点】

本案系建设工程施工合同纠纷，争议焦点为乙公司对该涉案工程是否存在过错及是否应承担甲公司诉求提出的经济损失。

关于乙公司对该案涉工程是否存在过错的问题及是否应承担原告诉求提出的经济损失问题。

甲公司从乙公司处购买钢结构货物，经双方协商，对标的物名称、规格型号、材质、数量、单价及金额均进行了约定，乙公司按照甲公司所购买的材质进行安装。甲公司认为乙公司作为具备专业资质的钢结构公司，该工程出现质量问题，是造成此次事故的主要原因，甲公司提供了场馆建设单位委托检测机构出具的鉴定报告，报告中虽写明对该工程1～4/D和1～4/E轴段可抽测部位现场焊缝进行抽测，该轴段现场焊接头处普遍存在焊缝缺陷，最大焊缝缺陷长度约为100mm，如果想确认焊缝缺陷具体情况，建议委托有资质的检测机构采用X光射线进行检测，钢梁抽测部位现场焊接施工质量不满足设计图纸及施工验收规范要求。但甲公司并未委托有资质的检测机构采用X光射线进行检测。设计图纸材质为Q345，而甲公司从被告乙公司处购买的材质系Q235，该案涉工程坍塌是否与材质有关，该三份报告中并没有明确。且图纸设计为非上人屋面，而该工程屋面施工采用的是上人屋面施工，该案涉工程坍塌是否与上人屋面施工有关，该案涉工程坍塌是否与被告安装钢结构有关，报告中并没有明确。

鉴定报告中写明高强螺栓上未安装螺母（设计图纸为双螺母拧紧，焊牢设置），钢垫板及钢垫片的数量不满足设计图纸要求，螺栓的连接方式不满足设计图纸及施工验收规范标准，该鉴定报告系场馆建设单位委托进行鉴定，因非当事人委托，为核查询问报告内容，本院庭前通知鉴定人员出庭，但该鉴定报告检测人员认为其出具的鉴定报告并非司法鉴定报告，没有出庭作证义务，拒不出庭对其所出具的鉴定报告作出合理解释。综上所述，甲公司所出示的证据并不能证实其和乙公司对该涉案工程的过错责任。甲公司虽提供了丁价格评估咨询有限公司出具的价格评估报告书，但该评估报告书系场馆建设单位委托，并非甲公司、乙公司进行委托，且两公司在评估中均未到现场，未向评估人提供材料，该评估机构仅根据现场勘察资料及市场调查搜集的资料即作出评估价值为3194243元，本院对其评估的内容不予采信。

综上所述，甲公司承担举证不能的不利后果，一审法院判决驳回甲公司的诉讼请求。

律师点评

　　一审法院驳回了甲公司的诉讼请求，其裁判思路可概括为：第一，虽然场馆建设单位委托检测机构所出具检测报告指出钢结构存在质量问题，但并没有明确指出是因乙公司的原因造成，到底是由于焊缝缺陷、钢材强度、上人屋面施工、未按图施工还是其他原因并未查明；第二，场馆建设单位委托检测机构和造价评估单位所出具的报告都不是通过司法鉴定程序所产生，当事人参与的情况也存在缺失，并且存在检测机构工作人员在收到法院通知后拒不出庭的情况，导致法院无法对其关注的事实情况和技术细节进行厘清。因此，一审法院认为甲公司应承担举证不能的不利后果。

【二审阶段法院观点】

本案争议焦点为：①案涉工程坍塌是否与乙公司安装钢结构的质量有关。②乙公司是否应承担损害赔偿责任。

案涉屋面钢结构坍塌的事实双方均无异议，甲公司主张乙公司安装的屋面钢结构存在质量问题，并提供场馆建设单位委托检测机构出具的鉴定报告加以证明。本案中，甲公司提供的上述鉴定报告系自行委托，不属于司法鉴定，但依据上述司法解释的规定，现行法律并未禁止当事人自行委托鉴定。乙公司认为该鉴定报告系自行委托，不能作为认定案件事实的依据，但并未提出足以反驳的相应证据或理由推翻鉴定报告的结论意见。检测机构具备相应的鉴定资格，鉴定程序不违反法律规定，鉴定报告应予采信，并具有证明效力。《合同法》第二百八十二条规定："因承包人的原因致使建设工程在合理使用期限内造成人身和财产损害的，承包人应当承担损害赔偿责任。"鉴定报告是对涉案断裂钢梁断裂的原因进行的检测、鉴定，根据该鉴定报告所做的分析，涉案工程的钢梁断裂的主要原因是焊缝的焊接施工质量严重不满足设计及施工验收规范要求，钢梁断裂位置上部翼缘板与腹板之间的焊缝处存在明显气孔现象，焊缝的焊接质量降低钢梁荷载，存在钢梁断裂的安全隐患。

基于上述分析，可以确认乙公司所施工的屋面钢结构存在质量问题，是导致屋面钢结构坍塌的主要原因，因此，乙公司作为承包人应当承担责任。

关于损失数额的确定，一审中甲公司提供一份由丁价格评估咨询有限公司出具的评估报告证明其所遭受的损失数额，因该评估报告系复印件，其未提供原件以供核对，该评估报告真实性无法确认。鉴于此，参照双方盖章确认的涉案屋面钢结构报价单中的价款1468500元，作为甲公司因屋面钢结构坍塌对其造成的实际损失数额。依据《合同法》第一百零七条："当事人一方不履行合同义务或者履行合同义务不符合约定的，应当承担继续履行、采取补救措施或者赔偿损失等违约责任。"乙公司应向甲公司赔偿损失1174800元（1468500元×80%）。

综上所述，甲公司的上诉请求部分成立，判决如下：①撤销一审民事判决；②乙公司于本判决生效之日起15日内向甲公司赔偿损失1174800元；③驳回甲公司的其他诉讼请求。

律师点评

二审法院改判乙公司应就钢结构质量问题承担责任并赔偿甲公司的损失，裁判的逻辑可概括为：①案涉场馆确实发生了钢结构坍塌的事故；②坍塌的钢结构由乙公司提供并进行安装；③据场馆建设单位委托检测机构所出具的报告，钢结构焊接施工质量严重不满足设计及施工验收规范要求，存在钢材断裂的安全隐患，以此而言安装钢结构的乙公司应承担责任；④乙公司没有能够提出足以反驳检测机构报告的证据或理由，综合相关情况对该报告予以采信。

对于具体赔偿金额，二审法院并没有根据当地行业主管部门在质量事故处罚意见的金额作为计算依据，而是根据甲公司和乙公司所确认的报价单金额酌定了赔偿金额。

【申请再审阶段法院观点】

高院认为本案案由应为承揽合同纠纷而不是建设工程施工合同纠纷，同时原审判令乙公司承担钢结构坍塌责任的80%并无不妥，裁定驳回乙公司的再审申请。

本案在申请再审阶段案由建设工程施工合同纠纷变为了承揽合同纠纷，但无论是何种案由，本案裁判思路对于涉及钢结构的质量纠纷都具有参考价值。

【本案小结】

甲公司承接案涉工程后，又将钢结构的采购安装工作分包给乙公司。虽然甲公司与乙公司签订的是"订货合同"，但乙公司还负责钢结构的安装工作。此时乙公司已不仅是简单的供货，而是成为案涉工程的钢结构安装的承揽单位。在本案中，乙公司虽然是按照订货合同提供钢构件，但作为钢结构分包单位，乙公司还需要对承揽工作的质量负责，即除了按照合同约定的标准履行外，还应按图开展工作。案涉工程的场馆钢结构设计图纸中对钢材强度的要求为Q345，而甲公司与乙公司在订货合同中约定的钢材强度仅为Q235，低于设计图纸所要求的强度。虽然乙公司按照订货合同的要求提供了钢构件，但当其作为钢结构安装承揽单位时，乙公司需要结合设计要求，提交符合要求的钢构件并完成安装工作。否则当工程出现质量问题时，法院仍可依法追究钢结构安装承揽单位的责任。

当案涉钢结构工程发生质量问题，甚至出现屋面坍塌的事故后，案外人建设单位委托检测机构对现场进行检测，并形成关于工程质量及维修造价评估的检测报告。尤其在工程质量检测报告中载明了：钢结构存在焊接质量严重不满足设计要求，存在钢材断裂的安全隐患。该结论可用于证明作为安装钢结构的承揽单位存在过错。在本案中，法院还结合当地行业主管部门出具的质量事故处罚意见等证据，最终酌情认定乙公司承担钢结构坍塌责任的80%。

第4章　砌体结构

4.1　砖强度不足

【名词解释】

砖的实测强度不满足设计要求。

【规范条文】

《砌体结构通用规范》GB 55007—2021

3.2.2　选用的块体材料应满足抗压强度等级和变异系数的要求，对用于承重墙体的多孔砖和蒸压普通砖尚应满足抗折指标的要求。

问题53：监管部门委托出具的报告能否作为认定事实的依据？

【判决出处】

法院：甘肃省白银市中级人民法院

案号：（2016）甘04民终390号

名称：某管理所与甲公司、乙公司关于建设工程施工合同纠纷

【案情概况】

2003年5月30日，某管委会与甲公司签订了《关于授权委托甲公司负责"某小区"工程建设的协议》，约定某管委会授权委托甲公司负责建设、房屋销售、合同签

订，财务管理及有关事宜等。2004年6月27日，案涉小区1号、2号楼经相关部门竣工验收并进行了备案登记。案涉小区房屋建成后，甲公司对外负责出售、签订购房合同并收取购房款，某管委会及机构调整后的某管理所在购房合同上加盖了公章。

2014年，案涉小区房屋质量问题大范围出现。2014年9月15日，某管理所、甲公司与某大学建筑勘察设计院就案涉小区危房加固方案设计项目签订《技术服务（委托）合同》。

某大学建筑勘察设计院于2014年9月15日作出"①通过检测鉴定，该建筑物设计质量安全符合设计年代规范要求。②依据民用建筑可靠性鉴定的技术标准、附件内容，案涉小区各个建筑物安全等级均为DSU级。原因分析中认为系山洪浸泡、地震的影响。建议加固或拆除；为防止小区建筑物以后不被洪水浸泡，建议立即对小区周边采取相应治理措施，防止自然灾害继续发生"的鉴定报告。对该鉴定报告，当地住房和城乡建设局组织相关专家进行了考察论证，初步得出该鉴定报告不够客观，认为应对案涉小区房屋分别进行详细的鉴定检测。

律师点评

某管理所、甲公司委托某大学建筑勘察设计院对案涉小区工程进行了检测，该院出具的报告表明房屋出现问题主要是由于山洪、地震等原因导致，建议加固或拆除，这就涉及不可抗力发生后的责任承担。所谓不可抗力，指不能预见、不能避免且不能克服的客观情况，山洪、地震等自然灾害有可能被认定为不可抗力，如果案涉小区房屋出现的质量问题确实是由于自然灾害所引发，那么要求甲公司承担主要责任的可能性就相对较小，但是该报告在当地县住房和城乡建设局组织的考察论证中未能得到专家认可。

2014年11月21日，某土木工程科学研究院根据与当地建筑工程质量监督站所签订的《技术服务合同》作出了鉴定报告。1A号楼鉴定报告结论包括：①基础以下地基处理深度不够，不满足《湿陷性黄土地区建筑规范》GB 50025—2004的要求，造成地基不均匀沉降，地基承载力明显降低，致使墙体产生裂缝，裂缝最大宽度15mm，已严重影响墙体承载力。②由于地基沉降，墙体产生倾斜，使二层墙体与楼板连接处产生错动，预制混凝土空心楼板与墙体连接处脱开距离约为40mm，存在安全隐患，严重影响结构安全。③经现场抽查检测砖强度实测值为MU7.5。砂浆抽检实测强度值为M1.4～M1.5，局部墙体抗震承载力不满足现行规范要求。建议对案涉小区1A号楼拆除。

4D号楼鉴定报告结论包括：①基础以下地基处理深度不够，不满足《湿陷性黄土地区建筑规范》GB 50025—2004的要求。该建筑物由于地面排水不畅，雨水浸入地基，地基土大量浸水产生湿陷变形，造成地基不均匀沉降，使地基承载力降低，引起墙体产生裂缝。②经现场抽查检测砖强度实测值为MU10。砂浆抽检实测强度值为M1.5～M7.8，局部墙体抗震和抗压承载力不满足现行规范要求。③建筑物沉降变形最大值为-71mm，倾斜最大变形值为29mm，局部地基结构沉降变形超出现行国家标准《建筑地基基础设计规范》GB 50007—2011规定的允许沉降差，不满足现行规范要求。建议：①应做好建筑物周围的排水系统，防止雨水浸入地基。②对地基基础进行加固处理。③对上部产生裂缝墙体进行加固修复处理。④应设沉降观测点，对建筑物沉降进行跟踪检测。

5号楼鉴定报告结论表述如下：①基础以下地基处理深度不够，不满足《湿陷性黄土地区建筑规范》GB 50025—2004的要求。该建筑物由于下水管道破损，地基土大量浸水产生湿陷变形，造成地基不均匀沉降，地基承载力明显降低，致使墙体产生裂缝。②经现场对砌筑材料的抽查检测，砖强度实测值为MU7.5～MU15。砂浆实测强度值为M0.8～M3.1，局部墙体抗震和个别墙体抗压承载力不满足现行规范要求。③建筑物倾斜最大变形值为15mm，沉降变形最大值为-64mm，局部地基结构沉降变形超出现行国家标准《建筑地基基础设计规范》GB 50007—2011规定的允许沉降差，不满足现行规范要求。④建筑物离山体较近，山体未采取措施进行灾害的防护治理，易产生次生灾害。建议：①应做好建筑物周围的有组织排水管沟，定期对下水道进行检修，防止污水浸入地基。②地基基础进行全面加固处理。③对上部墙体进行修复处理。④应设沉降观测点，对建筑物跟踪检测。⑤对邻近建筑物的山体进行地质灾害治理，防止次生灾害对建筑物的破坏。

律师点评

当地建筑工程质量监督站委托某土木工程科学研究院所出具的报告表明案涉小区房屋出现问题的原因主要在于：基础以下地基处理深度不够，不满足规范要求，造成地基不均匀沉降；地基沉降，墙体产生倾斜，影响结构安全；局部墙体抗震承载力不满足现行规范要求等。相较于某大学建筑勘察设计院将案涉小区房屋问题主要归因于山洪、地震等因素，某土木工程科学研究院更侧重于房屋本身的施工过程和技术指标，所指出的基础以下地基处理深度不够、局部墙体抗震承载力不满足现行规范要求等与甲公司直接相关。

因工程质量等纠纷，某管理所将甲公司、乙公司诉至法院，请求判令：甲公司是案涉小区工程质量问题的责任主体；甲公司对案涉小区1A号楼负责拆除并重建，对4D号、5号楼负责维修和加固；甲公司赔偿垫付的鉴定费；乙公司承担因勘察、设计缺陷造成工程质量问题的连带责任。

【鉴定情况】

本案二审过程中某管理所向本院提交书面申请，申请对案涉小区房屋地基沉降、出现裂缝等问题的原因和工程质量是否符合标准进行重新鉴定。本院依法委托某省建材科研设计院作为鉴定单位进行了鉴定。鉴定单位作出了《司法鉴定意见书》，鉴定意见为：①根据现场检测情况，该工程1号、2号、3号、4A号、4B号、4D号、5号楼地基土均具有不同程度的湿陷性，浸水是造成地基不均匀沉降，致使建筑物上部结构承重墙体出现不同程度裂缝的原因。②根据砌体构件现场检测结果，该工程建筑物砌筑砂浆强度不满足规范要求，部分砖砌体强度不满足规范要求。建议：①根据现场情况，建议对雨水和排水管道进行检修、处理，增强排水能力，防止雨水、污水浸入地基。②根据本次鉴定意见，建议将1号楼及时拆除，对2号、3号、4A号、4B号、4C号、4D号、5号、6号楼地基基础进行加固处理。③根据现场勘验结果，建议委托有资质的单位对邻近建筑物的山体进行支护设计及施工，防止次生灾害造成的建筑物损坏、人员伤亡及财产损失。

律师点评

本案二审过程中，某管理所申请质量鉴定，法院依法委托鉴定单位作出了《司法鉴定意见书》。关于在二审阶段提出的鉴定申请是否应被受理并开展鉴定工作，实务当中存在争议。在此提供"（2021）最高法民申6301号"民事裁定书以供参考，该裁定书认为："且申请鉴定属于当事人应有的诉讼权利，法律并未规定一审未申请鉴定的当事人不能在二审提出鉴定申请，某公司亦在二审规定的举证期限内提出鉴定申请，并未违反《最高人民法院关于民事诉讼证据的若干规定》第二十七条的规定。故二审法院批准某公司的鉴定申请并无不当。"

【一审阶段法院观点】

关于本案涉诉楼房是否存在工程质量问题。甲公司委托某大学作出的鉴定报告认为案涉小区全部建筑物安全等级均为DSU级，但相关专家对该鉴定报告经论证后认为该鉴定结论不够客观，并认为应对案涉小区房屋分别进行详细的鉴定检测。为此，当地建筑工程质量监督站为履行职责，刊登公告后委托某土木工程科学研究院对案涉小区工程质量及质量成因进行再次鉴定并作出《小区1A号、4D号、5号楼安全性鉴定报告》。庭审时甲公司对某土木工程科学研究院的鉴定报告的真实性未提出异议，亦未提交新的证据足以推翻该鉴定报告。经审查，某土木工程科学研究院具备工程质量的鉴定资质，其作出的鉴定报告客观真实，应予认定。该鉴定报告中均明确表述基础以下地基处理深度不够，实测砖强度、砂浆强度不满足现行规范要求等，建议对1A号楼拆除；对4D号、5号楼采取加固修复措施，故应当认定案涉小区1A号、4D号、5号楼的房屋存在工程质量问题。甲公司认为案涉小区存在房屋裂缝的原因是不可抗力，不属于工程质量问题的抗辩理由不能成立，不予支持。

律师点评

根据当地建筑工程质量监督站委托某土木工程科学研究院所作鉴定报告，一审法院确定案涉小区工程基础以下地基处理深度不够，实测砖强度、砂浆强度不满足现行规范要求等事实，明确了案涉小区工程存在工程质量问题的结论，在此情况下依法认定施工单位应该承担相应责任。

关于甲公司是否为本案涉诉楼房的责任主体的问题。甲公司作为本案涉诉工程质量问题的责任主体，故对某管理所要求确认甲公司为案涉小区工程质量问题责任主体及对1A号楼负责拆除并重建，对4D号、5号楼负责维修和加固的诉讼请求，予以支持。对某管理所要求甲公司给付当地建筑工程质量监督站垫付鉴定费465009.6元的诉讼请求，因某管理所在庭审时只提交了垫付200000元鉴定费的有效证据，故应认定当地建筑工程质量监督站垫付鉴定费为200000元，该费用应由甲公司负担。

关于乙公司是否为责任主体的连带责任人的问题。甲公司作为工程总承包方与乙公司签订了《工程（勘测）设计合同》，乙公司向甲公司出具了《岩土工程勘察报告》及设计文件等，乙公司应当对其承包工程的质量与被告承担连带责任。但庭审时某管理所未提交乙公司提供的勘察、设计等存在质量问题的有效证据，故某管理所要求乙公司承担连带责任的诉讼请求，无证据证实，不予支持。

律师点评

当地建筑工程质量监督站委托某土木工程科学研究院所出具1A号、4D号、5号楼的报告均有"基础以下地基处理深度不够，不满足《湿陷性黄土地区建筑规范》GB 50025—2004的要求"的表述，但是对于基础以下地基处理深度不够是因为设计原因还是施工原因，或是其他原因，并未作具体表述。因此，某管理所主张乙公司承担连带责任缺乏关键性的专业意见作为证据，未得到法院的支持。

【二审阶段法院观点】

本案二审驳回了甲公司的上诉，维持了一审判决。

【本案小结】

工程是否存在质量问题可以从以下两个层面作出判断：第一，是否符合国家、行业标准；第二，是否符合双方合同约定的标准。一般而言，双方约定的标准会等同于或高于国家、行业标准。后续对质量问题开展检测或鉴定工作，也需要从这两个层面出发。就本案而言，自案涉工程质量问题出现后，总共有三家行业单位出具过意见，其中有一家是二审期间法院委托的司法鉴定单位。这三家单位所出具的意见并不完全一致，究竟应如何采信，可以从以下方面综合进行考虑：

第一，该单位是否具备专业资质。本案中由当地建筑工程质量监督站委托某土木工程科学研究院，一审法院即认为"经审查，某土木工程科学研究院具备工程质量的鉴定资质"，有无资质成为法院考虑是否采信的重要因素。

第二，当事人是否提出异议及异议的具体内容。本案一审过程中，甲公司对某土木工程科学研究院的鉴定报告的真实性未提出异议，亦未提交新的证据足以推翻该鉴定报告，这也成为法律考虑是否采信的因素。

第三，多方意见进行对比，必要时要求当庭进行说明。存在多个专业意见且实质内容不一致时，可进行对比，并针对重点、难点、疑点要求说明情况，以利于查明基本事实情况。

4.2 砌筑砂浆强度不足

【名词解释】

砂浆实测强度不满足设计要求。

【规范条文】

《砌体结构通用规范》GB 55007—2021

3.3.1 砌筑砂浆的最低强度等级应符合下列规定：

1 设计工作年限大于和等于25年的烧结普通砖和烧结多孔砖砌体应为M5，设计工作年限小于25年的烧结普通砖和烧结多孔砖砌体应为M2.5；

2 蒸压加气混凝土砌块砌体应为Ma5，蒸压灰砂普通砖和蒸压粉煤灰普通砖砌体应为Ms5；

3 混凝土普通砖、混凝土多孔砖砌体应为Mb5；

4 混凝土砌块、煤矸石混凝土砌块砌体应为Mb7.5；

5 配筋砌块砌体应为Mb10；

6 毛料石、毛石砌体应为M5。

问题54： 挡土墙砌筑砂浆强度不足是否属于主体结构质量问题？

【判决出处】

法院：山东省威海市中级人民法院

案号：（2021）鲁10民再50号

名称：甲公司、乙公司建设工程施工合同纠纷

【案情概况】

2010年11月28日，甲公司与乙公司签订《A小区南挡土墙施工合同》，约定乙公司承包A小区南挡土墙工程的施工。2011年12月20日，甲公司向乙公司出具挡土墙工程量表。2011年1月，甲公司工作人员向乙公司出具两份零星用工表，金额分别为13640元、4976.1元。甲公司分别于2010年12月11日、2011年1月25日、2011

年8月9日、2012年1月21日向乙公司付款42600元、50596元、20000元、12000元。

乙公司因催要工程款将甲公司诉至法院，请求判令甲公司支付所欠工程款112200元及利息。一审法院判决驳回乙公司的诉讼请求，该判决已生效。

后经一审法院审判委员会讨论决定，作出民事裁定再审本案。一审法院再审查明，2010年11月28日，乙公司、刘某虎（乙方）与甲公司（甲方）签订《A小区南挡土墙施工合同》，约定乳山市海阳所建筑安装工程有限公司承包A小区南挡土墙工程的施工。合同签订后，涉案工程由刘某虎实际施工。乙公司认可刘某虎挂靠在乙公司名下。一审法院再审过程中，甲公司提起反诉，要求乙公司返还甲公司已经支付的工程款125196元。

> **律师点评**　　本案历经原审一审、再审一审和再审二审程序，法院在再审一审阶段查明了本案当中存在挂靠的行为，乙公司将案涉挡土墙交由没有资质的个人刘某虎进行施工，违反了国家关于资质和施工管理的法律法规。并且甲公司还与乙公司、刘某虎共同签订了施工合同，以此而言，甲、乙两公司均明知刘某虎是没有资质的个人还由其施工，两公司均存在过错。

【鉴定情况】

原审诉讼过程中，经甲公司申请，一审法院委托鉴定单位对涉案挡土墙工程质量是否合格，如不合格，提出修复方案进行鉴定。该鉴定机构于2015年7月27日出具司法鉴定意见，鉴定意见为"①涉案挡土墙毛石砌筑质量不符合《砌体工程施工质量验收规范》GB 50203—2002相关规定。②涉案挡土墙砌筑砂浆强度不符合合同约定和设计要求。③涉案挡土墙泄水孔设置数量不符合《砌体工程施工质量验收规范》GB 50203—2002相关规定和设计要求。案涉挡土墙砌筑砂浆强度太低，施工质量不符合设计要求和施工质量验收规范的相关规定，建议处理方案为拆除重建"。甲公司为此支付鉴定费30000元。

> **律师点评**　　根据鉴定单位所出具的司法鉴定意见，案涉挡土墙存在砌筑砂浆强度不符合合同约定和设计要求等质量问题。建议处理方案为拆除重

建，也就是案涉挡土墙无法通过维修的方式达到合同约定和设计要求。如果该意见被法院所采纳，乙公司要求甲公司支付工程款的基本前提即不成立。

【一审阶段法院观点】

一审法院原审判决：驳回乙公司要求甲公司支付工程款112200元及利息的诉讼请求。

一审法院再审认为，案涉《A小区南挡土墙施工合同》系甲公司与乙公司、刘某虎共同签订。乙公司认可刘某虎挂靠乙公司。刘某虎对涉案挡土墙工程进行了实际施工。根据《最高人民法院关于审理建设工程施工合同纠纷案件适用法律问题的解释》第一条："建设工程施工合同具有下列情形之一的，应当依据合同法第五十二条第（五）项的规定，认定无效：……（二）没有资质的实际施工人借用有资质的建筑施工企业名义的……"《合同法》第五十八条规定："合同无效或者被撤销后，因该合同取得的财产，应当予以返还；不能返还或者没有必要返还的，应当折价补偿。有过错的一方应当赔偿对方因此受到的损失，双方都有过错的，应当各自承担相应的责任。"本案中，刘某虎系自然人，不具备建筑施工资质，乙公司作为被挂靠方，存在过错，其与甲公司之间成立的建设工程施工合同无效，应当按照无效合同法定原则，承担民事责任。

乙公司虽对该鉴定意见有异议，但并未提交相关证据予以证实。一审法院认为，工程质量是工程建设的核心。《建筑法》第五十八条规定："建筑施工企业对工程质量负责。"建设工程企业必须按照工程设计图纸和施工技术标准施工，不得偷工减料。该法第五十九条规定："建筑施工企业必须按照工程设计要求、施工技术标准和合同的约定，对建筑材料、建筑构配件和设备进行检验，不合格的不得使用。"本案中，案涉工程经鉴定为不符合设计要求和施工质量验收规范的相关规定，乙公司无权请求参照合同约定主张工程款。甲公司作为发包方，放任工程由没有施工资质的刘某虎施工，其对工程无效以及工程质量存在缺陷应当有所预见。且在双方签订的《A小区南挡土墙施工合同》中已明确约定，挡土墙施工做出样板墙经甲方（甲公司）书面验收合格后方可继续施工。根据本案现有证据，不能证明甲公司严格履行了合同约定的样板墙验收责任，致使工程全部施工完毕后出现质量瑕疵。甲公司对涉案工程质量不合格及造成的损失亦具有过错。

甲公司未提供涉案工程挡土墙工程量的计算方法，涉案工程的工程量应当按照

2011年12月20日的挡土墙工程量表确认为237425.73元，该损失应当由乙公司和甲公司各自承担50%，即各自承担118712元。甲公司已给付乙公司125196元，现乙公司起诉甲公司要求给付工程款112200元，理由不当，不予支持。关于甲公司提出反诉，要求乙公司返还甲公司工程款125196元。一审法院认为，再审案件应当围绕再审请求进行，当事人的再审请求超出原审诉讼请求的，不予审理，甲公司可以另行起诉。

律师点评

　　甲公司在再审一审阶段提出了反诉，一审法院则不予受理。一般认为，反诉是独立的诉讼请求，而再审本身的主要目的在于对原审判决错误的纠正，如果径行由再审法院审理、裁判新的诉讼请求，突破了再审的审理范围，并且可能会违背两审终审的原则，因此通常的处理路径是告知可以另行起诉。

　　一审法院判决：①撤销原一审民事判决；②驳回乙公司要求甲公司给付工程款112200元及利息的诉讼请求。

【二审阶段法院观点】

　　涉案工程的处理方案为拆除重建，故应认定该工程无法修复，在涉案合同无效的情况下，再审一审判令驳回乙公司要求甲公司给付工程款的诉讼请求于法有据。

律师点评

　　在当今的房屋建筑等建设工程当中，主体结构一般是采用钢筋混凝土的结构形式，其中即使有砌体的结构形式，一般也不会起到主要的承重作用，因此即使砌筑砂浆的强度不足，也基本难以影响到主体结构的质量安全。但本案当中的挡土墙工程则不同，砌筑砂浆强度不足等原因导致挡土墙不能达到预期的设计目标，需要拆除重建，也使得乙公司的诉讼请求即使在再审阶段也无法得到支持。如果将该挡土墙视为一个单体工程，那么砌筑砂浆强度不足直接影响到了主体结构的强度。

　　在此提出一个问题，如果在再审阶段案涉挡土墙仍然存在，是否可以就此认为挡土墙的强度实际可以满足要求、无须拆除，乙公司关于工程款的诉请是否可以成立？本书对此持否定的观点，挡土墙即使存在也不能表明其能满足设计要求，安全质量隐患实际存在并随时可能引发事故，因此还是需要按司法鉴定意见拆除重建，乙公司关于工程款的诉请仍然不能成立。

【本案小结】

在本案中，不具备施工资质的个人刘某虎借用乙公司资质承接案涉工程，是造成案涉工程施工质量不合格的因素之一。当工程出现质量问题时，发包人有权根据相关规定，要求出借方与借用方对建设工程质量不合格等因出借资质造成的损失承担连带赔偿责任。然而本案中，甲公司作为发包人在签订施工合同时是明知挂靠行为的存在。有观点认为：发包人明知存在挂靠行为，还与被挂靠人签订施工合同的，则发包人与挂靠人之间成立了事实上的建设工程施工合同承发包法律关系。基于这层法律关系双方直接产生债法上的请求权。即在此情形下，发包人可以直接向挂靠人主张质量赔偿责任；挂靠人作为实际施工人，在工程合格的情况下，可向发包人主张工程款。被挂靠人虽然与发包人签订了施工合同，但该合同并非签约时的真实意思表示。此时，被挂靠人既非合法的承包人，也非实际施工人。故而从这个角度分析，被挂靠人缺乏向发包人主张工程款（或折价补偿款）的请求基础。

案涉工程质量问题系砌筑砂浆强度不足影响挡土墙的正常使用，需要拆除重建。本案中，在挡土墙作为一项单体工程时，砌筑砂浆强度不足已直接影响到了主体结构的强度，属于主体结构问题。鉴于案涉施工合同因挂靠行为而无效，此时实际施工人主张折价补偿款的前提为工程验收合格。根据《民法典》第七百九十三条的规定："建设工程经验收不合格的，按照以下情形处理：（一）修复后的建设工程经验收合格的，发包人可以请求承包人承担修复费用；（二）修复后的建设工程经验收不合格的，承包人无权请求参照合同关于工程价款的约定折价补偿。发包人对因建设工程不合格造成的损失有过错的，应当承担相应的责任。"本案中，法院依据各方的过错，酌情认定乙公司和甲公司对损失各自承担50%。

4.3   砌体强度不足

【名词解释】

砌体强度不满足设计要求。

【规范条文】

《建筑结构检测技术标准》GB/T 50344—2019

5.4.1 砌体的力学性能可分为弹性模量及应力状况、抗压强度、抗剪强度等检测分项。在进行符合性判定和使用材料强度系数时，应推定砌体抗压强度的标准值和抗剪强度的标准值。

5.4.3 砌体结构的抗压强度和抗剪强度可采用下列方法确定：

1 用直接法检测确定；

2 利用砌筑块材、砌筑砂浆和砌筑质量等的检测结果推定砌体强度；

3 用直接法修正或验证推定强度。

问题55：出现砌体强度不足等质量问题后如何划分责任？

【判决出处】

法院：江西省奉新县人民法院

案号：（2021）赣0921民初693号

名称：唐某、甲公司、乙公司等建设工程合同纠纷

【案情概况】

2019年，甲公司将其承包某中学建设工程中的护坡挡土墙项目工程分包给乙公司。甲公司（甲方）与乙公司（乙方）就所需材料的采购、供应、砌筑等事项签订《护坡挡土墙合同》一份。

乙公司承包该护坡挡土墙项目工程后又将该工程以包工包料的形式转包给唐某，唐某不具有相应施工资质。2019年4月11日，乙公司（甲方）与唐某（乙方）签订《浆砌片石合同书》一份。

本案中，甲公司作为施工总承包单位将案涉护坡挡土墙工程分包给乙公司。乙公司又将全部专业分包工程转包给唐某个人。唐某作为个人不具备工程施工资质，根本不能依法履行全部项目管理工作。实践中，工程的违法分包、层层转包是导致工程质量问题发生的常见原因，一旦发生质量问题，转包（违法分包）单位与实际施工人均有可能被要求承担责任。

合同签订后，唐某开始组织工人施工，并于2019年9月15日完工。2020年1月26日，该工程西端长约10m毛石挡土墙发生倒塌，墙后填土出现通长的裂缝。经乙公司委托，某公司对挡土墙工程倒塌原因出具鉴定意见书，具体意见包括：①毛石挡土墙倒塌是由于失稳和强度不足的原因导致的。②失稳是由于挡土墙的施工不满足设计的要求，如基础暴露在外，无埋置深度，基地未设置逆坡，泄水孔未起作用，墙高增加了0.8m等。③强度不足是由于施工基本上采用干砌的工艺，水泥用量太少，致使墙体没有形成整体，砌体强度达不到要求。

2020年3月10日，应诉讼第三人甲公司要求，唐某对案涉挡土墙其中的3119m³进行拆除重建，被拆除的石材等材料在重建过程中被重新利用，重建部分工程量为3945m³，重建后的挡土墙已经过验收并交付使用。因各方对于挡土墙倒塌的责任及损失承担存有争议，唐某追索剩余工程款未果，提起本案诉讼。

本案纠纷因质量问题导致结算无法达成一致而起。质量纠纷往往是引发当事人之间矛盾产生的导火索。发包人支付工程款是为了能够取得合格的工程，一旦发现存在质量问题，发包人往往会暂不支付进度款、结算款，甚至会扣减款项。如果发生偷工减料、以次充好的情况，结算时甲方可能还会主张扣减差价或整改返工的费用。

比如，施工单位未按设计要求完成抗裂砂浆的工序，而是采用普通砂浆，虽然厚度与设计要求一致，但在工程造价结算时双方发生争议，甲方即主张不能计算抗裂砂浆的费用，还要求在工程款中减去整改的费用。由此可见，发生质量问题后各方的结算工作难度将会增加，甚至于引发诉讼，本案也是一例。

【鉴定情况】

鉴定意见为："5.1 涉案的挡土墙倒塌原因有：挡土墙未按设计要求设置反坡，墙背反滤层未施工，墙身回填土未分层夯实，砂浆拌制不规范、砂浆不饱满、筑砌方法与设计不符。施工质量不满足设计要求和《建筑边坡工程技术规范》GB 50330—2013等相关规范要求。5.2 在评定各方的参与度时，建议结合上述技术层面的原因（5.1条）和现场管理的因素，第三人作为总承包单位、原告作为分包单位均为管理方。"

律师点评　根据鉴定意见，可以得出本次质量问题的主要原因在于未按设计要求施工。同时，鉴定意见也提及总承包单位、分包单位均为管理方，该意见在法院判断各方过错责任时也会纳入考虑范围。

【一审阶段法院观点】

本案为建设工程合同纠纷，甲公司将承建的工程中的挡土墙工程以包工包料的方式分包给有资质的乙公司，乙公司又将挡土墙工程转包给无资质的唐某，根据法律规定，承包人未取得建筑施工企业资质或者超越资质等级的，建设工程施工合同无效，故唐某与乙公司之间签订的《浆砌片石合同书》，因违反法律的禁止性规定，属无效合同。

同时，法律又规定，建设工程施工合同无效，但建设工程经竣工验收合格，承包人请求参照合同约定支付工程价款的，应予支持。故唐某有权就其施工的合格部分工程要求支付工程价款。

因为案涉工程存在部分质量问题并进行了重建，对于该部分损失，应当进行责任划分。根据鉴定机构鉴定，涉案挡土墙倒塌原因有："挡土墙未按设计要求设置反坡，墙背反滤层未施工，墙身回填土未分层夯实，砂浆拌制不规范、砂浆不饱满、筑砌方法与设计不符；施工质量不满足设计要求和《建筑边坡工程技术规范》GB 50330—2013等相关规范要求。"由此可以看出，未按图纸施工、施工质量不合格是造成挡土墙倒塌的根本原因，该点在乙公司自行委托江西省某建设工程有限公司作出的鉴定意见书中亦能得到印证。根据庭审记录，唐某确认施工图纸其也有一份，但其不知道什么是"反坡"，砂浆由其组织工人进行搅拌，墙背反滤层没有进行施工是因为没有放沙子，并主张是甲公司的现场施工负责人说不用做反滤层，但甲公司当庭予以否认，唐某也未提供证据予以证实。据此，本院认为，唐某为挡土墙工程的实际施工人，其对挡土墙的施工质量负有直接责任，故唐某应当就倒塌事故造成的经济损失承担主要责任。乙公司将案涉挡土墙建造工程转包给不具有相应资质的个人即唐某，负有选任上的过错，且按合同约定，其负有监管职责，故应承担事故的次要责任。甲公司作为总承包方，施工时也安排有人员参与现场质量监督，庭审中亦陈述在施工过程中多次提到砂浆搅拌合饱满度等质量问题，但其并未采取实际措施进行及时、有效的制止，对倒塌事故的发生亦负有一定的责任。综上，对于挡土墙倒塌所造成的损失，本院根据当事人的过错程度，结合本案的实际，酌定由唐某承担70%的责任，乙公司承担20%的责任，甲公司承担10%的责任。

律师点评

法院认为，甲公司、乙公司和唐某对案涉质量问题均存在过错，根据《民法典》第一百五十七条的规定，当各方都有过错的，应当各自承担相应的责任。对于责任的划分，法院通过庭审调查以及鉴定单位的结论进行综合判断，酌定由唐某承担70%的责任，乙公司承担20%的责任，甲公司承担10%的责任。

【本案小结】

发包人要求承包人或实际施工人赔偿质量损失的，对其主张须承担举证义务，就对方过错、损失大小、过错与损失之间的因果关系等提供证据材料或说明情况。在具备质量鉴定和造价评估的条件下，一般会通过司法鉴定的形式确定维修返工损失。但当损失大小无法确定时，则可能需要参照合同约定的质量标准、建设工期、工程价款支付时间等内容确定损失大小。对于过错责任划分，法院会结合鉴定意见，根据各方过错程度、过错与损失之间的因果关系等综合考量后依法作出裁判。

本案一审判决中，法院基于当事各方的过错作出认定：唐某作为实际施工人，其对挡土墙的施工质量负有直接责任；乙公司作为违法分包单位，缺乏现场的监管，需承担过错责任；甲公司是项目的总承包单位，其对项目现场有统筹管理的职责，尤其在发现质量问题后未实施必要的措施如要求停工检测，通知整改等，也存在一定的过错。法院根据当事人的过错程度，酌定了各方承担责任的比例。

4.4 砌体墙开裂

【名词解释】

砌体墙出现贯穿裂缝。

【规范条文】

《建筑结构检测技术标准》GB/T 50344—2019

5.6.2 砌体结构的裂缝可按下列方法进行检测：

1 裂缝的长度可采用尺量、数砖的皮数等方法确定，裂缝的宽度可采用裂缝卡、裂缝检测仪确定，裂缝的深度可通过观察、打孔或取样的方法确定；

2 裂缝的位置、数量和实测情况应予以记录；

3 砌筑方法、留槎、洞口、线管及预制构件影响产生的裂缝应剔除构件抹灰确定。

5.6.3 砌体结构的裂缝可按现行行业标准《建筑工程裂缝防治技术规程》JGJ/T 317的规定判定原因和后续检测项目。

问题56：擅自使用工程后是否还能主张砌体墙开裂的责任？

【判决出处】

法院：山东省潍坊市中级人民法院

案号：（2022）鲁07民终4691号

名称：李某舟、某厂建设工程施工合同纠纷

【案情概况】

2014年1月11日，某厂（甲方）与李某舟（乙方）签订《工程建设承包协议》一份，某厂经营者周某才在甲方落款处签字，李某舟在乙方落款处签字。协议签订后，李某舟根据某厂提供的图纸，共给某厂建设1号楼（南楼）、2号楼（北楼）两幢楼房。其中，1号楼是三层，第三层建了楼顶的一部分，现在居住使用；2号楼是整个三层，楼顶均是平顶。2016年11月29日，李某舟、某厂结算确认总价、余款等事项，某厂经营者周某才签字，李某舟方施工人员孙某业签字。

2020年5月14日，李某舟曾向一审法院起诉，要求周某才等支付工程款347305元。周某才亦提起反诉。2020年7月14日，一审法院作出"（2020）鲁0784民初2039号"民事裁定书，以主体不适格为由驳回了李某舟的起诉及周某才的反诉。

2020年8月21日，李某舟再向一审法院起诉，要求某厂支付工程款。某厂则以案涉工程存在质量问题为由提起反诉。

律师点评

本案当中，李某舟作为案涉工程的实际施工人，先是以某厂经营者周某作为被告起诉要求支付工程款，在法院以主体不适格为由裁定驳回起诉后再以某厂作为被告起诉。现实当中的施工合同纠纷一般因为有书面合同及明确的合同主体，确认原被告并不是难题，但也确实存在合同内容当中的主体与签章的单位（个人）并不一致的情况，本案即是一例。这就需要根据合同履行的实际情况进行分析确认，当事人在起诉时也应注意如何确定案件当事人，以免无谓消耗时间精力。

【鉴定情况】

2020年9月22日，某厂申请对李某舟承建的某厂南、北两栋楼房进行质量鉴定。①南楼、北楼的主体结构质量问题：地基基础，因地基基础不均匀沉降导致墙体严重开裂；南楼通道顶板严重下垂（10cm）；混凝土强度；砂浆强度；钢筋强度及间距；外墙裂缝；女儿墙纵向、横向裂缝；其他主体结构质量问题。②南楼、北楼渗水问题：屋面、房间、外墙面渗水问题；三小间（厨房、卫生间、阳台）渗水问题。③南楼、北楼的主要使用功能问题（从房屋建成即逐渐出现，一直与施工方联系，施工方未予以修复）：楼面、地面严重起皮起砂、空鼓、开裂，严重影响使用功能；外墙瓷砖严重脱落，形成安全隐患。④若存在以上质量问题，请按照图纸和规范要求进行修复的费用进行造价鉴定。一审法院予以委托鉴定。

律师点评　某厂在申请鉴定时较为详细地列明了鉴定事项，包括了地基基础、混凝土和砂浆强度、钢筋强度及间距、墙体裂缝、顶板下垂、渗水等内容，在本案中较为具体的鉴定事项更有利于当事人查明事实、主张权利。

2020年12月16日，鉴定机构出具了鉴定意见书，主要鉴定结论包括：

（1）主体结构质量问题。①实际主体结构与原设计图不符。南楼、北楼实际结构布置与原设计施工图对比有局部改动。南楼通道顶板直接放置在砌块填充墙上，将填充墙作为承重墙使用，此处结构布置不符合规范要求，存在结构安全隐患。南楼通道东、西填充墙基础出现不均匀沉降，两侧墙体顶部有通长水平裂缝，板端部有明显翘起。通道顶板中间点相对两侧下挠42.5mm，不满足《混凝土结构设计规范》相关要求。主要为结构做法不规范（也无正规设计）造成的，已严重影响结构安全。南楼西端增设办公室、电梯，三层露台屋面实际改为石材屋面以及北楼屋面实际参照三层楼板结构实施（均未有设计变更），改变了原设计相关结构，增加了相关结构的载荷，造成结构安全隐患。②抽测混凝土强度。现场对某厂指定构件抽测单个构件混凝土抗压强度。所抽测的构件混凝土强度推定值，均不满足原设计混凝土等级C30要求。③抽测钢筋间距。现场对某厂指定框架结构构件测量混凝土构件内部钢筋间距。所测混凝土构件中，南楼全部柱实测钢筋间距大于原设计要求，1架梁实测钢筋间距偏差不满足施工质量验收规范要求，大于原设计要求，所测板实测钢筋间距满足原设计要求。北楼2颗柱实测钢筋间距大于原设计要求，1架梁实测钢筋间距偏差不满足施工质量验收规范要求，大于原设计要求，所测板实测钢筋间距满足原设计要求。④屋面挑檐、雨篷结构。南、北楼雨篷及南楼B轴南侧屋面挑檐受雨水侵蚀，有表层酥松、起皮，钢筋暴露、锈蚀缺陷。北楼西雨篷变形量不满足《混凝土结构设计规范》相关要求。

（2）使用功能问题。①墙体裂缝。南楼、北楼均有墙体开裂现象。斜向裂缝主要分布在填充墙中部、门窗洞口角部，竖向及水平裂缝主要分布在墙体砌块与不同材料交接部位，女儿墙裂缝主要分布在墙根部与梁交接处，均是受温度应力影响出现的非结构性裂缝，不影响结构安全，但影响建筑正常使用。电梯井道斜向裂缝，是受设备震动影响出现的非结构性裂缝。裂缝不影响主体结构安全，但影响电梯安全使用，存在安全隐患。②楼、地面做法起砂、开裂。南、北楼原设计选取的地面做法为普通地面，未选取适宜车间的耐磨砂浆地面，地面做法中200mm厚C25细石混凝土中未配钢筋。南楼一层地面1～2/B～C轴、2～3/A～B轴全部区域及

2～4/B～C轴间5处2m×2m区域有表面起砂现象。南楼其他楼层及北楼个别地坪漆地面破损处也有起砂现象。南、北楼一层地面开裂现象。北楼二层1/4～1/5和1/B～C轴北侧楼面表层开裂、起皮。上述缺陷影响建筑正常使用。③饰面砖及涂层开裂、脱落。南楼露台周边有两处饰面砖脱落现象。南、北楼部分窗台造型表面涂层有开裂脱落现象。该类缺陷影响建筑正常使用。④屋面做法。实际屋面做法与原设计要求相比，缺少最上层20mm厚水泥砂浆抹面，最下层40mm珍珠岩改为炉渣；南楼屋面防水卷材有三处裂缝，北楼防水卷材有一处裂缝；南楼屋面B轴南侧挑板顶部表面砂浆抹面酥松、起皮。南、北楼混凝土雨篷无防水做法，原设计施工图对雨篷建筑做法未作要求。该类缺陷影响建筑正常使用。

（3）渗水质量问题。南楼、北楼于2016年11月29日竣工使用，至今已满4年。外墙墙面出现渗水，屋面板局部渗水，是由屋面防水开裂及外墙面开裂所致。南楼三层露台周边墙体根部渗水，是由露台排水不畅导致。渗水问题影响建筑正常使用。

律师点评 鉴定结论将案涉工程质量问题分为主体结构质量问题、使用功能问题、渗水质量问题，并且对质量问题的表象和成因进行了分析。该鉴定结论与某厂申请的质量鉴定事项有对应关系，但并不代表法院在厘清责任和确定赔偿时必然会全部采纳鉴定结论。因为鉴定结论主要是就与质量问题有关的事实情况进行阐述，而法院判决还要就法律适用问题等事项进行明确。

【一审阶段法院观点】

《最高人民法院关于审理建设工程施工合同纠纷案件适用法律问题的解释（一）》第十四条规定："建设工程未经竣工验收，发包人擅自使用后，又以使用部分质量不符合约定为由主张权利的，人民法院不予支持；但是承包人应当在建设工程的合理使用寿命内对地基基础工程和主体结构质量承担民事责任。"本案中，李某舟、某厂双方结算时，对已发现的工程质量问题已扣除了李某舟工程款140000元，且某厂使用案涉楼房多年，故一审法院仅对地基基础工程和主体结构质量问题进行处理。一审法院认定案涉楼房因地基基础工程和主体结构质量存在问题而需修复的费用为736218.13元。

《最高人民法院关于审理建设工程施工合同纠纷案件适用法律问题的解释

（一）》第十三条规定："发包人具有下列情形之一，造成建设工程质量缺陷，应当承担过错责任：（一）提供的设计有缺陷；（二）提供或者指定购买的建筑材料、建筑构配件、设备不符合强制性标准；（三）直接指定分包人分包专业工程……"承包人有过错的，也应当承担相应的过错责任。本案中，某厂提供的设计图纸没有设计单位、设计人员签名盖章，未经建设行政部门审核，并将案涉工程发包给无资质的李某舟施工，且未经设计单位允许并出具设计变更的情况下，擅自改变原设计，要求李某舟变更施工，对造成工程质量问题具有过错；李某舟明知无资质而承建案涉楼房工程，且部分工程未严格按照设计图纸施工，在无设计变更的情况下而变更施工，对造成工程质量问题具有过错；一审法院酌定李某舟、某厂各承担50%的过错责任，对维修费736218.13元各承担50%计368109.07元，对鉴定费141000元各承担50%计70500元。

【二审阶段法院观点】

一审法院综合本案案情、当事人举证、质证及陈述意见作出裁量，并无不当。

律师点评

　　本案当中法院对于质量问题的裁判思路可以概括为两点：第一，哪些质量问题需要纳入责任承担的处理范围，是全部质量问题还是仅限于地基基础和主体结构的质量问题；第二，具体的责任如何在原被告之间进行划分，依据又是哪些。法院最终认定仅就案涉工程地基基础和主体结构的质量问题进行处理，某厂和李某舟各承担一半责任。

　　实践当中有的发包人会在承包人提起工程款之诉后反诉要求对方承担质量问题的责任，但往往此时非地基基础和主体结构的质量问题已经超过了保修期限，仅就地基基础和主体结构的质量责任才有可能得到支持，自身的权益无形中流失。为避免这种情况，发包人应及时告知承包人出现的质量问题并要求履行保修义务，留存现场情况和沟通记录，这样在后续争议解决时可以有更多的依据。

【本案小结】

　　案涉纠纷涉及违法发包，系发包人将工程发包给没有施工资质的个人，导致案涉建设工程施工合同属于无效合同。工程完工后，发包人未经竣工验收擅自使用工程。在实际使用过程中出现各类质量问题。为查明事实，法院委托司法鉴定单位对案涉工程质量问题进行鉴定。鉴定单位根据质量问题的危害和性质，将案涉工程的质量问题分为三类：①主体结构质量问题；②使用功能问题；③渗水质量问题。

鉴定单位将墙体裂缝，楼、地面做法起砂、开裂，饰面砖及涂层开裂、脱落，屋面水泥砂浆抹面、防水卷材开裂等质量问题归入非主体结构质量问题范畴。针对该部分质量问题，法院认为建设工程未经竣工验收，发包人擅自使用后，承包人仅在建设工程的合理使用寿命内对地基基础和主体结构质量承担民事责任。此外，对于发包人所提其他使用部分质量不符合约定的诉讼主张，法院未予以支持。

对于主体结构部分的质量问题，法院认为案涉承发包双方均有过错。其中发包人未依法提供合格的设计资料，存在违法发包的问题，未经原设计单位允许的情况下擅自变更设计，对工程质量问题存在过错。承包人作为没有施工资质的个人承接工程，未按照设计要求施工，对质量问题也同样存在过错。基于上述情况，最终法院认定对于主体结构的质量问题，原被告双方各承担50%的损失。

第5章　防水工程

5.1　地下防水质量问题

【名词解释】

卷材防水质量问题：空鼓、转角处渗漏、管道四周渗漏、卷材搭接不良、管道部位卷材粘贴不良、卷材搭接处渗漏等。

防水混凝土质量问题：蜂窝麻面、孔洞渗漏水、裂缝渗漏水、施工缝渗漏水、预埋件、穿墙管道部位渗漏水等。

水泥砂浆防水层质量问题：阴湿与渗漏、空鼓裂缝渗漏、施工缝渗漏、穿墙管道部位渗漏水等。

涂料防水质量问题：防水层空鼓、渗漏、翘边、防水层破损等。

【规范条文】

《地下工程防水技术规范》GB 50108—2008

3.3.1　地下工程的防水设防要求，应根据使用功能、使用年限、水文地质、结构形式、环境条件、施工方法及材料性能等因素确定……

问题57：在不具备勘验现场的情况下能否出具鉴定意见？

【判决出处】

法院：山东省烟台市中级人民法院

案号：（2021）鲁06民再161号

名称：甲公司、乙公司、丙公司建设工程施工合同纠纷

【案情概况】

涉案项目由原告甲公司开发，总承包单位为被告乙公司。2016年3月29日，甲公司与乙公司签订《施工总承包合同》。同年5月18日，丙公司入场为涉案车库进行SBC防水卷材工程的施工。同年5月25日，甲公司和丙公司签订《防水工程施工合同》。

入场后，丙公司对涉案工程进行分批分段的穿插施工，并将已完工部分分批移交给乙公司，最后一批完工部分移交的时间为2016年10月17日。2016年12月6日，丙公司撤离施工现场。

2016年11月开始，因涉案车库出现渗漏，甲公司和丙公司多次就此进行了信函往来。

2017年1月18日，甲公司与案外人天津某防水工程有限公司烟台分公司（以下简称"维修公司"）签订《项目地下车库防水堵漏工程施工合同》，要求维修公司负责包括但不限于车库内水排出、地下范围全部渗漏点的堵漏工程施工及检测、施工所搭设的脚手架、堵漏工程施工垃圾清理、验收等。2017年12月11日，经结算，维修工程最终造价为529665元。

本案中，甲公司以第三方维修费用作为损失进行主张。关于第三方维修金额能否认定为实际损失金额，一般需要结合维修必要性及维修费用合理性进行综合考量。

2018年，案涉工程竣工验收，该项目已投入使用。

甲公司因案涉工程B区渗漏原因状告被告乙公司、丙公司应当承担的责任。

【鉴定情况】

2020年6月12日鉴定机构出具《渗漏原因及相关责任鉴定报告》，报告中载明：现场踏勘时已与各当事方说明：本案委托的地下车库在施工阶段底板与外墙出现渗漏水质量问题，现已不具备现场鉴定的客观条件，本案鉴定仅能针对法院提供的"法庭质证鉴定材料"，依据工程建设同时期相关法律、法规及规范、规程、标

准（包括标准图集），进行综合分析、论证，按法院委托要求形成最终鉴定结论。综合两次提供的鉴定送检材料，仍缺少《鉴定回复函（3）》（2020年4月16日）要求的（部分关键）工程资料。因此，本案鉴定只能依据（前、后两次）提供的工程资料进行综合分析、论证，并依此形成鉴定结论。鉴定结论指出主要问题包括：①防水工艺做法问题。②防水节点问题。③防水材料问题。④防水施工问题。⑤成品（卷材防水）保护问题。⑥混凝土裂缝问题。

> **律师点评**　　本案中，鉴定单位根据事实情况就"地下室渗漏原因"出具了鉴定结论。主要问题包括：第一，防水工程施工单位未提供完整的施工资料，影响鉴定；第二，防水工程施工单位采用的施工工艺不符合标准；第三，施工技术措施不到位，地下建筑防水施工时没有采取有效排水措施；第四，成品保护不到位；第五，土建工程存在质量问题，存在渗漏水隐患。因篇幅所限，在此不再详细罗列问题的具体内容。

地下室渗漏质量问题相关责任：

丙公司作为案涉项目基础防水材料生产单位、防水施工单位，在本次渗漏事件中，主要责任有：①在施工准备期间，报送的《防水施工组织设计/(专项)施工方案》（涂胶铺设的方法：……胶要连续适量均匀，不露底不堆积，厚度应保持1mm）不符合《聚乙烯丙纶卷材复合防水工程技术规程》（地下防水工程……以上各类复合方式层构成中的聚合物水泥胶粘材料粘结层的厚度均不得小于1.2mm）的规定。②丙公司于2016年5月18日开始进场施工，此时丙公司未提供有效的《安全生产许可证》，不符合《建设工程监理规范》（分包工程开工前项目监理机构应审核营业执照、企业资质等级证书、安全生产许可文件……）的要求。③施工进场时未提供防水《高分子防水材料检测报告》及《胶粘剂检测报告》，便开始组织防水施工。施工开始后提供了《高分子防水材料检测报告》，报验滞后，但仍未提供《胶粘剂检测报告》。《高分子防水材料检测报告》滞后，无法证明前期施工所用的"防水卷材"是否合格，防水卷材与胶粘剂是否合格会影响防水施工质量。④抗浮锚杆桩头防水施工方案存在防水构造问题，锚杆与垫层交接处的防水做法为防水卷材上翻包裹锚杆根部钢筋，此做法不符合建筑施工图变更图纸及《地下工程防水技术规范》GB 50108—2008第5.6节"桩头防水构造"及《地下建筑防水构造》10J301的要求，形成渗漏隐患。⑤施工过程中，未对监理单位发出的质量整改通知单进行回复，不符合《建筑工程资料管理规程》，以及《建设工程监理规范》中"5.2.15 项目监理机构发现施工存在质量问题的……应及时签发监理通知单，要求施工单位整改。整改完毕后，项目监理机构应根据施工单位报送的监理通知回复单对整改情况进行复查，提出复查意见"的规定。

乙公司作为总承包单位，在渗漏的质量事故中主要责任有：①在防水专业施工方案审批单中签字，同意按照不符合规范要求的施工方案施工，应承担分包工程质量的连带责任。②在施工中存在局部未做防水保护层便开始钢筋绑扎施工等成品保护不到位的问题。应承担工程质量的主体责任。③防水专业施工期间及之后，基槽内出现明水，总包单位应承担分包（降水）工程质量的连带责任。④本工程地下车库混凝土底板及外墙出现裂缝，总包单位应承担工程质量的主体责任。⑤法院由"区建设档案馆"调取的"竣工图"为总包单位负责编制，"竣工图"中"防水做法"与建筑施工图变更图纸不一致，也与实际做法不符；竣工图"锚杆布置范围"与结构施工图不符；竣工图"抗拔（浮）锚杆防水大样"与实际防水做法不符。"竣工图"的编制存在与实际施工不符的错误。

律师点评　　鉴定单位针对渗漏质量问题相关责任的认定，主要从参建方的过错与渗漏质量问题之间的因果关系进行认定。一般而言，在鉴定单位出具专业意见后，法院会结合鉴定意见以及各方过错大小的举证情况，对承担过错的具体比例进行裁判。在分包工程质量问题的责任认定上，一般还会根据《建设工程质量管理条例》第二十七条等规定，判断总包单位、分包单位是否须对分包工程的质量问题承担责任。

【一审阶段法院观点】

本案中，原告、被告对涉案的地下车库渗漏原因及各方责任存在争议。经一审法院依法委托鉴定，鉴定机构认为渗漏原因包含防水节点、防水材料、防水施工、成品（卷材防水）保护、混凝土裂缝等问题并就两被告各自的责任进行了阐述，两被告对此提出异议。

一审法院经审查后，认为丙公司在施工过程中存在报送的《防水施工组织设计/（专项）施工方案》涂胶铺设的方法不符合相关规定、施工进场时未提供防水材料检测报告、抗浮锚杆桩头防水施工方案存在防水构造问题、未对监理单位发出的质量整改通知单进行回复的问题；乙公司存在防水专业施工方案审批单中签字同意按照不符合规范要求的施工方案施工、在施工中存在局部未做防水保护层便开始钢筋绑扎施工等成品保护不到位的问题、本工程地下车库混凝土底板及外墙出现裂缝、编制的"竣工图"与实际施工不符的问题；丙提出的存在笔误、乙公司提出的与总包单位无关等异议，缺乏证据支持，不予采纳。丙公司作为涉案工程施工单位未尽到依约依规施工的施工义务，乙公司作为总包单位，未尽到对分包工程的质量管理等管理责任，亦存在成品保护不到位等问题，两被告均应就涉案项目地下车库渗漏问题向原告赔偿维修费用，但法院也注意到，本案鉴定是在现场已不具备勘验条件、仅依据现有的鉴定资料所作出的鉴定结论，鉴定依据的不足一定程度上会影响鉴定结论的准确性，故根据公平合理的原则，结合本案实际情况，法院认为由乙公司、丙公司各自向原告赔偿180000元为宜，原告请求的超出部分，不予支持；原告诉请的工程质量违约金50000元，依据不足，不予支持。

律师点评

一审判决有两点可以关注：

第一，部分支持原告主张维修费用的诉请，主要基于举证责任分配原则。根据《最高人民法院关于适用〈中华人民共和国民事诉讼法〉的解释》第九十条的规定，当事人对自己提出的诉讼请求所依据的事实或者反驳对方诉讼请求所依据的事实，应当提供证据加以证明，但法律另有规定的除外。在作出判决前，当事人未能提供证据或者证据不足以证明其事实主张的，由负有举证证明责任的当事人承担不利的后果。本案中，各方对于渗漏的原因及各方应负责任问题均需要承担举证责任。在举证不能的情况下，也需承担相应法律后果。

第二，结合合同关于质量标准的约定以及鉴定单位出具的专业意见，一审法院结合各方过错程度、过错与损失之间的因果关系等因素酌情裁判乙公司、丙公司各承担180000元维修费。

【二审阶段法院观点】

一审判决认定事实清楚，适用法律正确，应予维持。

【本案小结】

案涉工程发生地下车库底板与外墙渗漏水等质量问题。但在司法鉴定时，现场已不具备鉴定的客观条件。最终鉴定单位与诉讼当事方解释说明后，根据法院提供的"法庭质证鉴定材料"，并按照工程建设同时期相关法律、法规及规范、规程、标准等依据，作出综合分析论证。这也可作为同类案件在启动司法鉴定程序时的参考做法：即通过其他证据来反映施工现场情况，从而达到确定质量问题责任原因的目的。当然此处所涉及的相关证据应经过举证质证等法定诉讼程序，以尽可能客观准确地反映现场当时情况。

就案涉漏水问题，鉴定单位认为防水施工单位的过错体现在：①施工组织方案不符合技术规范要求；②未能提供《安全生产许可证》等文件；③未及时提供《高分子防水材料检测报告》，影响对"防水卷材"质量的判断；④未提供《胶粘剂检测报告》，影响防水施工质量；⑤抗浮锚杆桩头防水施工方案不符合设计要求及规范标准；⑥未及时回复整改通知。总承包单位的主要过错体现在：①同意不符合规范要求的施工方案；②成品保护不足；③承包范围内的施工质量问题，影响防水施工质量；④编制的竣工图与实际不相符。

通过鉴定结论可得出，案涉漏水问题总承包单位与防水施工单位均存在过错。对于防水工程的质量问题，法院判令总承包单位与防水施工单位各自承担了责任。

5.2 屋面防水质量问题

【名词解释】

找坡不准、排水不畅，找平层起砂、起皮、开裂，屋面渗漏，屋面卷材开裂，卷材施工后破损，卷材施工后起鼓，转角、立面和卷材接缝处粘结不牢，女儿墙渗漏等。

【规范条文】

《屋面工程技术规范》GB 50345—2012

3.0.5 屋面防水工程应根据建筑物的类别、重要程度、使用功能要求确定防水等级，并应按相应等级进行防水设防；对防水有特殊要求的建筑屋面，应进行专项防水设计。屋面防水等级和设防要求应符合表3.0.5的规定。

屋面防水等级和设防要求　　　　　　表 3.0.5

防水等级	建筑类别	设防要求
Ⅰ级	重要建筑和高层建筑	两道防水设防
Ⅱ级	一般建筑	一道防水设防

问题 58：已维修并通过验收后能否再提起质量鉴定？

【判决出处】

　　法院：辽宁省盘锦市中级人民法院

　　案号：（2022）辽 11 民终 1581 号

　　名称：丙公司与丁公司建设工程施工合同纠纷

【案情概况】

　　案涉工程业主为甲公司，乙公司为总包方，丙公司为分包方，承包部分的土建工程，后丙公司又将防水工程转包给丁公司。

　　2020 年 8 月 1 日，丙公司、丁公司签订防水工程承包协议书，丙公司为甲方，丁公司为乙方，协议中约定工程名称为甲公司每年 1600t 新型材料中间体项目；工程地点为某开发区；承包项目及方式：屋面防水工程，包工包料，包安全文明等，包验收；合同还对施工内容、安全文明生产、质量标准、合同工期、甲乙双方的权利义务等进行了约定。2020 年 9 月 22 日丁公司支付了防水工程保证金 100000 元。

　　丁公司不具有防水工程施工资质。协议签订后，因丙公司一直未拨付工程款项，丁公司仅施工五个屋面的防水工程，分别为：建厂的成品库、原料库、危险品库 1、危险品库 3、危废仓库，实际施工面积共计 4528m²，单价为 72 元/m²，对应的工程款为 326016 元，上述工程已经全部投入使用。

律师点评

　　关于防水工程施工资质，住房和城乡建设部曾于 2014 年 11 月 6 日发布了《关于印发〈建筑业企业资质标准〉的通知》。根据该文件，防水工程施工资质属于专业承包序列资质，标准名称为防水防腐保温工程专业承包资质，分为一级、二级。

丁公司因工程款纠纷将丙公司诉至法院，要求丙公司向其支付工程款、返还保证金并承担诉讼费用。因丁公司施工的成品库以及危险品库3存在问题。庭审后丁公司、丙公司、业主甲公司经理以及乙公司经理共同到施工地勘查现场，针对存在问题的成品库以及危险品库3形成了解决方案，丁公司根据该维修方案维修完毕并进行了闭水试验后，四方进行现场查看均表示维修后不存在漏水现象，对维修结果没有异议。

律师点评

　　闭水试验是检验防水工程是否达标的常用方式之一，通过蓄水一定深度超过一段时间观察有无漏水现象来判断防水工程的质量情况，在《屋面工程质量验收规范》GB 50207—2012、《建筑工程施工质量验收统一标准》GB 50300—2013等标准中对此均有提及。

　　本案当中，丁公司对防水工程进行了维修，并且在进行闭水试验后没有漏水现象，得到了业主方、总包方及丙公司的共同确认，这是判断丁公司要求支付工程款等诉讼请求是否成立的重要基本事实之一。

【一审阶段法院观点】

　　一审法院认为，建设工程施工合同中承包人未取得建筑业企业资质或者超越资质等级的，应认定无效。本案中丁公司作为防水工程的承包方，其并不具备防水工程相应的施工资质，故其与丙公司之间签订的《防水工程承包协议书》应认定无效。建设工程施工合同无效，但是建设工程经验收合格的，可以参照合同关于工程价款的约定折价补偿承包人。本案中丁公司施工完成之后的成品库和危险品库3存在漏水的问题，发生问题后双方当事人经协商对两个库的屋顶进行了修复，并经过了闭水实验，双方当事人及发包方、总包方四方现场验收，均表示不存在漏水现场，因此丁公司现有权要求被告支付工程款。

【二审阶段法院观点】

　　本院认为，丙公司、丁公司签订的《防水工程承包协议书》因丁公司不具有相应施工资质，被一审法院认定无效合同。但是建设工程经验收合格的，可以参照合同关于工程价款的约定折价补偿承包人。本案中丁公司施工完成之后的成品库和危险品库存在漏水的问题，发生问题后双方经协商对进行了修复，并经过了闭水实验，本案双方当事人及发包方、总包方四方现场验收，均表示不存在漏水现场，故一、二审中丙公司提出对案涉工程鉴定和现场勘查的申请不予支持，丙公司应当支付丁公司工程款。一审判决已经扣除丁公司总工程款5%的质保金，如在质保期内发生质量问题，丙公司可自行修复，并从质保金扣除，如质保金不足以弥补修复费，丙公司可加行主张权利。

律师点评　根据《建筑法》《建设工程质量管理条例》，施工单位对由其实施的工程应依法承担保修责任。但在本案中，法院却并未提及由丁公司继续向丙公司履行保修义务，而是表示质保期内如发生质量问题，可自行修复。这是因为丁公司并不具备防水工程施工资质，由其继续履行保修义务违反了资质管理等相关规定。虽然此前在诉讼过程中丁公司实际维修并通过了闭水试验，但无资质的维修行为并不为法律所倡导，法院在判决中也根据相关规定和实际情况进行了纠正和引导。

【本案小结】

案涉防水工程的施工单位丁公司不具备专业承包资质，根据《最高人民法院关于审理建设工程施工合同纠纷案件适用法律问题的解释（一）》第一条第一款"建设工程施工合同具有下列情形之一的，应当依据民法典第一百五十三条第一款的规定，认定无效：（一）承包人未取得建筑业企业资质或者超越资质等级的……"丁公司不具有防水工程施工资质，其与丙公司签订的施工合同属于无效合同。此外，丙公司从施工总承包单位乙公司处承接的分包工程，在此情形下，丙公司不应再进行专业分包，更加不能将承包范围内的工程进行转包。从丙公司与丁公司之间的承发包模式分析，已涉嫌违法分包或转包，这也属于导致施工合同无效的情形。

合同无效，作为实际施工人的丁公司可在工程质量合格的情况下，参照其与丙公司之间的合同关于工程价款的约定，主张折价补偿款。故而本案的重要争议焦点之一是案涉防水工程是否已验收合格。本案中当事人双方与业主甲公司代表、总承包单位乙公司代表，在法庭事实调查阶段，共同到施工地勘查现场，针对存在问题的部位形成了解决方案。随后丁公司根据确定的维修方案维修完毕并通过闭水试验。参建四方主体共同确认不再漏水，对维修结果没有异议。因此可确定案涉防水工程质量合格，丙公司对案涉工程鉴定和现场勘查的申请确无必要。

5.3　外墙、外立面防水质量问题

【名词解释】

门窗周边渗水、幕墙顶面铝盖板与外墙连接处渗水、空调洞渗水、饰面砖勾缝及条砖裂缝渗水、找平层砂浆裂缝渗水、混凝土剪力墙或柱螺杆洞渗水、穿外墙管洞及后补孔洞周边渗水、框架梁下砌体顶砖裂缝渗水、砌体裂缝或灰缝渗水等。

【规范条文】

《建筑外墙防水工程技术规程》JGJ/T 235—2011

3.0.1　建筑外墙防水应具有阻止雨水、雪水侵入墙体的基本功能，并应具有抗冻融、耐高低温、承受风荷载等性能。

问题59：质量问题无法判断发生时间如何划分举证责任？

【判决出处】

法院：广东省惠州市中级人民法院

案号：（2019）粤13民终7995号

名称：甲公司、乙公司建设工程施工合同纠纷

【案情概况】

2006年10月24日，本案原告甲公司（发包人）与本案被告乙公司（承包人）签订《建设工程施工合同》，承包范围包括：土建工程、电气工程、给水排水工程、弱电系统预理工程、室外专业工程等。2010年2月5日，乙公司向甲公司出具的《住宅质量保证书》载明：地基和主体结构按设计合理使用年限由施工单位负责保修；因施工质量缺陷造成的屋面、厨房、卫生间地面、地下室、管道渗漏，保修期限为五年；因施工质量造成墙面、顶棚抹灰层脱落、地面空鼓开裂、大面积起砂、灯具、电器开关、管道堵塞，保修期限为两年。

合同签订后，乙公司组织人员进行施工。2010年2月5日，涉案工程进行竣工验收"合格"。涉案工程竣工验收后，甲公司发现涉案工程存在外墙渗漏、墙面开

裂、排水管接口未打胶漏水等工程质量问题，多次以书面通知形式要求乙公司对涉案工程进行维修处理，乙公司根据甲公司通知多次进行维修。

律师点评

建设单位及时发出保修通知是启动工程质量保修工作的第一步。根据《房屋建筑工程质量保修办法》第九条规定："房屋建筑工程在保修期限内出现质量缺陷，建设单位或者房屋建筑所有人应当向施工单位发出保修通知。施工单位接到保修通知后，应当到现场核查情况，在保修书约定的时间内予以保修。发生涉及结构安全或者严重影响使用功能的紧急抢修事故，施工单位接到保修通知后，应当立即到达现场抢修。"本案中，甲公司在保修期内向乙公司提出保修的通知，乙公司开始按照甲公司要求履行保修工作。此处需要强调的是：在司法实践中，为了更好地固定事实，作为施工单位的乙公司在履行保修工作时，应该保留甲公司发出的保修通知，明确保修的具体内容和范围，并在保修完毕后获取甲公司确认的证明文件。

2015年10月23日，甲公司再次以书面形式向乙公司发出《关于保修期内出现的工程质量问题需要进行维修和整改的通知》，要求乙公司履行保修义务。因乙公司未能适当履行维修义务，甲公司于2015年12月12日委托惠州市某防水补强有限公司对涉案外墙防水补漏工程编制《工程报价书》，涉案工程维修报价为1198800元；外墙漏水，墙壁发霉修缮工程造价为204089.60元。因乙公司对涉案工程未完全修缮，甲公司遂于2015年12月16日向法院起诉。

律师点评

防水工程直接影响建筑的正常使用，也关系到建筑本身的安全。本案所涉质量问题主要为外墙面的渗漏水问题。导致外墙渗漏水的常见原因包括：①设计原因；②防水材料质量问题；③施工原因；④不合理使用等。建筑物在保修范围和保修期限内发生质量问题的，施工单位应当履行保修义务，并对由自身引起的损失承担赔偿责任。如质量问题原因与承包人无关，承包人一般不承担费用。针对本案质量问题，双方的争议焦点可以归纳为：①质量问题是否发生在保修期内；②质量问题是否系承包人的原因导致；③如何确定质量问题对应的维修等费用。

【鉴定情况】

鉴定报告检查情况综述：案涉房屋外墙出现渗水痕迹的位置主要分布在外墙窗洞周边墙体，体现为墙纸发黑、发霉现象。其鉴定意见为：案涉房屋外墙渗水主要原因为窗洞与外墙体交接处密封性和防水措施存在缺陷，外界水源通过窗框边缘处缝隙渗入所致。法院根据甲公司的申请，依法委托某价格事务所有限公司（以下简称"损失鉴定单位"）对涉案房屋维修经济损失进行鉴定，该公司鉴定结论为：涉案工程主体外墙开裂及房屋内部楼板开裂和墙纸发霉造成的经济损失为694172.34元。因甲公司不服，法院于2019年6月25日组织当事人双方及鉴定机构听证后，决定由损失鉴定单位对案涉房屋的质量问题的维修损失补充鉴定。损失鉴定单位于2019年9月18日作出的《价格鉴定结论书》结论为：案涉工程主体外墙开裂及房屋内部楼板开裂和墙纸发霉造成的经济损失（包括修复损失）为2242057.62元。

律师点评

本案中，法院依据当事人的申请启动两项司法鉴定程序，分别对导致质量问题的主要原因以及案涉房屋维修经济损失金额进行司法鉴定。其中关于质量问题原因的鉴定，鉴定单位得出的结论为："案涉房屋外墙渗水主要原因为窗洞与外墙体交接处密封性和防水措施存在缺陷，外界水源通过窗框边缘处缝隙渗入所致。"该结论更着重于论证渗漏水的原因是由于"窗洞与外墙体交接处密封性和防水措施存在缺陷"。在此基础上，还可进一步论证导致密封性和防水措施存在缺陷的原因是什么，是否全部系施工原因导致，能否排除设计问题或不当使用等因素。对此，当事人可以视情况申请鉴定单位作进一步的解释或确认，也可以申请进行补充鉴定。

关于维修损失金额的鉴定，一般需要先确定合理的或当事人均确认，并且符合规范的维修方案。在此基础上，司法鉴定机构再进行维修损失费用的鉴定。

【一审阶段法院观点】

本案是建设工程施工合同纠纷。《建筑法》第五十八条规定，建筑施工企业对工程的施工质量负责；第六十二条规定，建筑工程实行质量保修制度；建筑工程的保修范围应当包括地基基础工程、主体结构工程、层面防水工程和其他土建工程，以及电气管线、上下水管线的安装工程、供热、供冷系统工程等项目；保修的期限应当按照保证建筑物合理寿命年限内正常使用，维护使用者合法权益的原则确定。《房屋建筑工程质量保修办法》第四条规定，房屋建筑工程在保修范围内和保修期限内出现质量缺陷，施工单位应当履行保修义务。本案诉争的涉案施工工程虽然于2010年2月5日经竣工验收合格，但原告在住宅质量保修期限内及保修期满后连续向被告提出涉案工程质量问题并要求被告承担维修责任，但被告履行维修义务后，房屋渗水等质量问题仍未得到彻底解决，故原告请求被告承担维修保修责任，依据充足，本院应予支持。

被告辩称原告提出维修责任已超过保修期限，理由不成立，本院不予采纳。被告辩称原告维修通知中所反映的诸多质量问题并非答辩人施工范围内的质量问题，且有部分质量问题并非因施工原因导致，而是由于固有的设计缺陷或交付后不当使用造成，但被告未提交证据予以佐证原告设计缺陷必然导致涉案工程外墙漏水等情况，依法应当承担举证不能的不利后果。

律师点评　双方约定的保修期届满后，施工单位往往还需要对以下质量问题承担责任：①质量问题发生在保修期内，施工单位在保修期内开始维修，直至保修期届满仍未维修完毕。②保修期内维修完毕，但需要一定周期时间才能检测出是否维修合格（如需要经历当地雨季、严冬等气候检验的情形等），最终发现保修不合格。③因工程质量问题导致人身损害或财产损失的情况：根据《民法典》第一千二百五十二条的规定，建筑物、构筑物或者其他设施倒塌、塌陷造成他人损害的，由建设单位与施工单位承担连带责任。此时，即便已过了保修期，施工单位仍然需要承担责任。

本案中，施工单位辩称案涉诸多质量问题并非其施工范围内的质量问题，部分质量问题也非因施工原因导致，存在如设计缺陷或交付后不当使用等导致质量问题发生的情形。对于施工单位的抗辩，法院需要以证据作为定案依据。一审阶段，施工单位未能完成相应的举证，故一审法院未采信施工单位的相关抗辩理由。

【二审阶段法院观点】

二审法院认为：一审认定事实清楚，予以确认。

另查明，据甲公司陈述，案涉房产已经出售给小业主，产权登记在小业主名下，并由小业主缴纳了维修基金。目前由甲公司反租回来后出租给案外人经营酒店。2020年6月1日，甲公司向本院提交一份《外墙漏水通知整改房号》，明确在保修期内未提保修进行鉴定的房间有29间。

二审法院认为，本案系建设工程施工合同纠纷。根据《民事诉讼法》第一百六十八条"第二审人民法院应当对上诉请求的有关事实和适用法律进行审查"，以及《最高人民法院关于适用〈中华人民共和国民事诉讼法〉的解释》第三百二十三条"第二审人民法院应当围绕当事人的上诉请求进行审理。当事人没有提出请求的，不予审理，但一审判决违反法律禁止性规定，或者损害国家利益、社会公共利益、他人合法权益的除外"的规定，综合本案各方当事人在二审中的上诉和答辩意见，本案的争议焦点为乙公司是否应向甲公司支付案涉工程质量修复费用1402889.6元。评析如下：首先，涉案房屋在2010年2月5日竣工验收并交付使用，根据双方《住宅质量保证书》的约定，屋面防水、墙面渗漏的保修期限为5年，案涉房产墙面渗漏保修期应至2015年2月4日。乙公司承担保修责任的前提是甲公司在保修期内提出保修申请。本案中，甲公司确认有部分房产并未在保修期内提出保修申请，但在2018年8月份对房屋漏水原因进行鉴定时，甲公司将所有房屋（包括超过保修期房屋）纳入鉴定范围并进行造价，甲公司现有证据无法证实其实际损失。其次，甲公司确认涉案房产已经部分出售给小业主，并由小业主缴纳了维修基金。经二审法院释明后，甲公司仍未向本院提交涉案房产的相关权属证明，甲公司现有证据也无法证实其实际损失。根据《民事诉讼法》第六十四条"当事人对自己提出的主张，有责任提供证据"的规定，甲公司提供的证据不足以证明其事实主张，应承担举证不能的后果。综上所述，甲公司要求乙公司支付修复费用1402889.6元没有事实和法律依据。法院依照《民事诉讼法》第一百七十条第一款第（二）项的规定，判决如下：①撤销广东省惠州市惠阳区人民法院"（2017）粤1303民初10号"民事判决；②驳回甲公司全部诉讼请求。

律师点评

二审法院撤销了一审判决并直接改判驳回甲公司全部诉请。对此可从以下方面进行考虑：

第一，本案焦点问题是外墙漏水等质量问题是否均在保修期内发生。通过庭审调查分析，本案竣工时间为2010年2月5日，由此推算外墙防水工程保修期限最晚到2015年2月5日届满。对于保修期届满后新出现的漏水问题，不属于保修范畴。鉴于本案一审鉴定时可能将保修期内与保修期外的质量问题混同鉴定，导致最终确定的维修损失金额失去针对性，即鉴定报告的证明力可能有瑕疵。

第二，二审法院在事实查明过程中，要求甲公司提供出现质量问题房屋的权属证明，核查原告主体是否适格。如案涉房屋已经出售给小业主，并且小业主缴纳了维修基金，则小业主作为房屋的所有权人，可能才是主张权利的适格主体。换言之，即便存在房屋漏水质量问题，原告甲公司也不一定受到损失。

第三，举证责任分配问题。二审法院强调甲公司作为原告应对其诉讼请求提供相应证据证明。在本案中，甲方需证明的内容主要包括：①质量问题客观存在且发生在保修期内；②质量问题与乙公司过错的关联性；③原告因案涉质量问题遭受损失；④实际损失的具体金额。当甲公司无法完成上述举证时，法院依法判决驳回甲公司诉请。

【本案小结】

工程竣工验收合格后，工程进入保修阶段。在保修期内发现质量问题的，建设单位或者房屋建筑所有人应当向施工单位发出保修通知。施工单位接到保修通知后，应当到现场核查情况，在保修书约定的时间内予以保修。

实务中，保修期内发现的质量问题往往原因是多样的，还存在混同的情形。不少质量问题是由于设计原因、施工材料质量缺陷或损耗、施工问题、不合理使用等等原因而产生的。在明确施工单位的保修责任时，就需要确定质量问题的原因。如果质量问题并非施工单位承包范围内过错引起的，则承包人可以进行保修工作，但一般不需要承担损失赔偿责任。

本案的争议焦点之一是案涉质量问题是否属于保修期内的质量问题。对于保修期届满后新出现的漏水等质量问题，一般不在保修范畴内。由于在本案工程质量司法鉴定时未就保修期内外的质量问题进行区分，导致无法仅就鉴定意见判断案涉质量问题是否属于保修范围内。本案二审法院通过法庭调查发现，有质量问题并未及时在保修期内提出。在房屋出售给小业主后，除非小业主授权，否则甲公司可能不具备主张维修损失的主体资格，并且甲公司也未能就实际损失进行针对性举证。有鉴于此，法院最终驳回了甲公司全部诉讼请求。

问题60：以擅自使用作为质量问题抗辩理由是否能够成立？

【判决出处】

法院：山东省青岛市中级人民法院

案号：（2020）鲁02民终3264号

名称：甲公司、乙公司装饰装修合同纠纷

【案情概况】

2011年1月25日，甲公司作为甲方（发包人）、乙公司作为乙方（承包人）签订《外立面施工合同》，约定工程内容包括某酒店、公寓楼、附属楼外立面涉及的钢结构安装、石材干挂、刷涂料、劈开砖粘贴、GRC安装、室外地面铺装石材等装饰施工图中的所有内容。后双方又签订了《建设装饰工程承包合同（补充协议）》等合同文件。涉案施工合同签订后，乙公司于2011年3月开始施工，完工后未完成整体竣工验收，甲公司于2012年10月1日顺利实现甲公司某酒店试营业，对涉案工程进行了占有使用。

律师点评　　案涉工程在未经整体竣工验收的情况下即由甲公司投入使用试营业，该行为是否构成擅自使用、乙公司是否可以因此减轻或免除责任成为本案的争议焦点之一。

在案涉工程施工过程中及投入使用后，甲公司曾多次以书面形式告知乙公司案涉工程存在质量问题，要求乙公司进行整改、履行保修义务及其他事项。2014年5月8日、2014年5月9日乙公司曾指派人员到现场，对涉案工程保修事宜进行处理。通过现场照片、录像等，证明涉案工程存在屋檐渗漏痕迹，屋檐上部拼接处存在缝隙，屋檐底部饰面脱落；外立面GRC氟碳漆大面积起皮等问题。双方未就上述问题的处理达成一致意见，乙公司人员也撤离现场。

后甲公司因案涉工程质量问题诉至法院，请求判令乙公司支付维修费并承担诉讼费用。

【鉴定情况】

经鉴定，案涉工程屋檐存在渗漏痕迹，屋檐上部拼接处存在缝隙，屋檐底部饰面脱落，影响建筑使用要求和建筑美观，存在需要维修的质量问题。造成上述问题的原因为：①成品屋檐排水沟施工质量存在问题；②屋檐上部拼接处存在缝隙，故屋面檐口防水会产生渗漏问题。案涉工程GRC固定钢筋存在锈蚀现象，应修缮处理。造成原因为：为施工存在质量问题（GRC固定钢筋防锈存在质量问题；GRC存在渗漏现象，使用环境存在问题）。案涉工程石材幕墙立柱采用焊接方式固定，立柱错位焊接连接或直接焊接连接，不符合双方约定的图纸设计要求，不符合《金属与石材幕墙工程技术规范》JGJ 133—2001，应处理。案涉工程石材幕墙横梁与立柱采用焊接连接，不符合《金属与石材幕墙工程技术规范》JGJ 133—2001。造成原因为：案涉工程外墙石材幕墙立柱、横梁固定存在的问题，为施工存在质量问题和设计图纸存在质量问题[施工方法不符合双方约定的图纸要求（立柱与角钢采用螺栓固定）]；横梁与立柱连接不符合规范要求（设计图纸存在质量问题）。案涉工程的修复费用共计5652278.50元，其中檐沟防水工程的修复费用为57914.15元、GRC工程修复费用为1555609.97元、石材干挂及脚手架工程修复费用为4038754.38元。甲公司支付鉴定费用916174元。

律师点评

工程质量纠纷当中对于维修费用的确定一般需要三个阶段的工作：第一阶段是工程质量鉴定，确认是否存在质量问题、存在哪些质量问题；第二阶段是维修方案鉴定，明确对质量问题的具体维修方案；第三阶段是维修方案造价鉴定，计算进行维修所需的准确费用。本案当中乙公司认为法院委托了同一鉴定机构对质量问题及修复方案进行鉴定，存在明显的程序错误，但未能出示明确的法律依据，其观点未能得到支持。

【一审阶段法院观点】

乙公司作为施工单位依法应对施工的案涉工程质量负责。施工方对建设工程应承担的质量责任，包括对工程施工中出现的质量问题即经验收不合格应承担的质量翻修责任，以及对验收合格的工程在使用过程中出现的质量问题应承担的保修责任。甲公司在案涉工程完工后未经验收即投入使用，自其实际使用之日即2012年

10月1日起应认定工程已验收合格，乙公司不再负有施工中或经验收不合格的质量缺陷责任，仅对案涉工程质量在保修期内及保修范围内负有保修义务，并承担保修责任。乙公司辩称"原告使用案涉工程后，发现需要维修的质量问题通知被告的，被告已经履行了维修义务"，但根据甲公司自2013年4月13日至2014年11月17日期间向乙公司多次发函看，期间甲公司多次提到"外立面GRC氟碳漆大面积裂缝起皮、GRC严重开裂等等诸多严重质量问题"等，能够证明甲公司在保修期内，多次要求乙公司对上述需要维修的质量问题进行修复，但乙公司未履行保修义务，也未与甲公司共同确定造成上述问题的原因。

> **律师点评**　　在涉及是否履行保修义务相关争议的案件中，双方争议的焦点往往集中在发包人是否通知到承包人进行保修、承包人是否已按发包人通知要求进行保修，如果未保留相关书面材料，则当事人的相关主张得到支持就存在较大的难度。本案当中，甲公司提供了反映质量问题、要求乙公司维修的若干书面通知作为单据，而乙公司却不能提供其已履行保修义务的证据，例如保修确认单等，这就使得其在责任分配当中可能处于相对不利的情况。

根据鉴定意见，造成案涉工程（酒店及附属楼）屋檐存在渗漏痕迹，屋檐上部拼接处存在缝隙，屋檐底部饰面脱落的原因为：①成品屋檐排水沟施工质量存在问题；②屋檐上部拼接处存在缝隙，故屋面檐口防水会产生渗漏问题。造成案涉工程（酒店及附属楼）GRC固定钢筋存在锈蚀现象的原因为施工存在质量问题（GRC固定钢筋防锈存在质量问题；GRC存在渗漏现象，使用环境存在问题）。故乙公司有义务承担该部分工程的修复义务。在鉴定单位出具修复方案后，乙公司仍拒绝进行修复，甲公司要求乙公司承担修复费用，应予支持。

> **律师点评**　　施工单位履行保修义务的途径主要有两种，一种是自行维修，另一种是承担维修费用。在鉴定单位出具修复方案的情况下乙公司拒绝进行修复，因此法院对于甲公司要求乙公司承担维修费用的诉讼请求予以了部分支持。

对于造成原因"GRC存在渗漏现象，使用环境存在问题"，该使用环境存在问题的前因系GRC存在渗漏现象，仍属于成品屋檐排水沟施工质量存在问题。甲公司要求乙公司支付该部分工程修复费用1613524.12元（檐沟防水部分57914.15元＋GRC部分1555609.97元），法院予以支持。

造成案涉工程（酒店及附属楼）外墙石材幕墙立柱、横梁固定存在的问题，为施工存在质量问题和设计图纸存在质量问题[施工方法不符合双方约定的图纸要求（立柱与角钢采用螺栓固定）；横梁与立柱连接不符合规范要求（设计图纸存在质量问题）]。从该问题造成原因分析看，既有施工存在质量问题，也有设计图纸存在的质量问题。结合合同约定由甲公司提供、审定施工图，以及甲公司已经使用涉案工程多年的事实，该部分工程的修复费用应由双方共同承担，其中甲公司应承担该修复费用的主要部分，乙公司应承担该修复费用的次要部分，双方承担的比例以7:3为宜。甲公司要求乙公司支付该部分工程修复费用4038754.38元，法院予以部分支持，其数额为1211626.31元。

乙公司认为根据《最高人民法院关于审理建设工程施工合同纠纷案件适用法律问题的解释》第十三条的规定，不应支持甲公司的诉讼请求。对此法院认为，根据该规定，只有因发包人擅自使用而导致建设工程出现质量问题，发包人才承担相应的质量风险责任，对于擅自使用前就已经存在的工程质量问题，发包人不应承担建设工程的质量责任。故对乙公司的上述主张，不予采纳。关于鉴定费，甲公司支付鉴定费共计916174元，上述费用亦应由双方共同承担，乙公司承担457927元，甲公司承担458247元。

一审判决：①乙公司于判决生效后10日内支付甲公司工程修复费用2825150.43元；②乙公司于判决生效后10日内支付甲公司鉴定费457927元。③驳回甲公司的其他诉讼请求。

【二审阶段法院观点】

诉讼中，经鉴定机构鉴定，案涉工程存在需要维修的质量问题，因乙公司拒绝进行修复，一审判令乙公司向甲公司支付合理的修复费用并无不妥。

乙公司主张根据《最高人民法院关于审理建设工程施工合同纠纷案件适用法律问题的解释》第十三条规定，因甲公司未经验收擅自使用后，又以使用部分质量不符合约定为由主张权利，不应支持。对此，本院认为，案涉工程双方并未验收，但对未验收的原因，乙公司称施工完成后，全部移交给甲公司，并督促甲公司验收，甲公司未验收便正常使用；甲公司称乙公司并未完工就撤场了，所以没有验收。

但双方均未举示证据证明其主张，乙公司也未向甲公司提交竣工报告。因此，案涉工程未能验收并非甲公司单方过错，同时，2014年11月25日，乙公司给甲公司发函，表示愿意按照合同约定履行保修义务，且案涉工程为外立面工程，不存在"擅自使用"情况，乙公司承担的是保修期内的修复义务，与甲公司是否"擅自使用"无关。因此，乙公司仅依据《最高人民法院关于审理建设工程施工合同纠纷案件适用法律问题的解释》第十三条规定，以甲公司未经验收擅自使用为由，主张不应承担修复义务的理由不够充分，本院不予采纳。

律师点评

乙公司以甲公司未经验收即擅自使用案涉工程为由，主张无须承担修复义务。对此观点一审、二审法院都未予采纳，但是具体的理由存在差别：一审法院认为"只有因发包人擅自使用而导致建设工程出现质量问题，发包人才承担相应的质量风险责任，对于擅自使用前就已经存在的工程质量问题，发包人不应承担建设工程的质量责任"；二审法院认为，一方面乙公司给甲公司发函，表示愿意按照合同约定履行保修义务，另一方面案涉工程为外立面工程，不存在"擅自使用"情况，乙公司承担的是保修期内的修复义务，与甲公司是否"擅自使用"无关。前述两种观点都可以认为是对最高人民法院相关司法解释条文在实践中的理解应用，相关单位在处理类似纠纷中可以参考借鉴。

对于案涉工程外墙石材幕墙立柱、横梁固定存在的问题，经鉴定为施工存在质量问题和设计图纸存在质量问题[施工方法不符合双方约定的图纸要求（立柱与角钢采用螺栓固定）；横梁与立柱连接不符合规范要求（设计图纸存在质量问题）]。石材幕墙立柱采用焊接方式固定，立柱错位焊接连接或直接焊接连接。可见，该部分质量问题形成的原因，既有施工方法问题，又有设计图纸问题。双方合同约定："乙方在每道装修工序（尤其是隐蔽工程）完工前，必须提前24h书面通知甲方及工程监理进行检查并签证，向甲方提供相应的开工通知书、施工平面布置图、隐蔽工程验收通知、竣工项目验收通知等资料。未经甲方及工程监理签证，严禁进入下道工序。"按照该约定，虽然能够认定实际施工过程中，石材幕墙立柱采用焊接方式固定系得到了甲公司的认可，但乙公司作为专业的施工单位，比甲公司更应清楚变更施工方法可能对案涉工程产生的质量安全隐患。同时，虽然设计图纸由甲公司提供，但双方合同约定乙公司负责对图纸深化、技术改进，并对最终质量全权负责。

因此，一审认定甲公司承担主要修复责任并不适当。本院认为，应由甲公司和乙公司各承担50%责任更加合理。

律师点评

　　本案双方当事人在合同中约定由乙公司负责对图纸深化、技术改进，并对最终质量全权负责。在双方出现工程质量纠纷后，相应条款也就成为划分双方责任的重要依据之一。

　　部分施工企业在处理工程质量纠纷时存在一个误区，只要是建设单位认可的设计图纸或施工方案，施工单位遵照实施即可免责，实际案件当中往往并不支持这一观点，主要理由在本案中也有体现：首先，施工单位作为专业单位，对于建设单位、设计单位等出具方案、图纸等技术资料的错误、疏漏有审核、提出的责任；其次，施工单位依法依约须对工程质量负责，这既是法律规定，也是合同约定。以此而言，施工单位在建设单位提出错误要求的情况下，建议通过书面形式予以指出，尽可能保证工程质量、维护自身合法权益。

　　综上所述，甲公司的上诉请求部分成立，应予部分支持；乙公司的上诉请求不能成立，应予驳回。判决如下：①维持一审民事判决第二项；②撤销一审民事判决第三项；③变更一审民事判决第一项为：上诉人乙公司于本判决生效后10日内支付上诉人甲公司工程修复费用3632901.31元；④驳回上诉人甲公司的其他诉讼请求。

【本案小结】

　　本案中，发包人与承包人签订《外立面施工合同》后，承包人完成施工。但在案涉外立面工程未竣工验收的情况下，发包人开始实际使用工程。在实际使用时，发包人发现存在质量问题。承发包双方就质量问题的解决无法达成一致意见，由此发生纠纷。通过本案主要分析以下问题：

　　第一，工程未经竣工验收被擅自使用的，承包人是否不再就非地基基础及主体结构质量问题承担任何责任。在本案一审判决中，法院将《建设工程质量管理条例》第三十二条规定的"施工单位对施工中出现质量问题的建设工程或者竣工验收不合格的建设工程，应当负责返修"，作为承包人施工过程中对工程质量责任承担的法律依据；将《建设工程质量管理条例》第四十一条规定的"建设工程在保修范围和保修期限内发生质量问题的，施工单位应当履行保修义务，并对造成的损失承担赔偿责任"，作为施工单位履行保修义务的法律依据。一审判决认为即便发包人擅自使用工程，仅免除承包人在施工过程中的相关质量责任，但对于保修义务，承包人仍需依法履行。

第二，确定工程质量损失后，如何划分责任。本案中，法院通过司法鉴定确定了质量问题的责任原因，相应的维修方案，以及维修所需的费用。鉴定确定的维修费用作为损失，需由过错方承担。如何确定过错责任，成为本案一审、二审阶段法院论述的焦点问题。关于未及时验收的原因，原被告双方均无法举证证明。从事实结果看，承包人未向发包人提交竣工报告，发包人未曾依法组织竣工验收，双方均存在一定的过错。此外，通过司法鉴定发现，部分质量问题形成的原因，既有施工方法问题，又有设计图纸问题。施工单位需要就施工方法错误承担责任；发包人需要对其提供的设计资料负责，当然承包人作为专业单位，对于建设单位、设计单位等出具方案、图纸等技术资料的错误也需要承担必要的注意义务。最终法院认定发包人与承包人各承担50%责任。

后　记

——向着理想出发

又是一年春暖花开之时，本书也即将付梓，我们的心情无疑是激动的。2022年11月18日，我们在讨论职业发展方向时，萌生了就建设工程质量问题作一专门课题研究的初步想法，原因主要在于执业过程中，我们发现对于建设工程质量纠纷案件的处理常常伴随着一些难点。之所以存在难点，很大程度上则是由于处理此类纠纷不仅涉及专门的法律知识，还需要大量的工程行业知识。然而"术业有专攻"，能够通晓跨两个行业知识的人毕竟有限，现实当中又需要对相当数量的此类纠纷进行妥善处理，能不能作一专门课题，使得工程和法律行业的专业人士在处理此类情况时能够获得一些跨行业的意见和建议呢？我们两人一个是工程专业出身，另一个是法律专业出身，交流过后一拍即合，认为这是完全可行的。

虽然我们都认为就建设工程质量纠纷作一专门课题切实可行，但是从哪个角度出发、选择什么体例、具体包括哪些内容，我们仍然经过了较长时间的摸索，最终才有了以规范作为判断标准、以案例作为研究对象、以聚焦实务作为写作思路的基本方向。时不我待，方向明确后，接下来就是投入课题研究工作中去。由于职业性质的原因，我们只能挤出工作生活过程当中的零碎时间，可以说是连等车的几分钟都舍不得浪费，本应休息的节假日更是成为伏案写作的好机会。不知不觉之间聚沙成塔，专门课题的初稿已经颇为可观。"他山之石，可以攻玉"，要不要争取把我们的稿件出版呢，如果大家都能够看到我们的研究成果，都能够对我们提出意见和建议，是不是我们的研究就能够发挥更大的作用呢？在得出了肯定的答案后，接下来就是更为严谨的斟酌和修订。

　　白驹过隙，从初始的课题研究到现在的案头书稿，努力的时光悄然不觉。我们两人都是八零后，已是不惑之年，各自有需要忙碌的工作、需要照顾的家庭，是什么让我们能够一同做一点微末的事情呢，归根结底是为行业发展作出贡献的理想。有的观点认为，理想与年轻挂钩，年轻的时候应当树立理想；我们则认为，理想与年龄无关，甚至可以说，理想能够让人年轻，能够让人更加热情地投入到事业当中去。而本书，正是我们理想的体现。实现理想，仅仅依靠个人肯定是不够的。在此，我们要感谢事务所的前辈、同仁和伙伴，他们兢兢业业、一丝不苟的职业精神深深地感染了我们，使我们有了钻研业务的方向；我们要感谢中国建筑工业出版社负责本书出版事宜的各位编辑，他们不仅工作认真负责，还提供了富有建设性的意见和建议，为我们打开了新的大门；我们还要感谢一直关心我们的家人和朋友，这是我们一路前行的最大动力。

　　衷心欢迎读者能够就本书内容和主题与我们沟通交流，你们的宝贵意见将成为推动行业发展不可或缺的力量，让我们一起向着理想出发！

石鹏　俞弢

2024 年 3 月 26 日于上海 BFC 外滩金融中心